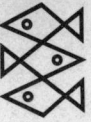

Über dieses Buch

Der Schriftsteller Stefan Zweig, der den Menschen seines erzählerischen Werks ebenso wie den Gestalten seiner Biographien liebevoll, jedoch keineswegs kritiklos Kontur gegeben hat, ist weithin bekannt geworden. Daß er aber mit der gleichen Begeisterung Landschaften, Städte und Länder farbig und plastisch zu beschreiben verstand, scheint seinen Lesern weniger bewußt zu sein. Einladungen von Freunden, von literarischen Gesellschaften förderten Stefan Zweigs Reiselust und entsprachen seiner Freude an konkreter Anschauung, an unmittelbarer räumlicher Erfahrung einer Stadt wie einer Landschaft. Diese Eindrücke, auf denen die Schilderungen beruhen, bilden zudem einen wichtigen Teil seines autobiographischen Schaffens; vor allem seine Vorträge ›Das Wien von gestern‹ aus dem Jahre 1940, ein Rückblick auf alles, was er verloren wußte, und ›Dank an Brasilien‹ von 1936, in dem er seiner Hoffnung, dorthin wiederkehren zu dürfen, Ausdruck gibt. Davor und dazwischen besuchte er fast alle Hauptstädte der Welt, fuhr nach Indien und Rußland, war aber auch innerhalb Europas nahezu überall.

Diese thematische Zusammenstellung aus den früheren Bänden ›Begegnungen mit Menschen, Büchern, Städten‹ und ›Zeit und Welt‹ wird ergänzt durch Texte des Sammelbandes ›Fahrten‹ aus dem Jahr 1919.

Der Autor

Stefan Zweig wurde am 28. November 1881 in Wien geboren, lebte von 1919 bis 1935 in Salzburg, emigrierte von dort nach England und 1940 nach Brasilien. Früh als Übersetzer Verlaines, Baudelaires und vor allem Verhaerens hervorgetreten, veröffentlichte er 1901 seine ersten Gedichte unter dem Titel ›Silberne Saiten‹. Sein episches Werk machte ihn ebenso berühmt wie seine historischen Miniaturen und die biographischen Arbeiten. 1944 erschienen seine Erinnerungen, das von einer vergangenen Zeit erzählende Werk ›Die Welt von Gestern‹. Im Februar 1942 schied er in Petropolis, Brasilien, freiwillig aus dem Leben.

Im Fischer Taschenbuch Verlag sind ferner erschienen: ›Phantastische Nacht‹, Vier Erzählungen (Bd. 45), ›Sternstunden der Menschheit‹ (Bd. 595), ›Die Welt von Gestern‹ (Bd. 1152), ›Schachnovelle‹ (Bd. 1522), ›Ungeduld des Herzens‹ (Bd. 1679), ›Maria Stuart‹ (Bd. 1714), ›Magellan‹ (Bd. 1830), ›Joseph Fouché‹ (Bd. 1915), ›Verwirrung der Gefühle‹ (Bd. 2129), ›Balzac. Eine Biographie‹ (Bd. 2183), ›Marie Antoinette‹ (Bd. 2220), ›Die Hochzeit von Lyon und andere Erzählungen‹ (Bd. 2281), ›Der Kampf mit dem Dämon‹ (Bd. 2282), ›Europäisches Erbe‹ (Bd. 2284), ›Menschen und Schicksale‹ (Bd. 2285), ›Drei Meister‹ (Bd. 2289), ›Drei Dichter ihres Lebens‹ (Bd. 2290).

STEFAN ZWEIG

Länder, Städte, Landschaften

FISCHER TASCHENBUCH VERLAG

Fischer Taschenbuch Verlag
August 1981
Umschlagentwurf: Jan Buchholz / Reni Hinsch
Foto: Harro Wolter
Fischer Taschenbuch Verlag GmbH, Frankfurt am Main
Lizenzausgabe des S. Fischer Verlages GmbH, Frankfurt am Main
Copyright für diese Zusammenstellung:
© 1981 Fischer Taschenbuch Verlag GmbH, Frankfurt am Main
Gesamtherstellung: Hanseatische Druckanstalt GmbH, Hamburg
Printed in Germany
880-ISBN-3-596-22286-9

INHALT

DIE STUNDE ZWISCHEN ZWEI OZEANEN

Der Panamakanal vor seiner Beendigung 1912

Jahrtausende alt ist der Kampf um den schmalen Streifen Land dort bei Panama, diesen dünnen Nervenstrang, der Nordamerika mit Südamerika zusammennietet. Lang vor den Zeiten von Mensch und Tier hat er begonnen, in jenen dunklen Jahren, da noch kein Irdischer war, den leeren Begriff der Zeit zu zählen, und einzig die Elemente im wehrlosen Leib der Erde wühlten. Unsere Geschichte weiß noch nichts davon zu sagen, nur die Geologen lesen heute die Spur jener Evolutionen aus den Gestaltungen des Gesteins. Damals, erklären sie, im Dunkel der Urzeiten haben zwei Ozeane um dieses Land gerungen, das, viel massiger als heute, wie ein rundgegürteter Leib das Herz des amerikanischen Kontinents beschützte. Von rechts aber drängte der Pazifische, von links der Atlantische Ozean heran, zwei blaue, ungestüme Giganten, gierig, einander zu begegnen, von unten wühlte vulkanisch das hilfreiche Feuer. Das Fließende rang gegen das Feste, bis sie endlich an einem Tage die Erde mit Feuer und Wasser zerrissen. Siegreich stürzte das Meer über das zerspaltene Land: Kuba, Puerto Rico und die kleinen Inseln des westindischen Archipels sind die letzten Fetzen jenes urweltlichen ertrunkenen Kontinents. Aber die Erde blieb störrisch und stark. Einen letzten Streifen ihres zertrümmerten Landes ließ sie nicht zerspalten und den türmte sie in erbittertem Widerstand zwischen die beiden Meere, eine dünne Mauer und doch einen Hohn gegen ihre endgültige Vereinigung. Lächerlich dünn scheint sie, gemessen an der Unendlichkeit der beiden Ozeane. Der Wind, der leiseste Wind reicht herüber von einem Meer zum anderen, fast können sie die Stimme ihrer Wogen in Rede und Antwort hören. Die Möwen rasten bald am pazifischen, bald am atlantischen Strand, und ein nicht allzu hoher Hügel der Panamaenge gewährt sogar das in der Welt einzige Schauspiel, zwei Meere mit einem Blick umfassen zu können. Ein schwankes Papierblatt, von der leichtesten Anstrengung zu durchlöchern, scheint dieser dünne Streifen Landes zwischen den ungeduldi-

7

gen Meeren. Aber vergebens werfen sie nun schon seit Jahrhunderten ihre Fluten im Sturm dagegen: die Erde ist störrisch und hart geblieben und hat mit steinerner Barre den Weg von Flut zu Flut gesperrt. Den grausamen Verstümmelungen zum Trotz ist sie Siegerin geblieben im Ringen der Elemente.

Aber ein neues Wesen mengte sich vorwitzig in den alten Kampf der Elemente. Der Mensch, kühn geworden durch die Taten seiner Rasse, unternimmt nun, zu vollenden, wo die Natur zu schwach war, unterfängt sich, den Willen gigantischer Meere mit seiner kleinen irdischen Kraft zu verwirklichen. Die ersten europäischen Menschen, die unter entsetzlichen Qualen die Enge von Panama durchforschten, begeisterten sich schon in der vagen Idee der vereinten Meere, und Champlain, der kühne Eroberer Kanadas, sandte dem französichen König eine Relation über die Möglichkeit eines Kanals. Doch der Mensch von damals war noch zu schwach. Er hatte nichts als seine nackten Hände, hatte nur das, was ihm die Natur selbst geschenkt hatte, die Kraft seiner Arme, den Willen und die Kühnheit. Er war gerade stark genug, um andere, schwächere Menschen zu unterjochen, Königreiche wie Mexico, Peru und die Wälder der Rothäute im Spiel zu erobern, einen Kontinent sich untertänig zu machen, aber ohnmächtig blieb er gegen die Natur, wenn sie seinem Willen nicht gefügig war: Jahrhunderte mußten erst reifen, ehe er sich vom Traum zur Tat wagen konnte, sich anmaßen, die Widerstrebende mit Gewalt zu bändigen.

Der Mensch mußte warten, bis er Herr der Natur geworden war und Meister der Elemente. Um diese Tat von Panama zu vollenden, mußten durch viele dunkle Jahre Gelehrte in ihren Stuben lebendige Erkenntnis aus toten Formeln ziehen, mußten Forscher der Natur erst einzelne ihrer Gesetze abringen, um daraus Waffen gegen sie selbst zu schmieden. Erst die Zeit, die dem Blitze sein Geheimnis entrissen, die Luft als treibende Kraft dienstbar gemacht, das Feuer in Knechtschaft gezwungen, erst unsere kühne und heroische Zeit durfte wagen, mit offener Stirn vor eine solche Aufgabe zu treten. Die Menschheit brauchte einen Mittler im Kampfe gegen die Natur, sie mußte erst lernen, sich und ihre Kraft zu vervielfachen, sie mußte die Maschinen finden, die, selbst den Zufällen der menschlichen Natur fremd, doch die höchste Verwirklichung ihrer Erkenntnis bedeuten. Sie mußte erst den Raum zwischen den Ländern überbrücken und jenen großen internationalen Zusammenschluß erreicht haben, um die Kapitalien flüssig zu machen, die Millionen und Milliarden, die nötig waren, einen so gigantischen Kreuzzug gegen die Natur ins Werk zu setzen. Alle die geistigen und technischen Errungenschaften unserer Zeit waren notwendig, ehe es der Mensch wagen durfte, selbst Natur zu spielen, das Antlitz der Erde nach eigenem Willen zu verändern und den Plan der Elemente vorbedacht zu zerstören.

Vor dreißig Jahren glaubte sich Europa stark genug für diese größte seiner Taten. Die Franzosen haben sich zuerst an das Unternehmen gewagt. Dieser erste erbitterte Kampf zwischen der Erde und den Menschen hat seinen Homer noch nicht gefunden, dieser erste blutige Kampf, in dem die Menschen unterlagen. Wir hier in Europa kennen nur das Komische der Affäre, das Satyrspiel, die bestochenen Parlamentarier, den Krach der Aktien in Paris, das verhängnisvolle Börsenmanöver, und wissen wenig von der Tragödie, die sich drüben am anderen Ende der Welt vollzog. Zwanzigtausend Menschen sind bei den Arbeiten am Kanal zugrunde gegangen, eine Milliarde sauer erworbenes Geld ist nutzlos versickert im weißen Sand, langsam versunken in den trüben Morästen, vergeudet in verlassenen Häusern und verrosteten Maschinen. Denn die Natur kämpfte dort in Panama, wie von einem heimlichen Instinkt gewarnt, mit den gefährlichsten Waffen der Heimtücke um ihren Bestand. Nicht nur, daß sie im Trotz ein ganzes Gebirge zwischen die beiden Ozeane gestellt hat, das Zoll für Zoll, Schaufel für Schaufel abgetragen werden mußte, auch alle Gefährdungen der Tropen sind dort wie in einem Köcher gesammelt, aus dem die vergifteten Pfeile des Todes fliegen. Von den Niederungen her kriechen die giftigen Ausdünstungen des Fiebers, überall schwirren hier die kleinen gefährlichen Mücken, mit dem Tode auf ihren surrenden Flügeln. Unmerklich, aber unentrinnbar haben sie ihr Gift, das ihnen die Sümpfe im Dunkel der Urwälder brauten, den von der Hitze geschwächten Menschen ins Blut gejagt, bis die Arbeiter entflohen, die Ingenieure niederbrachen und eines Tages die keuchenden Maschinen, sie, denen Krankheit und das grimmige Sonnenfeuer nichts anhaben konnten, verlassen wie Leichname auf dem Schlachtfelde blieben. Diese Katastrophe von Panama, der verunglückte Kanal, war die furchtbarste Niederlage der Menschheit in unseren Zeiten. Zehn Jahre blieb die Natur Siegerin, die Menschen verließen, vom Schrecken gejagt, die mörderische Walstatt, wildwucherndes Unkraut hat seitdem die verlassenen Maschinen förmlich gefressen. Heute noch sieht man sie am Wege liegen, als grüne Hügel von Schlingpflanzen und Gesträuch, denn die tropische Vegetation reißt hier alles rasch in ihre Arme; die Häuser wurden verlassen, die ausgegrabenen Schächte sickerten wieder zu, und weit drüben, in Europa, büßten Tausende die Kühnheit der vorschnellen Unternehmer. Die Natur, die hundertfach vom Menschen gedemütigte, hat ihm dort ein letztesmal ihre Macht gezeigt.

Aber zum letztenmal. Denn unsere Zeit, unser neues Jahrhundert weicht nicht mehr zurück, sondern schmiedet neue Waffen, wenn die alten zersplittern. Eine neue Generation hat dieses Ringen noch einmal und nun siegreich begonnen. An die Stelle der Franzosen sind die Amerikaner getreten, die mit ihrer unheimlich konzentrationsfähigen Energie, ihrem stählernen Optimismus und ihrer prachtvollen Waghalsigkeit das Werk gefördert haben. Belehrt durch die Katastrophe ihrer Vorgänger, haben sie den Ingenieuren vorsichtigerweise die Ärzte vorangeschickt, zuerst die Sümpfe ausbrennen lassen, aus denen die Moskitos schwirrten, haben Spitäler gebaut und für gesunde Unterkunft gesorgt. Erst in gesundetes Land sandten sie Arbeiter ans Werk, aber nicht nur die Menschen allein. Ihr nationales System, die hinfälligen, unzuverlässigen Menschen durch die eiserne Maschine zu ersetzen, hat sich nirgends besser als in diesen verseuchten Gegenden bewährt. Wie im Spiel ist heute schon mehr als die Hälfte der Schwierigkeiten überwältigt, und nicht ohne Geräusch rüsten die Yankees für das Siegesfest. Denn ein Kapitel in der Geschichte ihres Landes schließt damit triumphierend ab: zum erstenmal dürfen sie sich rühmen, Europa überflügelt zu haben, Sieger dort geblieben zu sein, wo jene zurückweichen mußten, und ein Werk geschaffen zu haben, dessen Gewalt und Bedeutung kaum zu berechnen und fast unmöglich zu schildern ist. Ziffern könnten die Größe dieser Schöpfung vielleicht ahnen lassen, aber Ziffern sind kalt und unsinnlich, sie rühren an den Verstand und nicht an das Gefühl. Das Wort wiederum greift vergebens nach dem Vergleich, denn hier ist wirklich eine Tat im Reifen, die ihresgleichen in der Geschichte nicht hat.

Man darf nicht versuchen, dieses Unternehmen mit dem

Suezkanal zu vergleichen, denn das hieße arg verkleinern. Der Suezkanal, mag er für seine Zeit auch ein Gewaltiges gewesen sein, ist in seinem Plan, in seiner Ausführung doch irgendwie einfach und geradlinig. Zwischen zwei Meeren wurde durch weichen Sand ein Kanal gegraben. Die Natur, das Klima boten kein Hindernis, die Arbeiter waren zur Stelle. Den Suezkanal kann man einem Kinde erklären, es wird seine Idee verstehen, wird vielleicht selber am Meere in flüchtigem Spiel mit seiner Schaufel eine Rinne zwischen zwei Vertiefungen graben, um ihn nachzuahmen. Die Tat am Panamakanal aber ist phantastisch. Etwas Unirdisches, Unbegreifliches haftet ihr an. Hier mußten Berge versetzt, Wälder verbrannt, künstliche Seen geschaffen, die ursprünglichen Formationen der Natur in ihr Gegenteil verwandelt werden, hier war es notwendig, Arbeiter erst herzuschaffen und ihnen zuvor Wohnstätten zu bauen, neuzeitliche Kultur in einer Wildnis zu errichten. Hier in Panama wurde – es klingt unglaubhaft – die Wasserstraße hoch zwischen den beiden Meeren angelegt; nicht auf ebenem Spiegel, sondern hundert Meter über der natürlichen Fläche werden die Schiffe von Ozean zu Ozean fahren, gehoben auf der einen Seite und wieder niedergesenkt zum Meere auf der anderen. Die Franzosen hatten noch das Primitivere versucht, sie wollten, wie in Suez, auf ebenem Spiegel die beiden Meere verbinden. Für die Amerikaner ist inzwischen das Kompliziertere, die Wasserstraße hoch über dem Meeresspiegel, schon das Einfachere geworden. Zwanzig Jahre technischen Fortschrittes haben hier ein Unmögliches zur Leichtigkeit gemacht: in solchen Verwandlungen und Veränderungen ahnt man das hitzige, herrliche Tempo unserer Zeit, in so stürmischen Fortschritten, die das heute Unmögliche zum Selbstverständlichen von morgen machen und die kühnsten Träume einsamer Phantasten in lächerlich kleiner Frist zu alltäglichen Taten verirdischen.

Kein Lehrbuch, und auch nicht das modernste, kann einem so viel von moderner Technik bewundernd erzählen wie diese zwei Stunden Eisenbahnfahrt von Colón nach Panama, vom Atlantischen zum Pazifischen Ozean. Ein grandioses Schauspiel von Arbeit und unbändiger Energie rollt sich auf, nirgends ist Ruhe, Rast, überall Bewegung, Eifer, Tätigkeit, nirgends mehr reine, stille Landschaft, sondern überall gebändigte, unterjochte Natur. Hier inmitten tropischer Wildnis, nahe dem Äquator, habe ich stärker als je in Europa die triumphierende Gewalt der geistigen Kultur empfunden.

Colón selbst, der Ausgangspunkt des Panamakanals, ist eine kleine, tropische Flibustierstadt, ein weißer Sonnenfleck in einem grünen Rahmen von Palmen. Teuflisch brennt hier die Hitze nieder. Zwei Gassen vom Meere schon, wenn man die leise, schwach atmende Brise nicht mehr an den Wangen spürt, zittert's in heißen Wellenschwingungen an einen heran, wie weißglühendes Erz strahlen die Wände von der brütenden Sonne. Ein ungeheurer kochender Kessel, dessen Ränder bis an den Horizont reichen, scheint dieses Land: blau steigen aus den Niederungen, aus den Wäldern die qualmigen Dünste auf, um im weißen Licht gespenstig zu zerfließen. Dort kocht das Fieber seine gefährlichsten Säfte. Nun versteht man auch auf einmal, weshalb rings um die offenen Holzhäuser hier überall ein Sturz aus Drahtgeflecht, ähnlich den Tiroler Fliegenhauben, gestellt ist, warum jedes Fenster, jede Tür dieses dünne, durchsichtige Gitter hat. Stolz und vordringlich, mit weißem Leuchten steht als das wichtigste Haus inmitten der kläglichen Hütten das Hospital, und links von der Bahn winkt einem ein Friedhof mit vielen Kreuzen drohend ab: die furchtbaren Hekatomben der zwanzigtausend Opfer. In wild aufschießendem Grün sind sie hier gebettet mit dem Blick auf den Ozean, hinter dem ihre Heimat liegt. Paradiesisch schön ist dieser dunkle Hain, aber hier ist nicht gut zu verweilen. Der Zug fliegt weiter, Luft zischt durch die geöffneten Fenster herein, ohne zu kühlen, wie lauer Dampf nur fliegt sie einem über das Haar und die Hand. Zu beiden Seiten starren grüne Mauern, undurchdringlich und nicht zu zerbrechen, der Urwald drängt sich hier überall hungrig hart bis an das menschliche Haus. Nach zehn Minuten sausender Fahrt ist das erste Ziel erreicht, der Eingang des Kanals, die Gatun Locks, die berühmten gigantischen Schleusen.

Mit Ziffern kann man keine Ahnung ihrer Leistung geben. Sie sind stärker als alle Riesen der Vorzeit, diese fast turmhohen Wände aus Zement, die hier plötzlich auftauchen. Was besagt es im leeren Wort, daß hier Schiffe von dreißig- bis fünfzigtausend Tonnen in drei Stunden hundert Meter über den Meeresspiegel hochgehoben werden? Man muß sich erst daran erinnern, daß jedes dieser modernen Riesenschiffe mit seinen drei- bis viertausend Mann an Bord eine ganze Stadt mit kleinen Fabriken, Werkstätten, gigantischen Maschinen, mit Restaurants, Vergnügungslokalen, Schwimmbassins, einer öffentlichen Bibliothek, mit künstlichen Gärten, Musikkapellen und sogar einem kleinen Theater ist; muß bedenken, daß solch ein Schiff ein Gewicht darstellt, das wir gar nicht ausdenken können, wir, die wir in einem Hafen schon staunen, wenn eine Lokomotive von der Polypenkralle eines Krans wie spielend in die Luft gehoben wird. Und man muß sich vorstellen, daß all dies – also etwa eine mitteldeutsche Kleinstadt – in diesen Schleusen wie auf einem flachen Handteller behutsam hundert Meter hoch gehoben (indes die Passagiere friedlich beim Tee sitzen oder Bridge spielen) und dann ebenso sanft fünf Stunden später wieder in den anderen Ozean hinabgelassen wird. Die ganze Höhe aber wiederum, zu der die Schiffe mittels Elektrizität und hydraulischen Druckes so emporgetragen werden – jetzt noch eine ungeheure Fläche niedergebrannten Dschungels – wird mit künstlichen Zuleitungen inzwischen in einen gewaltigen Binnensee verwandelt, etwa von der Größe eines Salzkammergutsees, auf dem die Ozeanriesen mit Volldampf eine Stunde lang fahren können. Dann erst beginnt der eigentliche durch diese geniale Niveauerhöhung stark verkürzte Kanal.

An dieser Stelle hält der Zug wieder Rast, und hier am Culebra Cut wartet eine neue Unwahrscheinlichkeit. Die Karten zeigen hier eine hohe Bodenerhebung, ein ganzes Gebirge an, aber man sucht es vergebens mit dem Blick. Er ist fortgeschafft worden, dieser Fels von Culebra, von den Franzosen zur einen Hälfte, von den Amerikanern zur anderen. Wie versunken scheint er, weggezaubert ohne Spur. Wo ist er hin, wo seine Spuren, wo die Erdmassen, die doch Lagerung um Lagerung abgehoben werden mußten? Der Ingenieur, den man fragt, lächelt leise mit verhaltenem Stolz, ob wir denn nicht den Damm bei den Gatun Locks, die Aufschüttungen an der Bahn gesehen hätten? Dort ist jetzt der Berg, künstlich als Schutz gegen das Meer gebaut, der hier als Hemmnis dem Kanal sich entgegenreckte, und wirklich, tief unten auf der Fläche, auf dem Grunde des Kanals sausen auf fünf Geleisen nebeneinander die Eisenbahnen, lange Züge, jeder belastet mit Schutt, tragen die Erde in die Ferne, um neue Dämme zu bauen. Dazwischen donnert es dumpf: das Dynamit reißt jeden Augenblick neue Stücke aus den Flanken des Gesteins. Schon ist das Strombett des Kanals schwindlig tief: von hier oben sieht sich das rege Getümmel der Arbeiter dort drunten wie Fischlaich am Rande eines durchsichtigen Gewässers an. Eine unheimliche Geschäftigkeit kreist um diesen kühlen Abgrund, Menschen und Maschinen im bunten Gewirr. Wie bezaubert starrt man hinab, aber der Ingenieur lächelt wieder: wir müssen noch vierzig Fuß tiefer, meint er, das wird bald geschehen sein. Und wirklich, man zweifelt nicht mehr, sieht man unten die Riesenzangen der Maschinen, wie sie geschäftig ganze Wagenladungen Schutt mit einem Griff aufreißen und beinahe graziös in die offenen Waggons laden, die dann mit gellem Jubelschrei ihrer Dampfpfeifen sie hastig wegtragen, um nach fünf Minuten wieder leer mit aufgesperrtem hungrigem Maul zur Stelle zu sein. Die Menschen neben ihnen scheinen winzig klein. So tief sind sie da drunten im Schacht, daß man ihre emsigen Bewegungen kaum merkt, nur hie und da blitzt ein Strahl Licht herauf, wenn sich die Sonne mit einem blanken Spaten kreuzt. Ihre Tätigkeit ist unsichtbar und für den Blick ganz unverständlich. Alles scheinen die großen, schwarzen, keuchenden Tiere, die Maschinen, zu schaffen. Und man könnte es auch gar nicht begreifen, daß Menschen allein dieses Unwahrscheinliche vollbringen: Ozeane zu vereinen, Berge zu versetzen, Länder in Seen zu verwandeln, fließende Straßen über ein Gebirge zu ziehen, diese wahrhaft biblischen Taten, die man hier noch im feurigen Werden belauscht. Ein Taumel überfällt einen inmitten dieser fiebrigen Arbeit, der Rausch des Vollbringens. Ich weiß, wie ich, mitten im Anblick des Werkes in glühender Sonne die Erdwellen auf- und niederkletternd, plötzlich die infernalische Hitze vergaß vor innerer Erregung, die Glut der Sonne nicht mehr spürte und erst der Müdigkeit gewahr wurde, als dann Panama erreicht war, der blaue, unendliche Pazifische Ozean mit dem Trugbild Japans hinter seinen stillen Wellen.

Seltsames, unvergleichliches Gefühl, da unten im noch trockenen Strombett des neuen werdenden Flusses zu wandern, ein Stück irdischer Schöpfungsgeschichte zu erleben, teilhaftig zu sein einer Umgestaltung der Welt! Irgendwie feierlich war mir's doch, da an die Erde zu rühren, die Nord- und Südamerika zur Einheit macht, kurz vor der Frist, ehe die Wellen sie für alle Ewigkeiten entzweispalten. Dann werden sich beide Ozeane umschlingen, wieder wird die Erde enger sein für unsere Hast, kürzer für den edlen Rausch der Geschwindigkeiten, der dies Jahrhundert so heroisch erfüllt. Ein neues Tor der Welt ist dort neuen Wegen und neuen Werten aufgetan. Die Distanzen werden sich ändern, die Idee von Raum und Zeit, die Machtfülle der Nationen, und vielleicht beginnt dort Amerika sein Imperium mundi. Ob sie es ahnen werden, die Späteren, die dann auf diesem neuen Strom hingleiten, daß sie in dieser schläfrigen Stunde, hingereckt auf ihren Liegestühlen, die feurigsten Träume von Tausenden Toten erleben, ob sie es spüren werden, daß jeder Fußbreit Wasser unter dem eiligen Kiel mit dem Blute, mit der edelsten Anstrengung einer ganzen Generation bezahlt ist? Wundervoll ist es, diese Umwandlung, diese Umwertung, diese Sekunde vom Alten zum Neuen in Panama noch als einer der letzten erlebt zu haben. Wer einmal dort zwischen der Wildnis von einst und diesen neuen menschlichen Werken stand, dem schwingt schon heute in diesen drei Silben Panama ein unendlicher Jubelruf, der Siegesschrei unserer starken, heroischen Zeit, die endlich Herrin ward über die störrische Natur, die zum erstenmal ihren irdischen Willen Gebirgen und Meeren, die bislang nur Gott und den Elementen gedient, gebieterisch aufzwang.

DER RHYTHMUS VON NEW YORK

Ein paar Tage erst in dieser verwirrenden, durch ihre fremdartige Vielfalt zugleich erschreckenden und anziehenden Stadt. Nicht genug, um sie ganz zu begreifen, sie, die hundert Sprachen spricht, die Menschen zweier Erdteile zum erstenmal gegeneinander schleudert, Elend und Reichtum zu einem nie dagewesenen Gegensatz auseinanderreißt. Noch verstehe ich ihre Stimme nicht, ahne kaum ihre Formen. Aber schon fühle ich, und in jeder wachen Sekunde deutlicher, ihren Rhythmus, diesen unwiderstehlichen, stürmisch erregten Rhythmus der amerikanischen Metropolis.

Denn nicht als Ruhendes, als Festgefügtes lassen sich diese Städte begreifen, nur als Bewegung, als Rhythmus. Wir in Europa haben Städte, die nichts sind als eine höchste Form der Landschaft, die wie Musik wirken, weil sie Harmonie sind, eine reinste, notwendige Zusammenfassung der Natur in ein geistiges Bild. Ihr Ruhm, ihr Sein bedeutet ihre Schönheit. Man wünschte sie immer schlafend, ohne Menschen, ohne Wachstum und Werden, eher noch abbröckelnd, zurücksinkend in das Zeitlose und Unbelebte. Florenz ohne Fremde, ohne geschäftige Menschen; deutsche Kleinstädte, wenn sie ganz stille sind, mit Mondsilber über den schlafenden Dächern, sie sind am wunderbarsten, wenn sie traumhaft werden, reine, lautlose Bilder. Die Schönheit der amerikanischen Städte liegt in ihrer Wirklichkeit, ihre Gewalt im Lebensrhythmus. Sie sind Verhöhnungen, Vergewaltigungen der Natur; aber sie haben den Rhythmus der Masse, den beseelten Atem des Menschen. Am Sonntag, wenn dieses schwarze Blut ihren Adern fehlt, sind sie tot, kalt, häßliche, nackte Steinbrüche, sinnlose Ansammlungen geschichteter Massen. Doch in den Tagen der Arbeit klingen sie in einem wilden Takt, von einer barbarisch gewaltigen Musik, die wie ein Triumphgesang auf den Menschen tönt; sie bezeugen mit einer uns unbekannten und erschreckenden Gewalt ihre schwellende Lebenskraft. Ein wunderbarer Rhythmus des Lebens geht von ihnen aus. Hier in New York klingt er vielleicht am lautesten. Denn hier ist das äußerste Ende des neuen Landes gegen die alte Welt; hier gischtet am wildesten die Menschenflut ineinander. Und dieser Rhythmus von New York ist schon die erste Manifestation des ganzen amerikanischen Lebensgefühls: wer ihn fühlen kann, versteht auch den hochgespannten Willen, der in allen Nerven dieses unermeßlichen Landes vibriert.

Zuerst habe ich diesen Rhythmus auf Brooklyn Bridge gefühlt. Dieser gigantische Bogen, der – ein zierliches Netzwerk von der Ferne – in jenen gewaltigen Maßen, die einen am ersten Tag erschrecken und die man nach einer Woche schon als selbstverständlich fühlt, zwei Millionenstädte verbindet, scheint wie ein Symbol der Festigkeit. Man steht auf der Höhe des Brückenbogens wie auf dem Gipfel eines Berges und mißt mit Bewunderung eine weitgebreitete Landschaft. Rechts und links je eine ungeheure Steinmasse mit zackigen Spitzen, den Wolkenkratzern, von beiden Seiten rauscht ein Murren vielfältiger Geräusche. Zwischen ihnen, tief unten, der breite Strom, gerade im Augenblick, da er Bucht wird, und das Meer. Eine Jagd von Schiffen zittert darin: kein Feld ist gepflügt wie dieses Wasser, ununterbrochen graben Kiele die graue Flut auf. Von Ufer zu Ufer rufen sich die Ferryboote Worte zu, die Züge heulen ihnen entgegen, große Dampfer vom Ozean schieben sich feierlich in das wilde Getümmel. Keinen Augenblick ist Ruhe: wie an Fäden geschnellt, zucken immer neue Schiffe heraus aus den Docks, keine Sekunde ohne Ruf oder Antwort in diesen unverständlichen Lauten.

Man möchte ruhig all das betrachten; aber der Blick wird verwirrt. Rechts saust hier auf der Brücke ein Zug heran, ein zweiter über einem, links zischt ein Automobil vorbei, hier mitten auf der Brücke ist man wie zwischen den Geleisen eines Bahnhofs. Dazwischen strömen Menschen, diese Brücke ist Eisenbahn, Straße, Fahrweg zugleich, fünfzig Wagen trägt sie in einer Minute, sie klingt von Lärm; mitten auf steiler Höhe, gewölbt über einem Fluß, steht man auf einem Kreuzweg von zehn Straßen. Und das setzt nicht eine Sekunde aus, die Wagen sausen einander nach, als wollten sie sich zerschmettern, immer mehr Menschen drängen herüber, hinüber.

Ein leises Gefühl von Schwindel überkommt einen, man faßt das Geländer. Und da – es ist ein merkwürdiger Moment –

spürt man: es schwingt einem unter der Hand. Man tastet nochmals. Und wirklich, es schwingt, schwingt ununterbrochen, manchmal stärker, manchmal schwächer, aber stets in gleichem, nie aussetzendem Rhythmus. Von früh bis nachts, von nachts bis früh schwingt diese ungeheure Brücke, deren stählerne Kraft und Wucht gar nicht zu beschreiben ist, wie eine dünne Saite von der menschlichen Masse, seit Jahren vibriert sie so von der elektrischen Spannung dieser Stadt. Dieser Strang, der die zwei Millionenbündel New York und Brooklyn als Nerv verbindet, zittert beständig in jedem Molekül, und jeder, der hier oben steht, schwingt mit von der Erregung der fremden Masse. Hier habe ich zum erstenmal den Rhythmus von New York gespürt.

Und dann hinein ins Herz der Stadt, um noch stärker ihren Schlag zu fühlen. Man will in die Untergrundbahn, versucht noch zu fragen, ob es die rechte ist, aber hier hat nur die Masse ihren Willen und biegt jeden einzelnen entzwei. Es gibt da kein Stehenbleiben, man ist in irgendeinen Wagen geschoben, weiß gar nicht von wem, eine Kette klirrt, ein Verschlag fällt nieder und dann saust das Geschoß mit den hundert, zweihundert Menschen in das Dunkel des Tunnels. Manchmal hält es an, Menschen werden herausgeschwenkt und hineingeschüttet wie in ein Gefäß, und noch strudelnd im Durcheinander sausen sie weiter. Endlich am Broadway. Man ringt sich aus dem Knäuel Menschen, in den man geknetet ist, und klettert hinauf zur Straße.

Diese Stationen der Untergrundbahn hier in New York haben durch die Masse der Menschen etwas von der Kontinuität einer Naturgewalt. Jeden halben Kilometer ist so eine schwarze Quelle an der Straße und speit trüben Schwall von Menschen herauf, die sie von weiß Gott welchen Entfernungen hervorholt, und daneben ist ein anderer Schlund, der sie wieder einschluckt. Man kann Stunden stehen und keine dieser beiden Quellen, die aufschäumende und die niederstürzende, versiegt für einen Augenblick.

Man blickt um sich, im ersten Aufschauen verwirrt durch das Getöse, und findet sich mühsam zurecht. Denn dieser Broadway ist vielleicht die merkwürdigste Straße der Welt. Er teilt die ganze langgestreckte Halbinsel entzwei, beginnt hoch oben, zwischen den Feldern noch, strömt als breite, ebenmäßige Flut hinab gegen das Meer. Und da plötzlich, knapp ehe er sein Ziel erreicht, wird er zur Schlucht. Er drängt sich zusammen, die Häuser türmen sich rechts und links wie überhängende Felsen zueinander, man kann nicht mehr aufschauen zu ihnen. Immer höher werden sie, sechzig, achtzig Stockwerke, und unten wird der Menschenschwall, je näher man zu dieser Tiefe kommt, immer hastiger. So wie ein Gebirgsstrom an einer Enge zum Wirbel wird, so ballt sich auch hier die Masse, der Lärm wird Getöse, es gibt kein Vorwärts und Rückwärts mehr, nur eine wirre, kreiselnde Bewegung. Man hat das Gefühl ganz verloren, selber zu gehen: man ist nur Brandung dort an jener Ecke von Wallstreet gegen die aufgetürmten Mauern. Die Tramways und Wagen bleiben wie Felsblöcke in einem Wildbach für Minuten aufgestaut, nichts hilft ihnen, nicht das Hämmern der Glocken und alle Rufe. Erst eine neue Welle wirft sie ein Stück weiter und wieder dann stocken sie in der Flut.

Hier wird die menschliche Masse Naturgewalt und ahmt ihre Bildnerin nach. Und das ist das Geheimnis dieser barbarischen und zuerst befremdenden amerikanischen Städte, daß sie sich nicht einem landschaftlichen Plane unterordnen, sondern selbst elementar wirken wollen. New York ahmt unbewußt das Gebirge nach, das Meer und die Ströme. Sieht man die Stadt von fern am Abend, so scheint sie eine zerklüftete, nackte Gebirgskette, etwa wie der Montserrat mit jähen Schroffen und Zinken. Und diese Menschenflut in ihren Straßen wieder ist wie das Meer geregelten Gesetzen untertan: auch hier ist Ebbe und Flut; morgens strömt die Welle der Menschen herab, abends ergießt sie sich zurück in einer einheitlichen, geschlossenen Masse, der kein einzelner widerstehen kann. Die ganze Stadt, die ganze Insel scheint zu beben unter dieser gleichmäßigen Bewegung, diesem leisen elektrischen Zittern, das immer die Entladungen der Kräfte begleitet. Allgegenwärtig ist diese Unruhe. Man spürt sie unten auf der Straße genau wie oben in den Türmen der Häuser; es zittert hier von der Schwelle bis zum First, und in geheimnisvoller Übertragung strömt diese Vibration über in die Nerven der Menschen, die feinsten Verästelungen des Gehirns. So wie man auf einem Dampfer jede Sekunde das Hämmern der Schraube fühlen kann, die das ungeheure Schiff durch die Flut preßt, so spürt man hier unentrinnbar den pulsenden Herzschlag der Stadt, den Akkumulator der gesteigerten Kräfte, den wilden, heißen Rhythmus von New York.

Unmöglich, sich diesem Rhythmus zu entziehen, ruhig, teilnahmslos zu bleiben in dieser Phrenesie der Masse. Man versuche es, am Broadway zuzuschauen, stehenzubleiben oder gar eine photographische Aufnahme zu machen: im Nu ist man zur Seite gestoßen, weggedrängt, weitergeschwemmt, wieder eingeordnet in die allgemeine Bewegung. Für Ruhe ist hier kein Raum: diese Stadt denkt nicht daran, einem Rast zu geben. Man fühlt das so recht, wenn man von Paris kommt. Im Februar, mitten im Winter, schieben sich dort an jeder Straße die runden Tische mit Sesseln und Bänken vor den Kaffeehäusern heraus; jede Ecke wird Einladung zum Sitzen, zum Rasten, zum Zuschauen. Und folgt man der Lockung, so bereut man es nicht, denn wie in einem unendlichen Film rollt sich dann die Straße vor einem auf als Schauspiel für den Betrachter. New York hat keine Gelegenheit, keinen Raum für den Zuschauer, den Untätigen. Nichts ist hier für Rast, für Ausblick eingerichtet. Die Häuser haben keine Balkone, die Squares nur wenig Bänke, und selten sieht man jemanden darauf ausruhen; die Restaurants der Geschäftsstadt sind nur für Eilige eingerichtet, manche haben gar keine Tische, nur kleine Sessel wie eine Bar, und die Menschen, die hier ihr Essen eilig hinabwürgen, sind gleichzeitig noch anders beschäftigt, sie lesen Zeitung oder verhandeln. Der Bummler hat hier keinen Raum, der Rhythmus schwemmt ihn weg wie ein abgefaultes Holz. Diese Unruhe des Tages dringt bis in alle Kreise: selbst die Untätigen, die Frauen der vornehmen Kreise, sind hier immer beschäftigt, Sport und Mode hetzen sie hin und her, unablässig sieht man sie in ihren Automobilen die Straßen entlangsausen. Selbst in den Museen ist hier Betrieb: in den Sälen werden Vorlesungen gehalten. Die ruhige Betrachtung scheinen die Menschen hier nicht zu kennen. Man muß am Schiff oder in den Bahnen gesehen haben, wie die Männer hier unter ein paar Stunden gezwungener Untätigkeit leiden, wie hilflos, unerfahren sie sind im Nichtstun, wie sie in jeder Station nach Zeitungen rennen, spielen und rauchen, alles aus jener merkwürdigen Unruhe heraus, die schon in ihr Blut eingedrungen sein muß. Und wirklich, auf einmal findet man sie in sich selbst, hat ein Gefühl der Hochspannung; man möchte hier nicht leben ohne eine ständige Arbeit, die einen von früh bis nachts in ihren Umschwung reißt. Selbst der Fremde ist hier einer Arbeit verfallen: trotz aller Müdigkeit hetzt man weiter, noch mehr zu sehen, mehr Menschen, mehr Straßen, unbewußt paßt man sich schon dem Rhythmus an. Und man rastet einzig in den Straßenbahnen, also auch in Bewegung.

Die zwingende, unentrinnbare, allgegenwärtige Gewalt dieses Rhythmus ist mir das Unvergeßlichste von New York. Hier ist schon eine Vorahnung jener Energie gegeben, die Amerika beherrscht, das Land, das in hundert Jahren den Weg zurücklegen will, zu dem Europa zwei Jahrtausende gebraucht hat, und darum so hastet, so gierig mit verbissenen Zähnen vorwärts will. Der Rausch der Geschwindigkeit, den man bei uns im Sport empfindet oder bei der Automobilfahrt, ist hier das Lebensgefühl eines ganzen Landes. Europa ist wie ein Strom, der schon sein Bett gefunden hat und nun im gemächlichen Hinrollen Muße findet, die ganze Welt und den Himmel in Kunst und sanftem Genießen zu spiegeln. Hier ist noch die Unruhe des Unerreichten, der Durchbruch der gestauten Kräfte in unbekannte Ufer: wer Urkräfte liebt, kann sie hier ungestüm und barbarisch sich entfalten sehen.

Am Abend erlischt plötzlich dieser Rhythmus, bricht zerknickt in sich zusammen. Man war im Theater gewesen, und wenn man dann auf die Straße tritt, fühlt man sich auf einmal in fremder Umgebung. New York scheint versunken zu sein, und man muß an die Magnetstadt aus ›Tausendundeiner Nacht‹ denken, die ganz aus stählernen Platten gebaut ist, stumm, kalt, mit zu Schlaf erstarrten Bewohnern. Die Menschen, die dunkle, grollende Masse ist fort von den Straßen, die jetzt kaltes, häßliches schwarzes Gestein sind, und die Stille tut einem fast weh. Auf den Dächern springen noch die Leuchtplakate, so wie letzte Funken aus der Asche sprühen, ehe alles auslischt*. Nichts Häßlicheres als New York im Schlaf, New York ohne Menschen.

Und plötzlich spürt man da auch in sich jenes Niederbrechen der Energie: während in anderen Städten mit der Nacht einen Unruhe überkommt, jetzt erst sie aufzuspüren bis in die

---

* Geschrieben 1912, als New York noch nicht nachts die zauberischeste Lichtstadt der Welt war.

dunkelsten Ecken, sie zu beschleichen in ihrem Schlaf, fühlt man hier nur das Blei in den übermüdeten Gliedern. Hinauf in das Zimmer, irgendwo im elften Stock, schlafen, ausruhen, ruhen mit der Stadt, nachdem man mit ihr gefiebert. Ein Blick vom Fenster noch. Wie seltsam ist dies! Der Himmel hoch oben ist verhangen von Dunst und Dampf, aber da unter einem scheint ein anderer zu sein. Von vielen fernen Fenstern blinkt es her wie Sterne, seltsame Leuchtkegel, schimmernde Milchstraßen zittern auf diesem Firmament. Auch hier, noch im Schlaf, ahmt die Stadt die Natur nach, die gestirnte Himmelsdecke, und jetzt, jetzt auf einmal hört man auch noch ein leises Tönen von unten. Wie Meer, wie Flut, wie Brandung klingt es von unten in ebenmäßigem Rauschen herauf. Man beugt sich vor: ist es wirklich das Meer, das ferne? Nein, nur die Maschinen rauschen so von einem Hof herauf, die hier in diesen Riesenhotels tausendfache Arbeit verrichten. Die bleiben noch wach, ewig wach wie die Elemente, wenn die Menschen schon schlafen, und während die Stimmen ruhen, brauen sie aus der Stille neue Kraft und neue Geschwindigkeiten, die dann morgen die Menschen mitreißen werden in ihren Rhythmus, den unvergeßlichen Rhythmus dieser verwirrenden und unergründlichen Stadt.

Es ist schwer, des Abends durch die dunkelnden engen Straßen dieser träumerischen Stadt zu gehen, ohne sich in leise Melancholie zu verlieren, in jene süße Wehmut der letzten herbstlichen Tage, die nicht mehr die lauten Feste der Früchte haben, sondern nur das stille Schauspiel willigen Hinsterbens und verlöschender Kraft. Getragen von der steten Welle frommer Abendglockenspiele flutet man mählich hinein in dieses uferlose Meer rätselhafter Erinnerungen, die hier an jeder Türe und jedem verwitterten Walle aufrauschen. Lässig pilgert man so, bis man sinnend plötzlich die ganze Größe eines Schauspiels fühlt, darin der eigene sorgsam gedämpfte Schritt das Wirkende und Lebendige scheint, während die großen Gewalten stumm als finstere Kulissen stehen. Und keine Stadt gibt es wohl, die die Tragik des Todes und des noch mehr Furchtbaren, des Sterbens, mit so zwingender Kraft in ein Symbol gepreßt hat, wie Brügge. Dies fühlt man so ganz in den Halbklöstern, den Beguinagen, dahin viele alte Leute sterben gehen, denn was einen die herben Konturen der Straßen am Abend nur ahnen lassen, das zeichnet sich hier in müden, stumpfen, vom Widerglanz des Lebens nur matt erhellten Blicken: daß es ein Leben ohne Hoffnung und Sicht in die Ferne gibt, ganz versunken in gleichgültiges Zurückstarren zur Vergangenheit. Und unvergeßlich ist die Art dieser Menschen, die das matte Blühen der kleinen Klostergärtchen unbewegt überschauen, ohne sich fragend einem Fremden zuzuwenden. Und gleich wunderbar ist das Dämmerbild der untätigen uralten Straßen.

Was aber seltsam ist: diese Stille ist hier nicht nur dem Abend gegeben, der sie mit seinen vielen Träumen und sehnsüchtigen Erinnerungen durchflicht, sondern unablässig scheint ein grauer Schleier über diese alten Giebeldächer gebreitet zu sein, darin sich alles Laute und Derbe verfängt, eine Sordine, die Lärm zu Raunen, Jubel zu Lächeln und den Schrei zum Seufzer dämpft. Wohl ist das Leben nicht ganz erloschen in der Mittagshelle der Straßen: Karren und Wagen stolpern über das Pflaster, Menschen mühen sich um das tägliche Brot, Cafés, Restaurants und Estaminets erweisen sogar sehr zahlreich das Bemühen nach irdischem Wohlergehen, aber dennoch liegt kein Lächeln über Stadt und Menschen. Nirgends diese dörflerische Fröhlichkeit der flandrischen Städte, der klapprende Holzschuhtanz singender Kinderscharen hinter dem aufspielenden Leierkasten, nirgends das bunte Flackern prahlerischer Gewandung. Und immer diese Dämpfung der Laute. Ist man das kühle und dunkle Treppengewinde des Beffrois, der breitschultrig und nackensteif wie Roland der Riese am Hallenplatze steht, hinaufgestiegen, leise beklommen durch das dumpfe Dunkel, und sieht man dann in freudigem Erschrecken das in leuchtenden Farben ergossene Licht, so fehlt doch in dem hellen Umkreis des tiefruhenden Treibens die Stimme. Von der weitgebreiteten Stadt und ihrer holden Umkränzung weht nur ein summendes Brausen empor, undeutlich und zauberisch wie die Vinetaglocken über dem sonntäglichen Meere. Und so scheint dieses bunte Gewimmel ziegelroter Dächer, zackiger Giebel und weißglitzernder Fensterborde nichts als ein Spielzeug, von lässiger Hand ins grüne Gelände geschüttet. Lieblich und leblos mutet dieses Schachtelwerk getürmter Häuser und runder Klöster an, geschickt untermischt mit kleinen Bezirken grünüppiger Gärten und breiter Alleen, die allmählich hineinführen ins blühende flandrische Land, darin schon die großen Mühlen – der holländischen Landschaft unentbehrliches Requisit – mit wirbelnden Flügeln stehen. Aber auch von dieser Höhe, die das Spielerische und Ziervolle der Stadt hervorhebt, kann man nicht die tragische Gebärde übersehen, die einen die stumme Traurigkeit der Straßen verstehen läßt. Das ist jener sehnsüchtig zum fernen Meere ausgereckte Arm, der breite Kanal, mit dem der versandete Hafen die segenbringende Flut zu erreichen strebt. Die tragische Geschichte Brügges fällt einem ein: die blühende Jugend, da alle Reeder hier ihre Kontore hatten, Hunderte bewimpelte Schiffe den Hafen durchsegelten, da Könige demütig mit den Schöffen verhandelten und Königinnen, heimlichen Neides voll, die prunkvollen Gewandungen der Bürgerinnen bestaunten. Und dann der langsame Niedergang: die langjährigen Kriege, Seuchen und Streitigkeiten und schließlich das Meer, mit dem alles Glück langsam von den Mauern zurückwich. Nun liegt es weit, an klaren Tagen ein silberner

Streif am Horizont. Und in der Stadt sind die Farben verblaßt; nur noch die Altardecken haben die purpurne Glut schwerer Brokate bewahrt, sonst ist der Nonnen Kleidung auch die der Stadt geworden, in der das Gelärme des Hafens und das Getöse menschenvoller Tavernen für immer verstummt ist. Jählings versteht man die abwehrende Gebärde, mit der sich diese Stadt einsam mit ihrer älteren Schwester Ypern abseits von allen andern stellte, die im Zeichen neuer Zeit Gewalt und Ehrengaben der Kultur an sich gerissen hatten. Während Antwerpen, Hamburg, Brüssel und die andern Schwesterstädte in kriegerischen Mühen die Fahne des Lebens entfalteten, hat sich Brügge immer fester eingehüllt in die dunkle Kutte seiner Einsamkeit und umgürtet mit dem alten Bande seiner Mauern. Und Jahrhunderte so finster und unbeweglich stehend, ganz der Vergangenheit gehörend, hat es jene majestätische und finstere Attitüde eines mönchischen Riesen gewonnen, die zugleich Wehmut erweckt und ungemeine Ehrfurcht gebietet, und die das Wunderbare und Verlockende dieser Stadt bedeutet.

Das Gefühl des Ephemeren und Unbeständigen, das den einzelnen hier befällt, wenn er sich von so großen Vergangenheiten überschattet sieht, hat in diesen Mauern in langem und unablässigem Walten jenes Abhängigkeitsbewußtsein unter den Menschen erzeugt, darauf alle Religion beruht. Die Straßen mit den vielen Denkmälern verschollenen Lebens mahnen zu heftig zur Demut, als daß sich die einzelnen, aufwachsend in diesem Banne, dem Glauben entziehen könnten. Und so hat hier alles Wunderbare nicht die Wendung ins Ewige zurück, sondern zu Gott und den Symbolen der katholischen Kirche. Ein Glaube waltet in dieser Stadt, finster, stark und herbe wie die Kirchen selbst, die schmucklos in unerschütterlicher Starre vor Gott stehen, ganz ohne den gewohnten spielerischen Schmuck gotischen Spitzenwerks und koketter Türmchen. Meßbücher und Heiligenbilder zieren die Läden, fromme Rufe zum Gebet hallen fast unablässig in Glockentönen herab. Jeden Augenblick huschen Mönche und Nonnen mit leisem Gruß aneinander vorüber, schaurig im ersten Augenblicke wie Boten des Todes in ihrem leisen schwarzen Hasten; kommen sie aber langsam näher, die langen Reihen anvertrauter Kinder behütend, und sieht man unter den weißen Hauben oder dem Schatten der breiten Hüte die ruhigen, friedlichen Gesichter, so fühlt man, daß nur die Mahnung der Größe und des Todes so unablässigen Ernst schaffen konnte und ein so herbes Bild des Lebens in die Züge zu zeichnen vermochte. Und immer wieder Glockenklingen und Heiligengestalten an stillen Brücken. Doch auch in dem schweren Dunkel dieses Glaubens zittert ein purpurnes mystisches Licht. Das ist die hingebungsvolle Feier der großen Mirakel, die innige Zärtlichkeit des Mariendienstes und jene leise Poesie der heiligen Dinge, die nur die einfältige Glut schlichter Menschen dichtet. Unendlich wirkungsvoll muß der Tag sein, da der edelsteinbesetzte Schrein mit den Tropfen des Erlöserblutes feierlich aus der Kapelle getragen wird und die stumme Stadt mit Begeisterung durchfunkelt und in allen diesen Menschen, die für irdische Dinge ohne Lächeln sind, die große, stille Glückseligkeit spendender Gnade auslöst. Ist es nicht schon lieblich, jene Wege zu gehen, die alle so weiche, zärtlich klingende Namen haben, den unvergleichlichen Quai de Rosaire entlang, vorbei an den »mildtätigen Schwestern«, an Notre Dame, der Beguinage, dem Hospital zum »Minnewater«, dem Liebessee? Es ist dies ein dunkler, still ruhender Teich, an dessen Ufer ein finsterer runder Turm sich lehnt wie ein entschlafener Wächter. In der schwarzen Flut scheint der Himmel zu ruhen, und weiße Wolken wandern darüber hin wie Boten des Paradieses. Ein wie Feierliches und Großes muß diesen Menschen die Liebe sein, da sie dieser träumerischen und seraphischen Landschaft den wundervollen Namen gegeben!

Überhaupt läßt sich schwer etwas Traurig-Schöneres ersinnen als die Kanäle von Brügge. Ergreifend ist ihr Anblick, und sie rühren in ihrer Stummheit, ganz ohne die geschwätzige Romantik der Kanäle Venedigs wirken sie, die vom nächtlichen Gleiten schwarzer Gondeln raunen, vom Blitzen mondlichterhellter Dolche, von heimlichen Tribunalen, versteckten Türen, einsamen Serenaden –, diesem ganzen verblichenen Requisit der Novellen um 1830. Ein paar Verse von George Rodenbach gibt es, die so vollkommen ihre melancholische Schönheit gefeiert haben, daß man sie sich im Hinschreiten langsam vorsagt, als wären sie die heimliche Melodie dieser schwarzen umschatteten Gewässer. Das ist jene wehmütige Elegie »Au lieu des vaisseaux grands, qui agitaient en elles«, leise zärtliche Verse, die Rodenbachs Wirken so ganz mit Brügge verknüpft haben, daß man dem Maler recht geben muß, der sein Porträt (im Luxembourg) auf dem Hintergrunde dieser träumerischen

Landschaft schuf. Aber auch viele andere ernste, milde, feierliche Bücher wären schön zu lesen auf den steinernen Uferbänken, im Schatten der großen Kastanienbäume, die ihr Bild im dunklen Wasser sinnend zu betrachten scheinen; denn die Kanäle sprechen nicht und rauschen nicht, sie lauschen nur. Getreulich tragen sie das Bild der Häuser, deren efeuumsponnene morsche Mauern sich an ihr Ufer lehnen, sie spiegeln den traurigen Glanz der gewölbten Brücken und der hohen Türme, aber sie wissen nicht einmal das zage Plätschern anschlagender Zitterwellen zu sagen. Schweigen und Schweigen. Sie sind das Ewig-Finstere, aber in ihrem schwarzen Spiegel liegt der Himmel gefangen, sie tragen das Transzendente, das Unirdische und Sternenhelle hinab in die Stadt des Grauens und der Stille.

Und zwischen dem widerflimmernden Wolkenflug ziehen manchmal die leisen Reihen weißer Schwäne, dieser wundervollen, ernsten Tiere, in deren Schweigen und Sterben auch ein Mirakel sich birgt. Unbeschreiblich ist die Wirkung dieses lichten ernsten Gleitens in dem todesschwarzen Gewässer: kein Dichter wüßte eine so blendende und doch so harmonische Antithese, wie sie hier der Zufall schuf. Und man bestreitet auch dem Zufalle dieses Recht: ein paar Legenden erzählen über die Herkunft dieser wilden, stillen Schwäne. Nach der einen sollten sie für einen Herzogsmord Sühne sein, nach der andern waren sie bestimmt, die in Streitigkeit sich verlierenden Bürger an die einstmalige, leichtsinnig vergebene Kraft der dahinschwebenden Segel zu erinnern. Doch es scheint vergebliches Mühen, dieser überraschenden Schönheit Willen und Sinn zu verleihen und sie mit dem faltigen Gewand der Legende zu umhüllen.

Denn alles in dieser Stadt der Träume und des Todes lockt leise in seinem Dämmer den Sinn der Mystik an. Hat sie selbst schon etwas der Wirklichkeit Entrafftes, so spinnen sich leicht um ihre Schicksale, die im Schoße ferner Jahrhunderte ruhen, romantische Ranken und blühende Gedichte. Und diese Dichtung wird, wenn sie eine lebendige Gestalt umflicht, eine Legende, und nicht selten eine Legende, die in ihrer Schönheit droht, Geschichte zu verbessern. So hat sich auch eine rührende Legende um den größten Schöpfer dieser Stadt bemüht, um Hans Memling, der selbst in seinem frommen Gemüte nichts sann, als das Wirkliche fromm und lieblich zu machen und dem

Unerreichbaren einen Abglanz in der Sehnsucht zu geben, die seine Seele durchzitterte. Trotz aller Dementis der Kunstgeschichte will man hier wissen, daß Hans Memling, aus der Schlacht bei Nancy schwerverwundet zurückkehrend, im Hospital St. Jean treue Pflege gefunden und zum Danke jene berühmten Bilder geschaffen habe, die – ein unvergleichlicher Schatz – in dem verwitterten alten Hause sich bergen. Und, leise bedrückt von der steten Traurigkeit der Straßen, ging ich wieder hin, um an ihrer knospenhaften Lieblichkeit und innigen Reinheit jenen Duft des Frühlings zu genießen, der in dieser Stadt wie eine Unmöglichkeit scheint. In einer kleinen Stube stehen sie alle beisammen – viel stärker wirkend in dieser Vereinigung, als in der Ausstellung der Primitiven – ein lichter Streif gewebt in das trauervolle Tuch dieser Stadt. Schwer fällt es, einem den Vorzug zu geben, sei es jener Madonna, die dem Jesusknaben ernstlieblich den Apfel niederreicht, sei es dem vielberühmten Altarschreine, der die Geschichte der heiligen Ursula mit frommen, noch ein wenig kindlichen Lippen erzählt. Ganz zart muß diese Künstlerseele gewesen sein – ein wenig erinnernd an die des zweiten Verkünders von Brügge, an George Rodenbach, nur nicht so bewußt, sondern schlicht der Himmelsliebe hingegeben und erfüllt von zärtlichen Visionen. Mag nicht dies vielleicht der Sinn der Legende sein, daß dieser Zarte, vom Leben verwundet, in die klösterlichen Mauern der schon damals frommen Stadt kam und hier sein heimliches Schaffensglück fand?

Vor dem Zurückwandern durch die abendlich drohenden Straßen der stillen Stadt ging ich von den Bildern noch für einen Augenblick, das eigentliche Spital zu besehen. Ein enger Hof führt hin zwischen Heiligengestalten, die sich zu neigen scheinen. Kleine Beete sind darin mit zarten, ein wenig matten Blumen. Von den kühlen Gängen aus kann man hinter den grauen Vorhängen die weißen Krankenbetten in schmalen Reihen sehen. Auch hier diese schwere Stille. Nonnen mit weißen Hauben gehen leise vorüber. Im Garten draußen aber ein paar Genesende in den langen grauen Spitalsgewändern, ruhende Frauen und ein paar spielende Kinder. Und dazwischen ein paar funkelnde Flecken der sinkenden Sonne. Die Kinder waren nicht sehr laut, doch sprangen sie haschend aneinander vorbei, während die Genesenden mit jener eifrigen Neugier ihnen nachstaunten, die nur das erwachende Leben schenkt. Und als ich hier nach den vielen Stunden stillen Wanderns das helle silberne Kinderlachen hörte, wenn auch widerhallend von den Wänden des Todes, war mir, als sei mir ein Glück geschehen. Eine leise Angst befiel mich, in diese große, grabeskühle Stadt zurückzugehen, deren Symbole mich mit so wundervoller Gewalt umfingen, und ein unendliches Mitleid mit den Menschen, die hier im Dunkel leben und dem Unbegreiflichen entgegensterben. Und selten habe ich so stark die abgenutzte Weisheit der Schulfibeln empfunden, daß der Tod etwas sehr Trauriges sein muß und das Leben eine unendliche Gewalt, die auch den Unwilligen zur Liebe zwingt.

Vor Jahren und Jahren war ich einmal in dieser nun so tragisch berühmten Stadt. Man ratterte zwei oder drei Stunden lang von Brügge mit einer wackeligen Dampfvizinalbahn, kam abends an, ein sehr vereinzelter Fremder, der Mühe hatte, irgendeinen Gasthof aufzustöbern: die Leute schliefen schon um neun Uhr, und nur ein paar kleine Estaminets zwinkerten Petroleumlicht aus halbgeschlossenen Fensterläden. Der große Platz vor den Hallen schwarz und leer, ein viereckiger Teich. Stille. Wahrhaftig, man hätte sich nicht gewundert, wäre plötzlich ein mittelalterlicher Nachtwächter aus dem Schatten getreten, um meistersingerische Schlafmützenweis' durch die Gassen zu tuten. Riesig aber wuchteten aus diesem Schweigen die quadratischen Massen jenes herrlichen Gebäudes hervor, der Stadthalle; sie und die Kathedrale zu sehen, war ich eigens gekommen, drei Vizinalbahnstunden weit in diese behäbige und vergessene Provinzlerei.

Jetzt flammt der Name Ypern, der »ville martyre«, auf allen Plakaten von Lille bis Ostende, von Ostende bis Antwerpen und weit ins Holländische hinein: Gesellschaftsreisen, Automobilexkursionen, Separattouren überschreien sich in Angeboten, täglich sausen zehntausend Menschen (und vielleicht mehr!) für ein paar Stunden herüber: Ypern ist die great show Belgiens geworden, eine schon gefährliche Konkurrenz für Waterloo, ein Man-muß-es-gesehen-Haben aller Touristen. Widerstand regt sich als erstes Gefühl, solchem Wirbel nachträglicher Schlachtenbummler sich einzudrängen. Aber Verantwortung mahnt, nichts zu übersehen, was die Geschichte unserer Zeit sinnlich verlebendigt; nur wenn wir uns stark und bewußt orientieren, werden wir der furchtbaren Vergangenheit und damit der Zukunft gerecht.

Also nach Ypern. Aber in keinem der Massenautomobile, darin gemietete Führer in vorgeschriebener Route täglich Kirchhöfe, Monumente, Ruinen und zweihunderttausend Tote in wohlassortiertem Programm abschnurren. Lieber den kleinen Umweg nach Nieuport hinüber. Breite, bequeme Straßen, asphaltgegossenes glattes Gummiband zuerst, wo die Luxuswagen, geräuschlos federnd, von Badeort zu Badeort sausen, wahrscheinlich ohne rechts und links die schon langsam versandenden Spuren des Krieges überhaupt zu bemerken. Denn man muß scharf hinsehen, um sich zu vergegenwärtigen, daß, was jetzt als dünne Wasserschnur zickzack durch die Felder läuft, vier Jahre lang Laufgraben war für geduckte Bataillone. Daß der runde, blaue Wolken spiegelnde Tümpel dort, aus dem gelbgefleckte Kühe mit ihren rosenweichen Nüstern gemütlich Wasser lecken, einem menschenmörderischen Trichtereinschlag eines schweren Geschützes sein Dasein dankt.

Ja, man muß anfangs noch scharf hinsehen, um all diese Mementos zu bemerken (denn die Zeit löscht in der nachgiebigen Erde die Spuren fast so schnell wie in den vergeßlichen Gehirnen der Menschen). Aber bald in der Nähe von Nieuport, der einstigen Hauptfront, mehren sich beängstigend die Zeichen. Immer mehr dieser troglodytischen Höhlen, dann schon zerspellte Bäume mit weggegiftetem Laub, skeletthafte Arme anklägerisch in den Himmel hebend. Immer mehr und immer mehr der weggeworfenen und zerstampften Wellblechdecken, der gestützten Unterstände...

Die Stadt ohne Herz

Rasch also auf Ypern zu. Rechts und links fließendes Gold von reifendem Getreide, körnerschwer: wieder spürt man's, auch in der Natur lebt immer alles Lebendige von den Toten. Kranke Wälder mit abgefressenem Laub, vom Gasgift vergilbt, strekken ihre Stummel wie hilfeschreiend einem entgegen. Und an den vielen Friedhöfen rechts und links von der Straße spürt man unverkennbar: der Brennpunkt vierjährigen Kampfes muß schon nah sein. Kreuze, Kreuze, steinerne Armeen von Kreuzen, erschütternd durch den Gedanken, daß unter jedem dieser blankpolierten, rosenumflochtenen Steine ein Mensch ruht, der ohne diesen Wahnwitz noch heute, vierzigjährig, fünfzigjährig, in voller Gesundheit, Blüte und Kraft stünde. Denn ohne diesen Gedanken möchte man sie sonst schön nennen, diese beinahe musikalisch in die leere Landschaft hineinkomponierten Totenhaine, australische, kanadische, englische, belgische, französische und deutsche.

Ein paar enge Straßen noch, und man ist auf dem Marktplatze. Alles steht da wie einst, schön erneuert, frischer vielleicht noch, nur – entsetzlich – die gigantische Stadthalle ist weg, dieser zyklopische Riesenbau, der Stolz Belgiens, um den einstens die ganze Stadt mit ihren Häuserchen sich scharte wie Kücken um die Henne. Dort, wo diese Herrlichkeit heroisch wuchtete, Jahrhunderten trotzend, steht jetzt ein Nichts, ein paar rauchige Steinstümpfe, wie kariöse Zähne schwarz und zerfressen gegen den Himmel gebleckt. Das Herz der Stadt ist ausgerissen, und man denke es sich aus im Vergleich, daß in Berlin statt des Schlosses und der Linden ein schottriger Trümmerhaufen läge.

Schaurig das anzusehen. Schauriger noch als die Photographien in den Schaufenstern, die Ypern 1918 in einer Flugaufnahme zeigen, als eine Kraterlandschaft, eine einzige Schuttwucherung. Aber diese schaurige Wirkung der Nichtwiederherstellung gerade dieses mächtigsten Baues entspringt einer Absicht, denn es ist bestimmt, daß dieses eine und gewaltigste Gebäude der belgischen Kriegswelt für ewige Zeiten Trümmerhaufen verbleiben soll, ähnlich wie die Heidelberger Ruine, damit Geschlechter und Geschlechter sich des Geschehenen erinnern. Wahrscheinlich beabsichtigte ein Gefühl der Rache, damit den Abscheu und das Ressentiment gegen die Eindringlinge zu verewigen, das Martyrium dieser Stadt noch Generationen zu zeigen. Aber mag diese Absicht die ursprüngliche gewesen sein – die Wirkung wird eine andere. Was als Denkmal des Krieges bestimmt war, wirkt nun schon als Denkmal gegen den Krieg, und dieses zerschmetterte, beinahe zu Schutt und Staub zermörserte Kunstdenkmal erweist sich als die denkbar furchtbarste Mahnung für alle, die ihre Heimat lieb haben, nie mehr die heiligsten Werke ihrer Geschichte solchen mörderischen Zerstörungen auszusetzen.

Meningate

Sein erlauchtestes Kunstwerk ist damit Ypern genommen. Niemand wird in Hinkunft mehr, wie wir einstens, hinpilgern in die abseitige Stadt, einzig um, maßvoll und mächtig, dieses herrliche Hallenwerk mit seinen breiten Schultern dastehen zu sehen. Aber für das verlorene Denkmal hat Ypern ein neues gewonnen, und daß ich es gleich voraussage, ein seelisch wie künstlerisch überwältigendes: das Meningate, errichtet von der englischen Nation für ihre Toten, ein Denkmal, so ergreifend wie nur eins auf europäischer Erde.

Auf der Straße, die vormals zum Feinde führte, ist dies riesige Tor errichtet, hoch und marmorhell. Es schattet und deckt ein paar Meter weit die Straße, jene einzige des umschlossenen Ypern, wo in Sonnenbrand und Regen die englischen Regimenter an die Front rückten, wo die Kanonen, die Lazarettwagen, die Munition zugeführt und unzählige Särge heimgekarrt wurden. In schlichten römischen Maßen, mehr Mausoleum als Triumphbogen, wölbt sich das breite Tor. Auf der Vorderseite, der Feindrichtung zugewandt, liegt auf dem First ein Marmorlöwe, die Pranke wuchtig niedergelegt wie auf eine Beute, die er nicht lassen will; auf der Rückseite, der Stadt zugewandt, erhebt sich ernst und schwer ein marmorner Sarkophag. Denn dieses Denkmal gilt den Toten, den sechsundfünfzigtausend englischen Toten bei Ypern, deren Gräber nicht gefunden werden konnten, die irgendwo in einem Massengrabe vermodern, unkenntlich von Granaten zerfetzt, oder im Wasser verfaulten, all jenen, die nicht wie die anderen auf den Friedhöfen rings um die Stadt ihre hellen, weißen, geschliffenen Steine haben, eigenes Wahrzeichen letzter Ruhestatt. Ihnen allen, den Sechsundfünfzigtausend, hat man diesen Marmorbogen als gemeinsames Grabmal gewölbt, und alle diese sechsundfünfzigtausend Namen sind eingegraben mit goldenen Lettern in den marmornen Stein, so viele, so unendlich viele, daß, ähnlich wie auf den Säulen der Alhambra, die Schrift zum Ornamente wird. Ein Denkmal also nicht dem Siege, sondern den Toten, den Opfern dargebracht, ohne jeden Unterschied, den gefallenen Australiern, Engländern, Hindus und Mohammedanern, verewigt in gleichen Maßen und in gleicher Größe, in demselben Stein, für denselben Tod. Kein Bildnis des Königs, keine Erwähnung von Siegen, keine Kniebeuge vor genialen Feldherren, kein Schwatz von Kronprinzen, Erzherzögen, nur lakonisch großartige Stirninschrift: Pro rege, pro patria. In dieser wahrhaft römischen Einfachheit wirkt dieses Grabmal der Sechsundfünfzigtausend erschütternder als alle Triumphbogen und Siegesdenkmäler, die ich jemals gesehen, und diese Erschütterung mehrt sich noch am Anblick der immer wieder neu gehäuften Kränze der Witwen, der Kinder, der Freunde. Denn eine ganze Nation pilgert alljährlich zu dieser gemeinsamen Grabstätte der unbegrabenen und verschollenen Soldaten.

Kirmes über den Toten

Ein Wallfahrtsort der englischen Nation ist Ypern heute geworden. Man kann es verstehen, wenn man diese Tausende und aber Tausende von Gräbern, wenn man diese tragische Stelle der Sechsundfünfzigtausend gesehen. Aber gerade die Fülle des Verkehres gefährdet arg die Ehrfürchtigkeit des Eindruckes, und mitten in der Ergriffenheit wehrt sich das Gefühl gegen die zu gute, zu präzise funktionierende Organisation. Auf dem Marktplatze staut sich ein Autopark wie vor einer Oper, die grünen und gelben und roten Massenautos, diese fahrenden Bassins, schütten stündlich Tausende von Menschen in die Stadt, ganze Touristenarmeen, die mit lautsprechenden Führern die »Sehenswürdigkeiten« (zweihunderttausend Gräber!) betrachten. Für zehn Mark kriegt man alles, den ganzen Krieg von vier Jahren, die Gräber, die großen Kanonen, die zerschossene Stadthalle, mit Lunch oder Diner und allem Komfort und nice strong tea, wie es auf allen Schildern angeschrieben ist. In allen Buden wird mit den Toten kräftig Geschäft gemacht, man bietet Galanteriewaren aus, gefertigt aus Granatsplittern (die vielleicht einem Menschen die Eingeweide zerrissen haben), hübsche Schlachtfeldandenken, deren entsetzlichste Probe ich in einem Schaufenster sah: einen Bronze-Christus, das Kreuz gefertigt aus aufgelesenen Patronen. In den Hotels spielt Musik, die Kaffeehäuser sind voll, auf und nieder sausen die Autos, die Kodakverschlüsse klappern. Trefflich ist alles organisiert, jede Sehenswürdigkeit hat ihre Dutzend Minuten, denn man muß ja spätestens um sieben Uhr in Blankenberghe zurück sein und in Ostende, um den Smoking noch anziehen zu können für das Diner.

Das ist furchtbar durchzudenken, fast so würgend wie der Gedanke an die Toten, daß, wie die Erde ihren Dung hat von den Leichen, auch die Lebendigen an den Toten verdienen, daß die sorglosen Nachfahren sich die erschütternden Qualen einer halben Million Brüder so bequem, so gut organisiert ansehen können wie eine Kinovorstellung. Daß sie dieselben Straßen in gut gefederten Autos sausen, die jene, bepackt wie die römischen Ziegelsklaven, monatelang verschmutzt und verschweißt, durchschritten. Daß sie in gut ventilierten Gaststuben alle die Refreshments prompt serviert bekommen, die jenen in ihren nassen, dreckigen Erdhöhlen wie Nektar und Ambrosia erschienen wären. Daß sie einer halben Million Menschen vierjähriges Martyrium in einer halben Stunde, die Zigarette im Munde, bequem und zufrieden um zehn Mark betrachten können und dann mit ein paar Dutzend Ansichtskarten das Erlebnis als ein sehenswertes rühmen.

Dennoch!

Dennoch: es ist gut, daß an einigen Stellen dieser Welt noch ein paar grauenhaft sichtbare Zeichen des großen Verbrechens übrig sind. Es ist im letzten Grunde gut sogar, daß hunderttausend Menschen hier bequem und sorglos alljährlich vorüberknattern, denn immerhin, ob sie wollen oder nicht, diese unzähligen Gräber, diese vergifteten Wälder, dieser zerschmetterte Platz erinnern. Und alles Erinnern wird selbst der primitivsten, der gemächlichsten Natur irgendwie bildnerisch. Alles Erinnern, in welcher Form und Absicht auch immer, drängt das Gedächtnis wieder zu jenen furchtbaren Jahren zurück, die nie vergessen und verlernt werden dürfen. So empfand ich es auch als erziehlich und richtig, daß in Belgien jedes Jahr am 4. August, morgens um neun Uhr, zu ebenderselben Stunde, da 1914 die Deutschen einrückten, alle Glocken zu läuten beginnen, die Sirenen aller Fabriken pfeifen und einige Minuten lang die Arbeit stockt. Die Behörden, die dies verfügten, haben das wohl im nationalen, im patriotischen Sinne verfügt, nicht im kriegsgegnerischen; aber immerhin, auch diese Maßnahme hilft erinnern, sie gibt dem trüben, hindämmernden Gewissen einen Ruck und Stoß. Und man könnte es nur begrüßen, wenn alle einstmals kriegführenden Länder Europas diesen feierlichen Gebrauch übernehmen würden, wenn alljährlich auch in Deutschland und Frankreich genau zur Stunde der Kriegserklärung die Glocken läuteten, alle Sirenen gellten und die Arbeit für Minuten ruhte – für fünf Minuten der Besinnung, der Erinnerung und der Empörung.

DIE KATHEDRALE VON CHARTRES

Nie war Paris so stark, so blendend wie in diesem Jahr, nie so strotzend von innerer Energie, so strahlend in einem vielfältigen Licht: ein anderer vehementerer Rhythmus schüttert die Straßen, und wer vordem den linden, lässigen Atem dieser Stadt geliebt, spürt erstaunt und beinahe erschreckt, wie heiß, wie leidenschaftlich und fast fieberhaft er nun schwingt. Etwas von New York, vom Tempo der amerikanischen Riesenstädte hat sich eingedrängt in die Avenuen: weiß und blendend gießt sich das Licht über die menschenflirrenden Straßen, von Dach zu Dach springen die Leuchtplakate, und die Häuser zittern bis hinauf zum First vom Gedröhn der Automobile. Die Farben, die Steine, die Plätze, alles glüht und flackert und brennt von diesen neuen Geschwindigkeiten, bis hinab in die donnernde Höhlung der Untergrundbahnen schwingt jeder Nerv dieser blendenden Stadt, und jede Fiber des eigenen Leibes schwingt unbewußt mit: man fühlt sich gejagt, geschoben, getragen von diesem flirrenden Rausch, der betäubt und beglückt und doch müde macht. Lustvoll ist dieses Tempo, eine Phantasmagorie dem Blick, eine starke Spannung dem Gefühl – aber dann kommt immer wieder ein Augenblick, in dem man sich sagt: zu viel! Man möchte für eine Stunde ruhen und rasten, wie vor Jahren lässig schlendern in den alten Gassen der Rive gauche, auf dem jugendgeliebten Boul' Mich'. Aber die alten Gassen sind nicht mehr stiller Wanderschaft wohlgewillt – wie aus dem Geschützrohr einer Kanone zuckt aus ihrem schmalen Schlund gleich einem Geschoß Schlag auf Schlag, Schuß auf Schuß ein Automobil hinter dem andern. Und auf dem Boul' Mich' haben (wie überall) die Banken die Cafés verdrängt – die Jugend, die Studenten, sie sind hinaufgeschoben in die Vorstädte, nach Montparnasse. Nirgends ist eine halbe Stunde Stille von morgens bis morgens in dieser aufgeschwellten, fiebrigen Stadt, bis weit hinaus nach St. Cloud und Sèvres zucken noch die Nerven ihrer ruhelosen Leidenschaft: nirgends, nirgends mehr »la douce France«, nirgends eine Stelle, wo man still gegen Abend zu das silberne Licht über die Seine sehen kann, nirgends mehr das alte Paris; die weiche wollüstig warme Stadt hat Muskeln bekommen und hämmert den Takt wie ein fanatischer Arbeiter –, ihr Glanz zischt auf wie ein zuckendes Raketenspiel. Man muß weit fort, um hinter ihrem englischen, ihrem amerikanischen Antlitz wieder Frankreich, das Frankreich von einst zu fühlen, um beschaulich zu genießen, was einem hier Paris in tausend flirrende Funken zerschlägt. Und plötzlich, sehnsüchtig nach einer Stunde Entspannung, erinnere ich mich, als einzige der großen Kathedralen jene von Chartres nicht gesehen zu haben; sie ist anderthalb Stunden weit, und ich weiß im voraus schon: zwischen ihr und Paris liegt ein Jahrtausend –, in anderem, ruhevollerem Takt schwingt dort der Rhythmus der Zeit.

Seltsam: schon der Schnellzug, der im Flug an den Telegraphenstangen vorbeiknattert, scheint einem Entspannung gegen das Flimmerspiel von Paris. Man lehnt sich hin ans Fenster und sieht die flache Landschaft: der Blick scheint einem vertraut, denn von den Bildern der Impressionisten meint man jeden Baum, jeden Kanal, jeden Tümpel zu kennen. Wie oft haben Monet, Pissaro, Renoir, Sisley dies alles gemalt, die kleinen Gärten im nassen Vorfrühlingsglanz, die schüchternen Birken, die glitzernden Rasen, dies üppige und doch flache, dies volle und doch ein wenig monotone Land um Paris. Nirgends ein rechter Wald, nirgends ein Hügel, nirgends auch von ferne nur ein wahrhafter Berg; immer nur Wiese und Häuser und Wasser, sorglich bestellt und nutzbar gemacht. Schon ermüdet der Blick, der nichts Sonderliches in der Runde faßt; aber plötzlich, wie der Zug sich zu verlangsamen beginnt, steigt etwas aus der niederen Landschaft mächtig, übermächtig auf, ein großes und wunderbares Gebilde. »Wie ein kniender Riese, der seine Arme betend über die niedere Ebene zu Gott aufhebt –«, so hat Paul Claudel einmal eine der Beschwörungen der französischen Kathedrale begonnen. Und plötzlich, mit dem gewaltsamen Einbruch einer Wahrheit, fällt mir die Zeile wieder ein: denn wirklich, wie ein Fremder, wie ein gewaltiger Riese, gedrungenen Leibes hebt sich hier über der niederen Wölbung einer provinziellen Stadt das schwere wuchtige Dach einer Kathedrale, und über sie hochgereckt zu ewigem Gebet ragen die beiden Türme in den Himmel hinein. Gerade das scheinbar Sinnlose, daß hier mitten im leeren Land, mitten aus einer niederen gleichgültigen Stadt ein so ungeheurer Bau emporbricht, gerade dies schafft einen Eindruck unvergeßlicher Großartigkeit. In Paris scheint es verständlich, wenn im unendlichen Gedränge der Straßen Notre-Dame wie ein gewaltiger Brunnen die Gläubigkeit von Millionen sammelt, und man kann sich Wien oder Köln kaum denken ohne die steinerne Spitze, in die das Gewirr der Häuser gleichsam befreit aufschießt; hier aber wird die Dimension zur Überraschung, die Proportion zum Erlebnis.

Wer hat sie gebaut, diese gewaltige Kathedrale, in das Leere des Landes, hoch über die kleine alltägliche Stadt? Die Namen der Meister, sie sind verschollen, und wüßte man sie auch, ihre Namen sagten nicht viel. Denn nicht einer oder einzelne können solche Wunder schaffen, die Jahrhunderte brauchen, um wahrhaft dazusein und ins Ewige zu reifen; die wahren Baumeister, sie hießen: Glaube und Geduld, Glaube von Tausenden namenlosen, verschollenen Menschen und Geduld von Abertausenden einsam wirkenden Werkleuten. Vergebens durchforscht man die Linien, die Pläne: sie haben keine Antwort auf die unabweisliche Frage, wie einzelne einstmals den Mut aufbrachten, eine solche Riesenkathedrale zu bauen mitten ins Leere der Natur, kaum angelehnt an ein ärmliches Städtchen. War da nur der Ehrgeiz, es Paris, der gewaltigen Schwester, an Größe gleichzutun, jener Ehrgeiz, der die Kirchen Italiens, die Dome Deutschlands, die Belfriede Belgiens zwang, sich, jeder immer mächtiger als alle früheren, zu gestalten? Oder war hier mitten im flachen Land, wo kaum ein Hügel sich über die Wiesen hebt, vor grauen Jahren vielleicht einer gewesen, der auf ferner Wanderschaft Berge gesehn und getürmten Fels, und der nun den anderen die Sehnsucht verriet, ein so Hohes zu schaffen, daß man adlergleich blicken könnte von Horizont zu Horizont? Jedenfalls: sie huben an, sich so ein steineres Gebirge zu bauen, eine Zwingburg Gottes, mächtig gequadert gegen den Ansturm der Zeit, und sie rasteten nicht, ehe sie vollendet war. Wo ein Geschlecht endete, hub ein anderes an, und so wuchs diese riesige Wölbung mit den Türmen bis hinauf zum glitzernden Knauf, zur luftigen Wohnung der Glocken.

Wie aber dieser wölbige Fels gebaut war, werden sie selbst erschrocken sein, diese Menschen des hellen sonnigen Landes, denn sein Inneres mag dunkel und kalt gewesen sein wie eine Höhle. Das Ungeheure dieser Wölbung, Stein in Stein, atmete wohl Düsternis und ein geheimes Grauen: da taten sie, um das Lastende dieses grauen Lichtes zu mildern, bunte Scheiben in die Höhlen der Fenster, die Sonne zu filtern in allen Farben und die Buntheit des Lebens auch hier im Dunkel selig zu gewahren. Diese Glasfenster von Chartres sind nun eine Herrlichkeit ohnegleichen. Nicht so dicht gedrängt wie jene der Sainte Chapelle in Paris (die eigentlich nur funkelndes Glas ist, von schmalen Steinstäben gespalten), teilen sie in blauen Ovalen, in glühenden Rosetten unendlich vielfältig die starre Wand: wie in der Grotte von Capri strahlt magisch das Licht aus einer unsichtbaren Ferne kobaltblau und violett in unfaßbarer Bindung und Zerstreuung in den Raum der nun weich sich löst zu einer unbeschreiblichen Dämmerung. Und jede dieser Farben ist satt und leuchtend, ist von jener reinen Tiefe, wie sie in unserer vielfältigen Welt einzig die Alpenblumen haben, der Enzian, die Schneerose und das Edelweiß, wie unsere neue Chemie und die donnernden Fabriken sie nie mehr so glühend dem flüssigen Glas einzuschmelzen vermochten. Mitten in Kühle und Höhe fühlt man sich im Feuer, in einer einzigen Seligkeit des Blickes.

Doch auch dies war jenen Namenlosen noch nicht genug des Lebens in diesem ragenden Haus: jetzt war der Fels zwar schon beblümt und beglänzt, war Natur geworden und Landschaft. Aber noch fehlte das wahre Leben darin, der Mensch in all seinen Formen und das wimmelnde Getier. So stellten sie Bildnisse, steinerne Gestalten überall hin, die Starre des Felsens zu beleben: unübersehbar ist diese Schar. Vor den Portalen stehen sie schon streng als Wächter, die Engel und Erzväter, aus den Säulen strecken sie sich streng und gotisch schmal hervor, sie flügeln als zackiges Fledermausgetier aus den Nischen, beugen sich aufgerissenen Maules als Wasserspeier vom Turm. Die Wölbungen füllen sie als quirlende Haufen, als wandernde Erzählung, rings um den Altar gürten sie sich als plastische Legenden. Verkündigung und Geburt und Auferstehung, die Feiertage des Jahres und die Legenda Aurea und den verlorenen Sohn und den guten Samariter: alles sieht man hier im Steine leben und in den Fenstern glühend gebildet, und niemand vermöchte die Fülle der Figuren zu Ende zu zählen. Sind es Tausende oder Zehntausende – als Gestrüpp und Dickicht drängt sich menschliche Gestalt hier zwischen den ragenden Bäumen der Säulen bis hoch zur Wölbung empor. Alle Stile, alle Formen sind versammelt, und jene Wand um den Altar, die Jean de Beauce im vierzehnten Jahrhundert begann, und die das achtzehnte erst vollendete, spiegelt die ganze Varietät der Plastik: in wenigen Minuten hat man Jahrhunderte der Kunstgeschichte durchschritten. Und man weiß, man sieht sich nie zu Ende, denn ganze Geschlechter von Steinmetzen und Bildnern haben dies irdische Heer von Gestalten ersonnen, das sich hier ewig zu Ehren Gottes versammelt.

Aber ihre ganze, ihre unübersehbare Schar, wie sie von Säule und Krypta und Wölbung und Wand sich zusammen-drängt – sie fühlt man erst an den lebendigen Menschen von heute. Es ist Sonntag, und die Bürger füllen den Dom: doch nur gesagt ist dies Wort, denn sie füllen ihn nicht. Sie füllen ein paar Bänke bloß, und hier und dort scharen sie vor einem Bilde sich zusammen; aber wie bröcklig, wie ärmlich ist dies Men-schenhäufchen neben der Unzahl der Steingestalten, wie win-zig der Klüngel Beter unter dem riesigen Gestühl der Kathedra-le. Diese Kirche hätte Raum für ein ganzes Geschlecht, und es ist ihr heroisches Beispiel, ewig zu groß zu bleiben für alle irdischen Zwecke, ewig alle Möglichkeiten zu überragen und nur ein Symbol des Unendlichen zu sein. Nur den Glauben wollten sie verewigen, die diese Kathedrale aufrichteten mitten im niedren Land, in gestaltetem Stein ihren frommen Willen bewahren über die Zeit: ehrfürchtig spürt man hier den »Geist der Gotik«, das Jahrhundert des Glaubens und der Geduld, ein Jahrhundert, das nicht wiederkehrt. Denn nie werden solche Werke in unserer Welt wieder entstehen, die mit anderen Maßen die Stunden zählt und hinlebt in anderen Geschwindig-keiten: die Menschen bauen keine Dome mehr.

Die Menschen bauen keine Dome mehr: wie Armut fühlt man vorerst unsere Zeit in der Heimkehr von solcher dauer-hafter Gestalt. Unsere Pläne zielen auf rasche Zwecke, hastiger geht unser Rhythmus, und niemals mehr überwächst ein einzelnes Werk ein ganzes Geschlecht, ja selten noch ein einzelnes Leben. Wir, die ein sprechender Funke in einer Sekunde zu anderen Kontinenten reden läßt, haben verlernt, in langsamen Steinen, in unendlichen Jahren unser Wesen auszu-drücken: unsere Wunder sind handlicher geworden und geistiger, unsere Träume weniger kompakt. Wie von etwas großartig Fremdgewordenem, wie von dem Parthenon oder den Pyramiden nimmt die Seele Abschied von so ragender Gestalt, und wir sind uns wohl bewußt, daß wir für Unendliches, das die Welt seitdem gewonnen, doch die Fähigkeit verloren haben, so herrlich den Geist eines ganzen Volkes, den Genius einer Zeit in *einem* Werke zu verkörpern. Aber dies ist dahin: die Menschen bauen keine Dome mehr.

Und doch, wie der Zug jetzt zurücksaust durch die abendlich dunkelnde Landschaft, taucht dort, wo noch nicht der Blick, nur erst das Gefühl Paris, die gigantische Stadt ahnt, eine glühende Kuppel auf, rötlich gewölbt über dem Horizont bis hinauf in den unsichtbaren Himmel. Es ist der Feuerkreis von Paris, ein anderer Dom, der dort ohne Stein und Stütze allnächtlich aufgerichtet ist, einzig gebaut – wie jener von Chartres aus Tausenden von Quadern – aus Hunderttausenden von Lichtern und elektrischen Flammen. Allnächtlich unzerstörbar steht dieser glühende Dom von Licht über der brausenden Stadt, die herrlichste Kathedrale unserer Zeit, zusammengefügt aus den unzählbaren elektrischen Energien, aus dem heißen zuckenden Leben der Millionen. Mag sein, er ist nicht aus dem gleichen Glauben gestaltet wie jene alten Kathedralen, aber doch aus dem gleichen brennenden Willen, aus der gleichen unsterblichen irdischen Energie. Herrlich gewölbt, überirdisch leuchtend ragt er hoch in die lauschende Nacht, dieser neue Dom von Paris, und vielleicht würden jene Baumeister von einst ihn so herrlich, so gewaltig und göttlich finden, wie wir ihre uns überkommenen Werke. In anderen Zeichen schreiben eben die Zeiten ihre Geschichte in die Landschaft der Erde, und nichts ist wunderbarer, als im Zwischenraum einer Stunde das eine *und* das andere Zeichen ihres Lebenswillen (so fremd sie einander auch scheinen) zu lesen, zu verstehen und zu lieben.

FRÜHLINGSFAHRT DURCH DIE PROVENCE

Abends noch in Paris. Ein letzter Gang über die Boulevards: die Bäume sind kahl und grau, an manchen hängt noch, ganz schwach und zitternd, ein letztes falbes Blatt, das der Herbstwind zu nehmen vergessen. Mild und klar ist der Abend, aber – Du fühlst es – es fehlt ihm die Frische, der Duft. Es ist trotz Schnee und Stürmen abgelebte Luft; schmacklos und leer, denn sie hat nicht jenes Quellen der aufbrechenden Erde, wenn sie die Sonne fühlt, nicht den Pollenduft der vielen werdenden Blüten. Wochen und Wochen noch ist es bis zum Frühling. Nachts dann im Zuge. Durch Stunden nur Dunkelheit und das Gestampf der Räder durch unbekanntes Land. Morgens, ganz früh, wenn das Morgenrot noch wie ein ungeheurer Brand am Horizonte flammt, siehst Du hinaus. Leer liegen die Felder, brandrot und erdig, unbelaubt stehen die Bäume. Aber doch ist etwas in der Landschaft – Du weißt es nicht zu sagen, was es ist – das schon vom Frühling spricht, eine Ahnung, daß die Blüten schon ganz nahe am Bast pochen, daß die Saat schon mit den unterirdischen Halmen die letzte Schichte der Erde berührt. Das Zittern der Äste im Wind scheint Dir halb noch Bitte und halb schon erfüllte Seligkeit. Und hier – ja hier, sieh es nur, hier ist schon ein erstes Grün, das die Erde umflicht, ein helles, unsäglich zartes Grün. Und mehr und mehr: zwischen den leeren Bäumen hier und da solche, an denen schon die kleinen Schößlinge sprießen, manche schon mit großen, leuchtenden Blüten. Und immer mehr und mehr! Jenen wundervollen Augenblick eines vielfältigen Geschehens fühlst Du, jene Tage und Wochen, in denen ein Frühling wird, zusammengepreßt in eine prächtige Stunde. Denn immer lebendiger wird das Bild, farbig belebt nun durch die ersten immergrünen Bäume, durch das steigende Licht, durch Wärme und Sonnenfeuer. Und mit dem Morgen bist Du in des Frühlings Land.

Hat der Frühling ein schöneres Land als die Provence? Kaum läßt es sich denken, wenn man sieht, wie in den Rahmen der Fensterscheibe sich in buntem Wechsel die blühenden Bilder stellen. Und denke der provençalischen Lieder. Ist denn das nicht unendlich frühlingshaft, dieses zarte Minnen der Ritter um die geliebte Dame, die Pagenlieder und Aventiuren, dieser Eindruck, den wir aus Lied und Geschichte von dem blühenden Lande haben? Und so wunderbar eint sich dies alles: kaum staunte man, würde man auf weißem Zelter einen schmucken Ritter durch diese milde, sonnige Landschaft traben sehen. Er ist hier sanft und doch groß, der Frühling, groß auch ohne jenes ungeheure Geschehen seiner Leidenschaft, ohne den Mistral, jenen furchtbaren Föhn, der im Lande wühlt, der wie Fieber in das Blut schießt und wie Gottes Zorn in den Bäumen wettert. Norden und Süden einen sich hier wie in flüchtigem Kuß. Neben den immergrünen Sträuchern und Bäumen, die ohne Blüte und Frucht nur als Wächter der Schönheit im Lande warten, stehen friedlich jene Kulturen des Nordens, manche noch nackt und frierend, manche in dünnem Farbenflor. Und so weiß der Frühling hier doch noch zu beglücken, so gütig dem Anblicke auch der Winter ist.

Helle, freundliche Städte, Valence, Nimes, Orange – in welcher wollte man nicht rasten? Aber der Zug wettert und eilt. Doch hier mußt Du bleiben, in dieser Stadt, die so wunderbar weiß leuchtet wie ein Traumschloß, die so breit und groß sich um die Rhône schmiegt, in Avignon, der Stadt der Päpste. Linien, wie mit lässiger Künstlerhand in das weite Gelände eingezeichnet, fesseln Deinen Blick: die weißen Straßen, flimmernder, glühender Kalk, und dazwischen jener blaue, flutende Streifen des Stromes, zweimal durchquert, einmal von der weißen Brücke, das andere Mal von den Überresten jenes stolzen Bogens, mit dem der Heilige Bénezet die Umschließung der Stadt vollkommen zu machen hoffte. Ein herrlicher, düsterer Anblick muß sie an Herbsttagen sein, diese hohe, herrische Papstburg, die wie ein geharnischtes Haupt hoch über der niederen Stadt droht, und die Festungswälle, mit denen diese Gewaltigen gleichsam wie mit gespreiteten, geschienten Armen den ganzen Umkreis festhielten. Aber der Frühling nimmt sacht alles Tragische dieser Zwingburg: weiß glänzen ihre Kalkmauern ins Land, scharf in den tiefblauen Himmel eingeschnitten, ein edler Anblick ohne Strenge. Wer denkt an die Folterkammern, wer will sich daran erinnern, daß von jenem viereckigen Turme im Revolutionsjahre die Opfer in die entsetzliche Tiefe hinabgeschleudert wurden, wer will sich dessen entsinnen, wenn die Sonne so sanft und zärtlich ist? Jetzt sind grüne Gärten mit schönen Gängen zwischen den herben Mauern, und von blühenden Terrassen sieht man in das Land hinab. Und Frühling, Frühling überall.

Weiter mit dem eilenden Zuge. Vorbei an kleinen, reizenden Städtchen, vorbei an Tarascon – Bonjour, Monsieur Tartarin! – vorbei, vorbei. Aber noch einmal kurze Rast. Wie kann man den Frühling verstehen ohne schöne Frauen? In Arles, der Stadt der berühmten Arlesierinnen mußt Du ein paar Stunden noch verweilen. Aus Schutt und kleinen, winkeligen Häusern ragen majestätisch die Überreste römischer Zeit, das ungeheure Amphitheater und die Arena. Und ein schattiger, schmaler Gang, seltsam eingefaßt von schlichten Urnen und offenen Steinsärgen, führt aus lichtem Land in die berühmte Gräberstadt, das Alyscamps, dessen Dante in seiner ›Divina commedia‹ schon Erwähnung getan, in jenes unendliche Feld der Toten. Und doch, heute ist es ein Gang nur zwischen knospenden Bäumen; das sanfte Hüftewiegen der paar Arlesierinnen, die Dir begegnen, rührt mehr an Dein Herz als diese wuchtige Mahnung der Vergänglichkeit, Frühlingsglaube, Frühlingsfahrt.

Und wieder weiter. Nicht allzu groß ist dieses Land der lichten Felder und des hellen Frühlings, bald ist die Provence durchmessen. Noch im Abendglühen kannst Du Marseille finden, den Port des Orients mit den unzähligen Hafengassen und dem breitausladenden, weißschimmernden Quai. Die Frühlingssehnsucht ist nun still geworden, von tausend kleinen und großen Wundern begütigt. Aber neues Bangen kommt Dich an: zu welcher Schönheit sich wenden von diesem Orte, der, ein magischer Knoten, bunte Fäden wechselnder Wege in sich verspinnt? Links, zwei Stunden weit, reiht sich die Perlenkette der Riviera, rechts winkt Spanien wie ein Märchen geheimnisvoll und fremd. Und gegenüber, weit hinter dem Meere, das blau und still sich zu Füßen der Stadt legt wie ein Seidentuch, das schmiegsam die Knie streift, weit hinter diesen Wellen, die nur wie im Traum sich wiegen, blüht die dunkle, ferne Blume Afrika . . .

FRÜHLING IN SEVILLA

Es gibt Städte, in denen ist man nie zum erstenmal. Durchwandert man ihre unbekannten Straßen, so ist doch überall ein Grüßen wie von Erinnerungen, ein Rufen wie von verwandten Stimmen. Ihr Antlitz – denn Städte können wie Menschen sein, traurig und alt, lächelnd und jung, drohend und schlank, geschmeidig und zermürbt – kennst du von einer Schwesterstadt oder von einem Bild, einem Buch, einem Lied, einem Traum. Und so ist Sevilla. Irgendwie ist es lieb und vertraut; und mit einem Male fällt einem der Name Salzburg ein. Und nicht nur Mozarts Name ist es, der von Figaros flinker Gestalt getragen, mit zierlichen Notenbändern die fernen Städte verbindet zu einem Bunde zärtlichen Genießens. In Wuchs und Stimme, in Art und Gebärde haben sie geschwisterliche Weise. Es ist in beiden eine so starke poetische Gewalt, daß sich das Provinzlerische in ihnen zu einem Lieblichen und Begehrenswerten wandelt, daß die moderne häßliche Straßenkultur sich nicht brüsk vordrängt, sondern in sanfter Anpassung sich dem Verjährten gesellt. Altadelige Art ist in ihnen; schlank wie Pagen sind die Türme, und die Glocken so hell wie frische Mädchenstimmen. Alles klingt hell in den lichten Straßen wieder, wie ein Lächeln ist solch eine Stadt in das Grüne gebettet. Nur ist im Süden das Bild viel weicher und üppiger; die Palmen mit grünen Fächern das ganze Jahr in den Straßen, und breit quillt, zu Gärten und Alleen vertropfend, die farbige Fülle einer wunderbaren Flora in die Stadt. Die Musik, mit der beide Städte durchdrungen sind, hat sich in Salzburg zweimal, dreimal zu grandiosen Kunstwerken destilliert, Michael Haydns Grab und Mozarts Wiege scheinen die Ruhepunkte, um die dies Leben schwingt; in Sevilla löst sich der Sinn des Musikalischen nicht in die bleibende Form. Aber alle Gassen klingen von Musik, von guter und übler, stets trällert ein Liedchen in der Luft oder klimpert eine Gitarre. Das Leben scheint hier rascheren Takt und die Menschen helleres Blut zu haben; nirgends gibt es mehr hungrige Magen als in Andalusien und doch, Sevilla glüht in wunderbaren Farben, blinkt in Heiterkeit und winkt mit vielen Fahnen, hier könne man sehr glücklich sein.

Ist dies schon die spanische Art? Ja und nein. Denn Spanien ist nur Landkarteneinheit, von der Wirklichkeit aber in zwei fast schematische Gegensätze zerschnitten, die sich wieder in tausend Einzelkontraste lösen. Auch das Spanien Pizarros und Torquemadas lebt noch, der finstere, fanatische Geist Kastiliens hat nur neue Formen gefunden, in denen sich seine stolzgrausame Art entfaltet. Denn das sind keine Gitarrenschläger, die die dunkeln verfallenden Städte des Nordens bewohnen, das graue Toledo, das, mit Wällen umgürtet, drohend hingehängt ist im Gestein, das der Tajo zornig durchbricht; das sind die Mönche von einst und die harten Granden, die Menschen, in denen das graue, öde Land mit seinen jähen und unwilligen Felssteinen einen Schein von Leben gewonnen hat. Nur einen Schein: denn etwas Sarghaftes haben viele der älteren Städte, etwas Mönchisches die Menschen. Denkt man an Sevilla, an die frohe Welle, in der sich die Lustbarkeit etwa in den Karnevalstagen ergießt, so fühlt man ganz das Grauen, das sich im Norden Spaniens noch bis in die Lustbarkeiten verkriecht. Mitten im Herzen von Madrid, der modischen Stadt, die böse Mahnung. Wie in unserem Prater ist dort Korso im Buen-Retiro; aber wo sind die flüchtigen, geschmeidigen Bewegungen der Pferde, das helle Trappeln, das scharfe Sausen, wo sind die farbigen Bilder gezügelter Eile? Breit, schwer, in einem traumhaften Trab poltern die großen karossenhaften Wagen vorbei, ungeheuer steif, würdevoll und korrekt. Festgefroren oben die galonnierten Diener mit fanatischen Augen wie Mönche des Zurbarán. Schwer fällt der Schatten des Eskorial über das ganze Land Kastilien; und kommt man nach Andalusien, so ist es einem, als sei man in die Sonne getreten. In hundert Spiegeln glänzt der Gegensatz. Dort das Spanien des ›Don Carlos‹, der ›Jüdin von Toledo‹ und Victor Hugos ›Torquemada‹, dröhnende, wildschöne Visionen. Und Sevilla? Zuerst sucht man den heiteren Laden des ›Barbiers‹, sehnt sich auch sehr, unter den vielen blinkenden Häusern das eine zu entdecken, wo Don Juan jenes Abenteuer hatte, das Lord Byron mit so entzückender Umständlichkeit in seinem Epos erzählt. Figaro singt hier seine Liedchen, die Habañera Carmens trällert drein, aller Heiterkeit Symbole hat die Kunst in diese Straßen gestellt, durch die schon einst der ingenioso Hidalgo Don Quichote de la Mancha auf seiner braven Rosinante getrabt. Nicht Dolche kauft man hier wie in Toledo, sondern Gitarren und Kastagnetten zu guter Erinnerung. Nicht Spaniens Symbol ist Sevilla, aber Spaniens Lächeln.

Selbst der Kampf ist hier Versöhnung geworden. Wohl sind nach jenem gigantischen Ringen der fünf Jahrhunderte die Mauren – tränenden Auges, wie die Sage berichtet – aus dem Süden Spaniens gewichen, aber noch wirkt ihre Art hier überall in einem heimlichen Leben. Nicht verachtet wie in Kastilien, sondern verwertet ist hier ihre Kunst; und ihr größtes Meisterstück, die Kunst des Lebens, jene träge, sensuelle und voluptuöse Weise des Genießens hat sich wunderbar ausgeglichen mit der heiteren Lebensführung der Andalusier. In hundert Bauten zeigt sich die Versöhnung, Moscheen wurden zu Kirchen, die Giralda, jenes entzückende schmale Minarett, donnert heute mit frommen Glocken zur Kathedrale herab, die sich ihm andrängt. Aber am geistreichsten ist die Vereinung in den Häusern. Wohl sind sie in maurischer Art, nieder und schmucklos, mit flachen Dächern und viereckigem Hof. Doch das Geheimnisvolle und Dunkle ist hier ins Heitere gewandt. Fenster und Balkone durchbrechen die bei den Arabern geschlossene Wand und bringen die Helle in die Stuben hinein. Hell und blank ist auch der Anstrich, und nicht ängstlich verschlossen das Tor; man sieht durch den Gang, der mit farbigen Fayencen belegt ist, und munter glänzt, in den Patio, den Vorhof, hinein, wo ein Springbrunnen seinen lichten Schaum über Blumen plätschert, umrahmt von Palmen und dunkeln Sträuchern. So arm ist hier kein Haus, daß es nicht seine Blumen hätte; selbst im alten Gettoviertel, wo Murillos Haus steht, glühen die farbigen Büschel. Von den Balkonen tropfen lange Gewinde fast in die Straßen herab, in heiteren Reihen durchziehen wie bunte Soldaten Alleen die ganze Stadt. Eine wunderbare Farbenpalette ist hier entfaltet dadurch, daß die grüne Welle in die ärmsten Gassen einbricht und überall die hellen Blütenfunken sprühen. Brennen sie doch selbst – gleich einer Kohle im dunklen Herd – im Haar der Mädchen, Feuernelken und rote Rosen, stolz getragen und zärtlich bewahrt.

Und sie selbst, die Frauen, haben, ganz in Blumen gebettet, etwas von dem schönen und flüchtigen Leben der Blumen in sich. Scheinen sie doch von der Ferne oft wie Blüten in ihren grellen Kleidern und in dem flackernden Bauschen der Mantillas, die sie so unnachahmlich tragen. Und an das Zittern der Blütenstengel, an das sanfte Schwanken der Halme, wenn sie der Wind umschmeichelt, denkt man, wenn man ihren geschmeidigen Gang bewundert, dieses verlockende Wiegen, diesen heimlichen Tanz. Die ganze heiße Glut der Sonne scheint aus ihren Augen zu sprühen, die mit raschem Blitz den Neugierigen streifen, aber – hélas, schon Théophile Gautier hat es bemerkt – »une jeune Andalouse regardera avec ses yeux passionnés une charrette qui passe, un chien, qui court après sa queue«. Selbst in den Augenblicken der Gleichgültigkeit scheinen sie leidenschaftlich, vermöge dieses Augenglanzes und der unwillkürlichen Wollüstigkeit ihrer Bewegungen. Und so wie sich ihre Sprache nicht umformt zum Gesang, sondern ohne Mühe und Anstrengung hinwendet, so löst sich spontan aus ihren runden Gebärden, aus ihrem hinwellenden Gange der Tanz. Sieht man in den ärmlichsten Kaffees den Flamenco, dann weiß man erst, wie häßlich, wie schematisch die eingefressenen Gebärden unseres Theaterballetts sind, die auf ein paar angelernten Lazzi basieren und sich höchstens noch um Künsteleien erweitern können. Hier ist Tanz, was er sein soll: eine Kunstform, fast selbsttätig entstanden aus den anmutsvollen Bewegungen des Körpers, aus den Gesten des Begehrens und den rhythmischen Reizen, eine Kunst nicht der Beine, sondern eine Freude an der Linie, der Biegung, Entfaltung aller Möglichkeiten menschlicher Schönheitsformen. Alle kleinen Symbole der Weiblichkeit verwerten sich in diesen Tänzen, der Fächer, die Mantilla, der Schleier, und vor allem das Kleid, das die Bewegungen nachzeichnet, dämpft und rundet. Die meisten dieser Tänzerinnen sind nur wenig geschult, manche auch recht eintönig in den einleitenden, rein plastischen Gebärden. Wenn aber dann, erwachend beim Knattern der Kastagnetten, die wilde und doch nicht laszive Sinnlichkeit dieser zigeunerischen Tänze aufschießt, löst sich aus der Glut eine so packende Gewalt, daß sie einem das Blut rascher durch die Adern jagt, ein magischer Taumel, betörender Musik ähnlich oder dem wühlenden Föhn. Durch seine menschliche Wirkung tritt hier der Tanz wieder in die Reihe der Künste zurück, während er bei uns noch ganz unter dem Zeichen des Amüsements steht, er ist unserem Empfinden näher, weil er getränkt ist von Leiden-

schaft und Schönheit, von rein menschlich-primitiven Lebens-
äußerungen und nicht von stilisierten. Darum ist Melodie und
Gesang dieser Tänze nur ein Nebensächliches und Unwertiges,
eintönige Strophe etwa, wie die der arabischen Begleitlieder.
Nur liebt es der Andalusier, diese Sprüche mit Scherzpointen
zuzuspitzen und das amoureuse Moment stark zu betonen.
Denn ein wenig ist Sevilla noch immer Don Juans lockere
Stadt, prunkvoll nicht, aber fanatisch in seiner Frömmigkeit,
heiter, aber nicht strenge in seiner Sittlichkeit. Eine hübsche
Legende sagt da mehr, als alles; über dem Tore der großen
Tabakfabrik, durch das täglich viertausend Arbeiterinnen aus-
und eingehen, alte und junge, hübsche und häßliche, hält ein
steinerner Engel, die Fama, eine Posaune. Und das Volk
munkelt, wenn einmal ein ganz tugendhaftes Mädchen durch
das Tor schritte, so würde die Posaune erdröhnen. Bis jetzt soll
es noch nicht geschehen sein, obzwar der geduldige Engel
schon hundertfünfzig Jahre die Posaune hält. Nicht nur Figaro,
sondern auch Don Juan scheint hier unsterblich.

Mit diesem Lächeln seines Lebens hütet aber Sevilla eine
sehr ernste und große Vergangenheit. Ein wenig sind vielleicht
schon die Farben verblaßt, aber noch bleiben die Osterfeste
berühmt in der ganzen Welt, diese prunkvollen Aufzüge und
seltsamen Gebräuche der fernen Jahrhunderte. In leisen Wellen dringt das moderne Leben ein; der uralte Goldturm der
Mauren sieht nun breite Meeresschiffe die leisen Wellen des
gelben Guadalquivir hinaufziehen und auf der Giralda hoch
oben, wo einst der Muezzin die Frommen zum Gebete rief,
harrt ein ungeahntes Bild auf den Beschauer. Eine helle Stadt,
weit weit hinein ins Grün verstreut, glänzt auf mit der Pracht
ihrer wunderbaren Gärten, mit der Kette breiter Straßen in die
Ferne gehängt; kaum kann man sie überblicken. Nun, da sich
so üppig die Palette der Farben entfaltet, begreift man, daß
Velásquez und Murillo Kinder dieser Stadt sind und ewige
Verkünder ihrer Schönheit, so wie Lope de Vegas Dramen ihre
Geschichte und die Musiker ihre Heiterkeit vermeldet haben.
Hier könnte wohl dem spanischen Volke der Dichter geboren
werden, der ihm not tut, ein Heiterer, Freier, ein weiser Spötter
wie Cervantes, oder ein Zauberer wie Sevillas Maler, denn die
Stadt schenkt hier so vieles, die Freude am bunten Leben, den
Rhythmus frisch bewegten Geschehens und das Allegro inner-
licher Heiterkeit. Warum sollte nicht ein so Wunderbares in

einem Ort geschehen, der selbst wie ein Wunder ist? »Quien no ha visto Sevilla, no ha visto maravilla« – bis zur Unerträglichkeit hört man hier den stolzen Adelsspruch, den sich die Stadt gegeben; und doch kann man ihre Eitelkeit nicht schelten. Denn ist es nicht ein Wunder, wenn Menschen und vieler Jahre Schicksal wirken, meinend, eine Stadt zu bauen, und es schließlich ein Lächeln wird auf dem Antlitz des Lebens?

ABENDAQUARELLE AUS ALGIER

Abend der Ankunft

In sanfter Unrast schaukelt das Schiff in dem ungeheuren Blau, das allseits den Blick umsäumt. In Himmel und Meer dunkelt nur diese eine ruhige Farbe; der kurze schäumendweiße Strich vielleicht noch, den der Kiel hinter sich wirft und der rasch wieder verlischt. Da dämmert in jenem schmalen, fadendünnen Streif, wo die Luft das Wasser berührt, ein erster Farbton, Ahnung fast nur und Rauch, ganz ängstlich und schon wieder getrübt von dem abendlichen Erdunkeln des Himmels. Aber doch steigt er wieder auf, dieser linde Nebel, und verdichtet sich und verdickt sich, als wollte er feste Formen gebären. Und plötzlich umfängt der Blick eine unendlich zarte, mit verlöschenden Nebelfarben hingestrichelte Silhouette, die durchschimmert wie eine ferne Kulisse. Noch ganz unsicher ist sie, denn die Dämmerung überrieselt ihre Linien mit rosa Wellen und lauer Dunkelheit. Aber das Profil zeichnet sich schärfer, eine starke Kuppe bricht vor, die Höhe von Bouzarea, und schon glänzt hoch oben wie ein heller Stein die Kirche Notre Dame d'Afrique. Und nun entfaltet sich rasch in grünen Frühlingsfarben der Bogen, in den Fächer der Farben schreiben sich neue, kühn geschwungene Linien: ein Hügel, durchglitzert von vielem weißen Glanz, die Höhen von Mustafa mit den Villen, hinter denen der Abend zu flammen beginnt. Und weit in der Ferne, die granitfarbenen ernsten Umrisse großer Gebirgszüge. Und plötzlich – war es eine Wendung des Schiffes oder ein Strahl der sinkenden Sonne, der diese Flamme entzündet? – blitzt wie ein Opal, milchweiß und in allen Abendfarben funkelnd, ein lichter Fleck aus der grünen Wölbung, die helle Stadt, »Alger la blanche«. Eine einzige Farbe, ein scharfes, mit vielen Farben gesättigtes, fast schmerzhaft scharfes Weiß, ein ungeheuer vehementes Licht, wie ein Diamant durchsprüht von dem heißen Spiegeln der Scheiben, die das Sonnenlicht in tausend Splittern zurückschleudern. Rings mischen sich alle Farben zu dunkleren Tönen, die Hügel schwärzen sich, das Meer trübt sich in ein dämmerndes Grau, die hitzige Glut der Sonne brennt nur noch in orangeroter und gegen die Höhe des Himmels zu erblassender Tönung, die Dinge endlich haben jenes Fernewerden und Unsichersein des Abends, das Worte nicht recht klären können. Aber Algier bleibt weiß und blank, ob sich auch dieser Nebel in ein Gewirre von kleinen Häusern löst, die – in weißer Treppe zur Kasbah, dem alten Nest der Korsaren, aufsteigend – mit allen ihren Kalkfacetten das Licht grell von sich werfen. Und weiß wie Kerzen stehen die schmalen Minarette und die Türme der fernen Kirche im Abendfeuer, die ganze Stadt scheint, mit dem Kranz der Wälder in ihrem Haar, eine Marmorherme, einsam aus der Dämmerung verschlungener Gesträuche leuchtend. Und diese Farbe ist Algiers Zauber. Denn wie das Schiff nun in den Hafen lenkt und die Details den koloristischen Bann brechen, zersplittert dieser märchenhafte Glanz in elegante Hotels, moderne Kaibauten und vornehme Mietsgebäude, in die geschmackvolle Rampe einer Großstadt, wird unwirksam, etwa wie bei dem Bilde eines Pointillisten von nahe gesehen Sonne und in breitem Strom ergossene Lichtflut kleine häßliche Farbenflecke sind. Nur der Himmel, begabt mit jenem wunderbaren Zauber ewiger Ferne, gleitet mit seinem rötlich dunkelnden Saume langsam an dem erloschenen Schauspiel vorbei.

Abend im Araberviertel

Empor durch ein Gassengewirr zur Kasbah. Zuerst sind die Gassen breit und eben, die Häuser stolz und vornehm. Dann scheint plötzlich eine Unrast in die Gebäude zu kommen. Sie rücken ängstlich zusammen, neigen sich gegeneinander, so ungleich und uneben sie sind. Und immer enger, je höher der Weg emporsteigt. Sie lehnen sich gegeneinander, umpressen sich, durchwinden sich, ein Gewirre von Gliedern, die bis zur Unkenntlichkeit sich ballen; Engpässe, Stiegen, Höhlen, Kreuzgänge – und all dies doch systematisch emporgewühlt auf glitschrigen Stufen wie ein Maulwurfsbau. Wie Menschen sind die Gassen, Menschen, die in Armut und Angst zueinander flüchten, wie Bettler und Kranke. Häuser gibt es da, die Physiognomien haben: dies eine, mit blinden Fenstern und schiefer Haltung, ist es nicht des Blinden Bild, der dort an der

Ecke steht? Und dies, ein brüchiger Bau, mit kranker Brust vorgebeugt, auf Krücken gestützt, der Lahme, der über den Markt humpelt? Und diese, mit fauligem Atem, zerfetztem Gewand, ängstlich in den Schatten gepreßt, sind das nicht der Leute Bilder, die in ihnen leben? Denn die Araber Algiers, von Krankheit zerfressen, von Kultur verdorben, unedle Gestalten, die faul in den schmutzigen Cafés sitzen oder wie Katzen zusammengerollt in ihren weißen Burnussen vor den Bädern in der Sonne liegen, sie sind nicht jene Wüstenjäger, wie man sie unwillkürlich den Büchern der Kindheit nachträumt, die ja schließlich doch die eindringlichsten Bildnerinnen unserer Phantasie sind, trotz allem späteren und überzeugterem Wissen. Nein, das sind nicht jene Bronzegestalten, die auf geschmeidigen Pferden die Wüste durchpfeilen, die stolzen Räuber und verwegenen Korsaren jener romantischen Erzählungen; diese Romantik bedarf starker Distanz, um Poesie zu sein. Erst der Abend hat hier jene sanfte Gewalt, ein Harmonisches im Häßlichen aufklingen zu lassen: er löst Schmutz und Farbe in Dämmerung und nimmt das Grelle aus allen Bildern. Wenn die Gassen ganz abdunkeln, die Engpässe schwarze Schluchten werden, hinter denen ein Unbekanntes lauert, wenn der Wirbel der Gestalten verschwimmt und die Töne ferner werden, taucht eine graue dämmerige Schönheit in diese Gassen des Elends hinab. Steigt man aufwärts, so sieht man in die Werkstuben hinein, aus deren Dunkel sich unsicher die Silhouette des Arbeiters schneidet, der mit seinem primitiven Werkzeug seine Arbeit schafft: der Goldarbeiter, der mit ganz feinem, silbernem Schlag jene seltsamen Arabesken in die Klingen hämmert, der Weber, der das Schiffchen emsig schleudert, der Hufschmied, der im flackernden Licht, das rot die schwarzen Wände emporleckt, wuchtig das Eisen schlägt. Alle diese Bilder ruhen fest in dem dunklen Rahmen eines engen Ladens wie Sinnbilder des Lebens. Alle sind sie schlicht und gemahnen ganz an mittelalterliche Embleme der Zünfte in ihrer primitiven Art. Wie große weiße Vögel flattern fern Burnusse in diesem Gassengewirr, tauchen auf und versinken in dieser grauen Flut. Manchmal streifen auch Frauen vorbei mit ungemein behendem und vorsichtigem Gang, das Gesicht tief verschleiert; nur die Augen sieht man, meist umtrübt von den Falten des Elends. Und dieses Zufällige, Rasche und Unübersichtliche des Vorbeigleitens all dieser Gestalten, dieses fremde Leben in den schwarzen Irrgängen hat den mystischen Reiz des Unfaßbaren, der gedämpft wird durch die stete Empfindung des Unglücks. Wie schwarze Raben stehen oder kauern die blinden Bettler an den Ecken: ungeheuer monoton, hundertmal und hundertmal sagt einer, ohne Betonung und ohne Klage, unbekannte Worte ins Dunkel hinein. Nichts Entsetzlicheres kann man sich denken, als den Anblick dieser Menschen, die rastlos, ob die Straße von Lärm tobt oder einsam mit schwarzen Wänden träumt, fremde Worte eintönig wie Tropfenfall vor sich hinsagen. Eine finstere Weisheit ist so in der Araber Leben: ihr ganzes Elend stellen sie auf die Straße, ihr Glück schließen sie sorglich ein. Denn nichts weiß man von all diesen Häusern, an denen man vorbeistreift. Alle sind sie fast fensterlos, mit kleinen verschlossenen Türen, Mauern nur um Armut oder Pracht. Alles Leben ist hier nach innen gewandt, aller Reichtum – wie in den Moscheen – in die Gemächer geballt; auf den flachen Dächern, unsichtbar für den Vorbeischreitenden, trinken die Frauen jetzt vielleicht die kühle Abendluft und schauen auf zu dem ungeheuren Sternenbogen des Himmels, der hier nur in kleinen Splittern zwischen den Häusern glänzt – die Wand des Hauses ist blind und dunkel und verrät nichts vom Leben in seinem Umkreis. Sie schläft in Dämmerung wie in einem Grabe, an dem die Auferstehung vorüberschreitet: denn das Mondlicht, das in einer unendlich weißen Flut die Dächer badet, schreibt nur einen ganz dünnen Streif oben hin. Und die Sonne zittert nur in ganz leisen Wellen am First, nichts wagt das Dunkel zu stören, das sich in diese Gassen gleichsam eingefressen hat. Wie eine Erlösung ist es, wenn man plötzlich an dem freien Platz vor der Kasbah angelangt ist und nun das rosige Abendspiel der sinkenden Sonne die Stadt umzittern sieht und dann, herabschauend von der Zinne des alten Räubernestes, den hellen Widerglanz golddurchwirkter Wolken tief unten im Hafen schaut, wenn man mit einem Male alle lichten Töne der Dämmerung spürt, nachdem man durch die Trübe sonnenblinder Gassen gegangen. Langsam hüllt dann die Nacht die weiße Stadt wieder in ihren Nebel ein. Noch dunkler werden die Gassen, und ein eigenes Leben beginnt hinter den verschlossenen Türen: das eintönige Singen der Tänzerinnen hebt an, jene endlosen, monotonen arabischen Melodien, der gleichmäßige dumpfe Beckenschlag und manchmal noch das melancholische Getön einer Flöte. Aus den vergitterten Türen spähen geschminkte Gesichter, hie und da fällt ein grelles Lachen aus den Häusern heraus in die schwarze Stille. Schreckhaft beginnt nun das Höhlengewirr zu werden, das mit trotziger Stummheit ein vielfältiges und wildes Leben in Dunkelheit verschließt, das zu schlafen scheint und doch wacht und lauert. Und wenn man dann nach kurzer Wanderung vor dem Hafen steht, der in erzenem Glanz ruht, still und friedlich mit dem farbigen Schein seiner Lichter, fühlt man sich wie in einer anderen Welt, fühlt, daß es eine sanfte Dunkelheit gibt, ebenso wie eine böse, geheimnisvoll drohende und gefährliche. Und mit wunderbarer Empfindung trinkt man, nachdem man so lange durch Stickluft gegangen, den starken Atem des mächtigen Meeres.

Abend in Mustafa

Ein schwerer Sturm ist heute über die Stadt gegangen. Noch umfalten dicke Regenwolken die abendliche Ferne, aber der Wind greift ungestüm nach ihnen. Und nun, wie sie sich lösen, glänzt plötzlich eine neue Farbe in dem gewohnten Bild: wie mit Kreide sind die Silhouetten der weiten Berglinien nachgezeichnet, Schneefelder flimmern nieder in Frühlingsland, eine Dolomitenlandschaft in Afrika. Die Luft hat jene unbeschreibliche Reinheit nach dem Regen, die alle Dinge heranrücken läßt; heute ist im Anblick Algiers nicht nur Farbe, sondern auch scharfe Linie, nicht nur weißer Dämmer ist die Stadt, sondern eine Fülle kleiner Silhouetten. Von Mustafa, der Villenstadt, die Algier gegenüber ruht, führt ein wunderbarer Weg zum Meere herab, und nirgends fühlt man die Vielfältigkeit des abendlichen Bildes besser, als von diesen vielen Serpentinen. Ganz von hoch oben sieht man noch jedes Detail: den Wimpel der Schiffe im Hafen, die zackige Rampe des Minaretts, das Hafenkastell des Räubers Barbarossa und mit unzähligen Variationen die Fächer einsamer Palmen, die schwarzen Schwerter hoher Zypressen drüben am Hügelsaum. In eigenartigem Spiele geht der Weg dann nieder; bald fangen hohe Alleen den Blick ein, der die Ferne sucht, bald breite Platanengruppen und bald wieder diese Villen, die in einem Netz exotischer Gärten ruhen. Fast alle sind sie in maurischem Stil, blinkend weiß, in runden Linien gebaut und mit Arabesken geziert, flammend gleichsam in dem schweren Grün des Teppichs vor ihren Füßen. Unwillkürlich entsinnt man sich bei ihrem Anblick jener Geschichten im Stil des ›Decamerone‹ von der Sultanstochter in Algier, die, durch solche Gärten am Abend streifend, dem italienischen Gefangenen ihre Liebe bot: denn man muß an etwas sehr Fremdes, Seltsames und Feierliches beim Anblick dieser Gärten denken, die so wollüstig schön und fast traumhaft sind. In ihrem Schatten verweilend, vergißt man, wie rasch der Abend sinkt. Und fühlt es dann mit jäher Entzückung im nächsten Augenblick, wo sich die Serpentine des Weges zur Terrasse weitet und plötzlich die Landschaft im Feuer des Abends brennt. Unvergeßlich ist dieses Profil: der Bergabhang von Bouzarea eine schwarze Linie, eingeschnitten in einen granatapfelfarbenen und mählich erblassenden Himmel, die blaue Riesenmuschel des Meeres und Algier die weiße Perle darin. Und man legt gern einen Sinn in die weißen ansteigenden Riesenterrassen dieser Stadt, träumend, daß sie ein Amphitheater sei, hingebaut an diese herrliche Stelle, um das wunderbare Schauspiel blauenden Meeres und ewigen Frühlings zu beschauen und um ihr weißes Antlitz wollüstig in dem Azur des Hafens zu spiegeln.

Benares, dies ist die Stadt, die mit so vielen glitzernden Türmen und Tempeln auf vielen geheiligten Treppen niedersteigt zum Ganges, dem großen Gotte, dem ewigen Sühnequell der Inder. Von allen Tälern und Bergen dieses gigantischen Reiches kommen die Pilger zur erlesenen Stätte der Heiligung, und der große, breit und fast ohne Strömung dahinwandernde Fluß nimmt geduldig mit, was sie ihm anvertrauen, die Sünden der Lebenden, die Asche der Toten, die entstellten, leise an seiner Oberfläche schaukelnden Leichen der Heiligen. Die fast mythischen Fürsten des Radschaputana kommen, die Maharadschas und die Ärmsten der Armen, die zu Fuß pilgern müssen durch den gelben Lehm der Ebenen oder in den Waggons der Bahnen zu Hunderten in den engen Abteilungen sich drängen, aber hier wird alles gleich. Mit gleicher Welle rührt das langsame Wasser an den nackten Körper, denn gleich sind die Sünden in allen Kasten, gleiche Flamme zehrt die Leiber hier auf und wirft ihren Widerschein in den fließenden Spiegel. Die mystische Rose im Bündel der hellen, der grellen, der lebendigen Städte Indiens ist Benares, hier allein fühlt man, wie die Flamme des Glaubens noch stark und glühend unter dem kühlen Schein ihrer abgewendeten Augen brennt, hier dämmert Ahnung der geheimnisvollen Hoffnungen auf, um derentwillen diese demütigen und schweigsamen Menschen Knechtschaft fremder Völker geduldig tragen und die Ketten der Kaste. Hier und nur hier wird ein matter Schein dieser unsichtbaren Leidenschaft zur Ahnung, aber zur Ahnung nur, denn selbst in ihren heiligsten Zeremonien ist noch ein Letztes, das die Äußerlichkeit scheut: den Prunk, die Schaustellung und das Wort. Hier wie immer liegt das letzte Geheimnis einer Religion hinter den Möglichkeiten der Rede, in einem undurchdringlichen Schweigen, dunkel und rätselhaft wie die zu Tempeln gehöhlten Felsen ihrer Vorzeit.

Nichts in dieser Stadt, das aufdringlich und laut die Heiligkeit des Ortes verkündete, nicht ungeheure Gebäude, amphitheatralisch aufgestufte Treppen, nicht prunkvolle Aufzüge. Man könnte zu ungünstiger Stunde, mit nicht vorbereiteter Empfindung hier vorüberkommen, fände eine schmierige, verwinkelte Stadt, ein Flußufer, schön, ohne grandios zu sein, mit vielen seltsamen Palästen, aber zernagt von den Überschwemmungen, und drüben ein flaches, sandiges Ufer. Denn der große Heilige der Stadt ist nicht in Stein oder Marmor zu bergen: der Strom selbst ist das Heiligtum, das ewig sich erneuernde Wunder der Sühnung, er, der von einer Unendlichkeit, von den Höhen des Himalaja, die von Wolken getragen sind, hingeht zur anderen Unendlichkeit des Meeres und am Wege das unreine Land hinweist zu den untrübbar reinen, göttlichen Elementen. Heilig ist der Ganges den Hindus, heilig, wer ihn berührt. Heilig vor allem also die Treppen, die Ghats, die immer seine Strömung fühlen dürfen, heilig die Gebäude, die ihre Stirne zu ihm kehren, ewig seines Anblicks froh, und heilig die ganze Stadt Benares, die seit drei Jahrtausenden wie auf den Knien vor ihm liegt. Heilig den Dienern Brahmas, Vishnus und Shivas und heilig seltsamerweise auch den Buddhisten, denn hier hat vor mehr als zweitausend Jahren Buddha zum erstenmal das Schweigen der Erleuchtung gebrochen, hier zum erstenmal die Lehre in Worten verkündet, die heute noch lebendig ist von Tibet, dem geheimnisvollen Felslande, bis zu den Inseln von Japan. Ein magischer Magnet des Glaubens, wie Jerusalem, wie Mekka, wie Rom, ist diese Stadt für Millionen von Menschen und wie jene Stätten der Pilgerfahrten umsponnen mit einem unverwelklichen Rankenwerk von Legenden.

Der heilige Ort der Büßer, die Stätte der Weihe und des Todes sind die Treppen, die Ghats, die steinernen Symbole des Niederstieges vom Unreinen, vom Vergänglichen in das ewige Element des Wassers. In langer Reihe stehen sie, von einem Ende der Stadt bis zum anderen, auf den Schultern die Paläste der Fürsten tragend, jede besonders genannt, jeder besonders heilig, jede stolz auf eine eigene Legende. Vom Grün des Landes bis wieder hin zum Grün ziehen sie den Strom entlang, und jeder Pilger muß sie alle betreten, von allen niedersteigen in die Flut. In der Mitte sind einige in den Strom gestürzt, an jene Fanatiker erinnernd, denen das Bad noch nicht Sühne genug ist, und die, sich in die Strömung werfend, den heiligen Tod erwählten. Glitzernd und feindlich steht zwischen den

Gebäuden eine Moschee, mit zwei schlanken Minaretten dem Himmel zugewandt, ein Denkmal mohammedanischer Eroberung: aber nur das Leben konnte Aurangzeb in diesen Menschen knechten und nicht den Glauben. Fremd und feindlich leuchtet ihr Dach, keinen der Pilger verlockend.

Und hier spielt sich jenes wundervolle Schauspiel der Sühne täglich ab, gewaltiger in seiner Inbrunst als alle Riten abendländischer Religionen. Noch ist die Sonne nicht aufgegangen, und schon sendet die Stadt aus ihren verschlafenen Häusern die ersten Menschen zum Strom. Undeutliche Gestalten nähern sich dem Ufer, treten in die Strömung und nehmen das heilige Bad. Einige zünden, wie vor einem frommen Bild, am Ufer kleine Kerzen an, die spiegelnd im Wasser widerzittern.

Und dann steigt die Sonne empor. Ihre ersten Strahlen treffen aufgerichtete Gestalten, die mit geschlossenen Augen, gefalteten Händen und murmelnden Lippen ihren Aufstieg grüßen, unbeweglich wie erzene Statuen verharrend, und erst, wenn ihr Glanz ihnen in die Blicke leuchtet, sich niederbeugen, um mit Gangeswasser die Lippen zu netzen. Und nun, da das Leuchten die Häuser trifft, beginnen sich die Ufer zu färben. Man sieht die Gewänder, die roten und blauen Musseline, in denen die Frauen kommen, und nun, wie sie sie abtun und niedertauchen in die Flut, man sieht die braunen Gestalten der Männer, auf deren benetztem Körper die Strahlen tausendfach glitzern. Und immer mehr kommen aus den Gassen, Schiffe und Barken flirren auf der blanken Fläche, am Ufer tauchen hinter ihren gelben und grünen Riesenschirmen die Brahmanen auf. Ihre Tische sind überhäuft von Blumen und Früchten, den frommen Geschenken, und zum Dank malen sie den Gläubigen nun das grelle Zeichen Shivas, die Keile oder die Schmetterlingsflügel, weiß auf die dunkle Stirne. Hoch oben, in einem Verschlag, hockt eine nackte Gestalt in enger Zelle. Ein Yoghi, ein Heiliger, ist das, der Tag und Nacht in diesem Gebälk verharrt, stets den Blick auf den göttlichen Strom gerichtet. Und immer mehr Badende kommen, und nun auch, leise nur den Fluß berührend, eine seltsame Barke. In weißes Leinen eingeschlagen, unbeweglich, liegt dort eine Gestalt zwischen den Ruderern und den reglosen anderen. Ein Toter ist es. Und sie führen ihn hin zum Ufer, wo die Holzblöcke schon geschichtet sind, sprühen ihn noch einmal an mit dem heiligen Wasser und legen dann die Scheite um den Leichnam. Als unser Boot dann wiederkehrt, ist es schon eine Flamme und bald wird es dunkle Asche sein, die den Fluß hinabgleitet. Täglich spiegelt die Strömung solche Flammen, denn die Fürsten müssen ebenso wie die ganz Armen, die drüben am nackten Ufer ihre Stätte haben, an die reinen Elemente ihr Sterbliches wiedergeben. Seit dreitausend Jahren lodern diese Flammen, Generationen und Geschlechter, Dynastien und ganze Völker sind an diesem Ufer Asche geworden, sind hingeschwunden in diesem leise strömenden Wasser. Und immer sind wohl so in diesen verlorenen Zeiten und ebenso gestern die Verwandten, die Freunde reglos dabei gestanden, stumm und ohne sichtbaren Schmerz. Kein Grauen scheint sie zu berühren, keine Angst vor dem eigenen Schicksal sie zu befallen. Andere Maske muß hier der Tod tragen, ein anderes das Sterben bedeuten, anders müssen diese Menschen Grauen und Schauer fühlen. Denn wie wären sonst diese Szenen voll Entsetzen möglich, die einem eisig das Herz anrühren und die keiner von denen zu sehen, zu fühlen scheint. Dort am Ufer, mitten zwischen den Geschäftigen und Frommen, liegt ein alter Mann, röchelnd und allein. Seine braune Haut ist trocken wie Holz, an den hervorstehenden Knochen des eingefallenen Gesichtes schlottert ein weißer Bart. Und so liegt er hier auf dem nackten Stein, ganz allein, keiner hilft ihm, keiner spricht ihm zu. Sie haben ihn hergebracht, daß er hier sterben solle, denn heilig ist hier der Tod. Und nun lassen sie ihn, sie, die kein Tier töten, die alte unbrauchbare Geschöpfe in eigenen Häusern pflegen, hier lassen sie ihn, den Menschen, röcheln und einsam verrecken. Im Wasser treiben aufgedunsene Gestalten, Raben sitzen darauf und picken gierig in das faulende Fleisch: das sind die Leichen ihrer Heiligen, die das Vorrecht haben, nicht verbrannt, sondern dem Fluß überliefert zu werden, und der Fluß treibt sie nun an seiner Oberfläche, zwischen den kleinen Blumenbooten, die ihm Frauen zum Geschenk, zum Opfer gebracht haben, derselbe Fluß, dessen gelbes, brackiges Wasser die Frommen dort trinken, zu dem die Tausende und Tausende verzückt niedertauchen. In solchen Augenblicken fühlt man den Schauer der Fremdheit, schreckhaft scheinen einem die finsteren Kulte dieser Menschen.

Aber wie rührend ist es dann wieder, wenn man die Gläubigen in bunter Ordnung aufsteigen sieht, feucht noch das Haar vom Bade, Blumen in den Händen, und hin in den goldenen Tempel, zum Frühgebet. Durch enggeschraubte Gassen geht der Weg, vorbei an den glotzenden Götzen aus Erz und ockergelbem Ton in den Nischen, vorbei an den vielen hockenden Bettlern, denen sie Reis und Früchte in die erhobenen Schürzen werfen, vorbei an den kleinen Läden, die gepfropft sind mit Idolen und Bildern, zu dem großen Heiligtum, das zu sehen dem Fremden verwehrt ist. Aber man erblickt durch die offene kleine Tür tief, tief drinnen über dem Gewühl der Menschen den Goldglanz jener furchtbaren Götzengesichter, sieht, wie die Frommen, ehe sie eintreten, das heilige Zeichen Shivas über der Tür mit Blumen schmücken und mit Wasser aus ihren runden Kupferkrügen besprengen. Und Blumen, oh, wieviel Blumen gibt es hier! Rings in den Läden kann man die Ketten, die Gürtel von gelben Nelken kaufen, die ihren Körper schmücken, ganze Hände voll weißer mattduftender Blüten, Kränze von Farbe und Duft kann man hier haben für ein paar Kupferstücke. Und alle bringen sie Blumen und Früchte. Wie gerne möchte man mit ihnen durch die enge Tür – nicht um den Gott zu sehen, ein kaltes, edelsteingeschmücktes Fratzengesicht vermutlich nur, aber diese Teppiche von Blumen, die jetzt innen schon sein müssen, diese Wolken von Duft, diese bunten Hügel von Früchten zu seinen Füßen. Immer neue Menschen kommen und gehen. Jeder schlägt beim Eintreten in die Vorhalle an eine Glocke und innen an eine hellere, fernere. Unablässig ist dieses Glockenschlagen, wie Frage und Antwort dröhnt es, nie wird dieser Tempel still. In ihm summt das Murmeln der Menge, der Gesang der Brahmanen füllt seine Wölbung wie die Blumen seinen Estrich. Hinten sieht man einen Priester mit einer sehr seltsamen Schwingtrommel tanzen, langsam vor und zurück, vor und zurück, ganz ohne Wildheit, aber mit einer Unbeweglichkeit des Ausdruckes und einer Ausdauer, die fanatischer wirkt als die verzücktesten Sprünge. Und immer wieder treten Menschen durch die offene Tür des Tempels, der mit seinen goldenen Dächern weit über die armen Gassen strahlt, immer und immer hämmern die Glocken. Kühe, die heiligen Kühe, gehen aus und ein, jeder weicht den plumpen Tieren ehrfürchtig aus, bietet ihnen Gras und grüne Stengel, und immer kommen wieder neue Menschen vom Fluß herauf. Schon ist der Weg mit dem tropfenden Wasser, mit zertretenen Blumen geschrieben, aber aus den lehmigen Gassen quellen erneute Ströme, unerschöpflich scheint das Meer der Gläubigen, seine Flut anschwellend vom Morgen bis zum Abend.

In dieser Fülle, in dieser Unablässigkeit des religiösen Dienstes ruht der erhabene Zauber von Benares. Wie seit Hunderten Jahren, so wird auch morgen hier wieder die Sonne Tausende Menschen sehen, die sie ehrfürchtig im Gebet erwarten, wird sehen, wie sie – ohne Scham, ohne Unruhe, nur ganz dem Ritus hingegeben – in die Fluten tauchen. Unbeweglich wird ein Heiliger – vielleicht ein anderer wieder – dort oben in der Hütte sitzen, immer werden die Raben in großen Zügen den Fluß umschwirren, wo nie ihnen ihr Fraß mangeln wird. Immer werden die Scheiterhaufen lohen und immer die Glocken in den Tempeln dröhnen. Es gibt da kein Aufhören und Aussetzen, so wenig wie dieser Fluß seine gelben Fluten niederzurinnen aufhören wird, keine Pause ist hier in der Andacht, kein Nachlassen in der Hingebung. Man muß sich unwillkürlich an die Legendengestalten der indischen Bücher erinnern, an jene, die alles vollbrachten nur durch Beharrlichkeit, an die Fakire, die sich die Zunge im Munde verdorren ließen, die unbeweglich durch Jahre auf Säulen saßen, an dieses unbeirrte, unerschütterliche Verbleiben im Zustande innerer Verzückung, jener unbeschreiblichen Anspannung der seelischen Kräfte, die das tiefste Geheimnis der äußerlichen Untätigkeit im indischen Volke zu sein scheint. Hier in Benares ahnt man zum erstenmal die ganze Gewalt dieser fremden Religion, die nur in diesem Volke leben kann, wie dieses Volk nur für sie zu leben scheint. Sie ist nicht ärmer geworden, seit die Engländer verboten haben, die Witwen zu verbrennen oder den Leib unter das Dschaggernat, das zermalmende Rad, zu werfen, seit ihre Fakire nicht mehr ihre Wunder auf den Straßen und in den Tempeln zeigen. Alles ist nur unterirdischer geworden, gedämpfter und versteckter, aber unzerstörbar scheint die wilde, ohne Ekstase beharrliche Inbrunst.

Und hier, ganz oben bei der Aurangzebmoschee, in einem versteckten Winkel, zu dem man vom Ufer emporklettert, habe ich noch einen dieser legendären Augenblicke gefühlt, wo die Inbrunst nicht versteckt, sondern lodernd in einer kurzen Flamme aufschlägt. Dort oben, in einem Winkel, wo ein Mann den Frauen aus den heiligen Büchern – mit vokalisch klingender Stimme und eindringlicher Beredsamkeit – vorlas, wo Greise Götterbilder verkauften und in einer Ecke ein paar von diesen fanatischen Gestalten zusammengedrängt hockten. In einer Zelle saß dort eine Nonne, das Gesicht kalkweiß gefärbt – wie eine Europäerin sah sie aus, nur der dunkle Glanz der Pupillen machte sie fremd und drohend, unweit von ihr, auf einem Bett von Nägeln, ein halbnackter Büßer mit so edlem Gesicht, wie auf den alten Bildern die indischen Edeln es haben, beide vertieft in ihr Gebet, bis er plötzlich hintrat vor ihre Zelle und zu singen begann. Eine verzückte Melodie, mit tiefer, ernster Stimme, der die ihre heller, aber nicht minder leidenschaftlich antwortete, bis es ein Zwiegesang war, ein wildes, drohendes Gebet. Herrlich tönten die Stimmen zusammen, denn jeder Morgen, jeder Abend hört ihren Doppelgesang zu Shivas, des Furchtbaren, Ehre. Manchmal bleibt die eine Stimme zurück, setzt aus, dann fällt sie neu, verstärkt ein, eifert die andere an, glühender, inbrünstiger zu klingen. Und so, sich wechselseitig anspornend, die Hände zum Takte schlagend, singen die beiden, singen, singen – und plötzlich bricht es ab, der Büßer setzt sich wieder auf das Nägelbett, die Nonne vertieft sich in ihr Gebet. Und in diesem Augenblick des Abbrechens fühlt man ein Aufwachen in sich, Erwachen aus einem wilden Traum der Sinne. Man staunt, man starrt die beiden an. Sie aber fühlen weder Stolz noch Zorn über den Ungerufenen. Ganz kalt, ganz tot, wie an etwas Fremdem, etwas Durchsichtigem geht der Blick an einem vorbei, als sei nichts gemeinsam zwischen ihrem Gefühl und dem unseren.

Und Fremdheit, unüberwindbare Fremdheit, das ist das letzte Empfinden gegenüber allen den Gefühlen dieses Volkes. Sein ganzes äußeres Leben ist aufgetan. Die Gasse schweigt hier nicht, sie hat kein Geheimnis. Man sieht in die Häuser hinein, sieht, wie diese Menschen leben, wie sie schlafen, man reist auf den Schiffen, in den Bahnen mit ihnen, kann ihre Bücher lesen, ihre Tempel sehen – und doch, ihr inneres Leben bleibt unbegreiflich fremd. Wer kann sagen, daß er das Paradoxon dieses indischen Volkes verstünde, das seit Jahrhunderten Sklave ist bald der einen, bald der anderen, das sich von einer Handvoll Abenteurer knechten ließ und doch wieder so stolz ist, daß es mit keinem seiner Herren an einem Tische sitzen wollte und von seiner Speise nehmen! Wer könnte sagen, welches die geheimnisvolle Hoffnung ist, der sie entgegenleben, daß sie alles, was uns Genuß und Begier ist, als unrein, als Schein und Trug verschmähen, daß sie diesen heimlichen Stolz hinter all der Demut nähren, mit der sie ihr armes Leben tragen. Ihr Glück und Leid, ihr Sterben und ihre Träume wissen von den unseren nichts, wir nichts von den ihren. Fremdheit ist das letzte Gefühl. Anders ist hier alles, so ohne Vergleich, ohne Ähnlichkeit anders in diesen Kreisen, in diesen Städten, fremd wie diese Palmen und Riesenbäume, die bei uns nur kümmerlich in verschüchterten Exemplaren gedeihen, fremd wie ihr Blut, fremd wie ihre Luft, die sich heiß und schwülend an den Körper legt. Und selbst der Blick, der sehnsüchtig hier nach einem Gleichen, uns und ihnen Gemeinsamen zum Himmel aufgreift, der bislang immer mit gleichen Zeichen über allen Fernen gegrüßt, auch er findet erstaunt andere Sterne, andere Kreise, die fremden Geschicken gebieten und eine andere Harmonie des Lebens zu verlangen scheinen.

GWALIOR

Wie froh bin ich, wie froh, die schöne indische Stadt Gwalior jetzt noch gesehen zu haben, wo die starken und glühenden Farben überall durch die dünne europäische Tünche durchschlagen. In zwanzig, vielleicht schon in zehn Jahren wird der Ehrgeiz des fremdenfreundlichen Maharadscha aus seiner Residenz eine jener antipathischen Mischstädte von Orient und Okzident, ein Klein-Bombay, ein Klein-Kalkutta geschaffen haben mit breiten Plätzen, elektrischen Bahnen und hohen Baukästen aus glattem Stein. Werden dann aber jene unvergeßlichen, kleinen, verflochtenen Straßen noch sein, wo die Läden ganz ohne Geheimnis sich auftun, wo hinten im Schatten man das Werk entstehen sieht, das vorn, gehütet von den freundlichen Besitzern, dem Blick, dem Kauf sich darbietet? Werden dann noch immer die Reiter in ihren bunten Trachten straßauf, straßab sprengen, mit grellem Leder die Pferde zäumend, hochaufgerichtet auf ihren breiten Sätteln von gesticktem Damast? Werden die Pfauen ihr Gefieder noch immer sorglos im Grün spreizen, wird dies Gewimmel von Pferden, Eseln, Kamelen, Elefanten, Kühen, von nackten spielenden Kindern zwischen den Häusern noch schwirren und wirren und werden sie selbst noch sein, diese zierlichen kleinen Häuschen? Und wie unersetzlich schön sind diese zarten Häuser der reichen Leute in der Safara, der Goldschmiedgasse, die sich mit dem oberen, fast schwebend leichten Stockwerk neugierig niederneigen! Wie Elfenbeinschächtelchen, ganz ausgeschnitzt und weiß, stehen sie voll unbeschreiblicher Anmut in der warmen Sonne, biegen sich in zitternden Balustraden hinaus, überhöhen einander, unregelmäßig wie in einem Spielwarenladen, weiß fast alle und zierlich. Nur zum Ansehen, nur zum Spiel scheinen sie gebaut, Sommerkioske oder Gartenpavillons, die sich in eine krause Stadt verirrt haben. Aber viele Leute füllen sie mit bunten Gewändern und nicht minder buntem Beruf. Ab und zu sind diese weißen Elfenbeinhäuschen auch bemalt, aber durchaus nicht einheitlich, nicht mit Ornamenten und geordneten Linien, sondern der Maler hat seinen gelenken Pinsel farbig über die Wand spazierenlassen, hier einen großen blauen Elefanten gemalt, der gegen einen feuergelben Tiger zornig mit dem Rüssel schlägt, dort einen Sahab, einen europäischen Herrn, hier eine kleine Landschaft – all das aber geht sorglos, ganz ohne ausgesparte Fläche, nur hinskizziert auf ein zufällig verwehendes Blatt. Grell scheinen die Farben, aber hat sie die Straße nicht auch? Safrangelb oder türkisblau glänzt der Turban des Goldschmieds, der da mit übergeschlagenen Beinen auf dem hingebreiteten Teppich sitzt, neben sich die goldgemalte Truhe mit ihren Schätzen, in der Hand die kleine Waage, auf der ein paar blanke Kettchen zittern, die Frauen sind gehüllt in farbige Musseline, über einen dicken Pack nasser Wäsche schwingt ein halbnackter Mann, bronzebraun, seine Keule, rot ist das Gewand des kleinen Lehrers, der an der Straße vor zwei Dutzend halbwüchsiger Jungen Schule hält. Dazwischen schieben sich die Gefährte, die kleinen Wägelchen mit den Ponys, die Zebukarren, die Reiter, die vielen Reiter, jetzt plötzlich auch ein Elefant, der mit seinem schweren Schritt die Häuser zittern macht. Zwei Tage, die man in einer solchen indischen Stadt verbracht hat, lehren einen das ganze äußere Leben dieses Volkes, so aufgetan ist alles. Man sieht, wie sie ihr Brot bereiten, wie sie die kupfernen Behälter schmieden, es zu bergen; wie sie die Teppiche weben, auf denen sie sitzen, die Kleider weben und färben, die sie schmücken; wie sie ihre Bilder malen, wie sie ihre Pantoffeln schneiden, wie sie die Häuser bauen.

Aber alle diese Farben – die in Gwalior nur noch frischer, nur noch glühender, noch weniger abgegriffen sind als in den meisten indischen Städten – machten diesen Fürstenhof seines Ruhmes noch nicht wert. Dies Gwalior ist nur das Laschkar, wie die Eingeborenen es nennen, das Feldlager, die Neustadt. Gwalior, das Berühmte, ist die Festung auf dem steilen Felskamm, der jäh aus der Ebene sich aufbäumt. Unbeschreiblich wirkt diese. Tagelang, wochenlang hat man nur das niedere, gelbe Land gekannt, das schlaff daliegt, fahl, wie selbst vom Fieber ausgesogen, zu matt, um sich zu einer Höhe aufzurichten. Die berühmtesten Burgen der Mogulen, Delhi und Agra, wundervolle Steinburgen waren sie nur, nur Wälle aus der Niederung, mühsam mit Menschenarbeit emporgeschichtet.

Aber hier springt aus dem gelben Lehm der Fläche drohend ein breiter Fels. Er selbst ist die Festung. Und die Fürsten hatten nichts zu tun, als die Wälle seinen Schroffen einzupassen. Manchmal kriechen die Zinnen hinein ins Gestein, manchmal überhöhen sie den Fels wie der Nagelrand den Finger, aber immer sind sie verwachsen in der Abwehr zusammengehörig. Oben stehen Paläste, Tempel aus allen Jahrhunderten. Denn solche Stellen scheint die Natur mit deutlichem Fingerzeig zu schaffen, daß Generationen und Geschlechter sie sich erwählen, sich entreißen, daß aber jede in den Zeichen, mit denen sie Vergangenes übertreffen will, ein Denkmal ihres Wandels sich setze. In solche einsame Höhen, in diese harten unwegsamen Steine schreibt die Geschichte ihre Lettern. Ein denkwürdiges Blatt dafür ist Gwalior. Steil bricht der Weg durch sechs aufeinanderfolgende Riesentore empor, kein Wagen bringt einen hinauf, zu Fuß muß man klettern oder sich von einem Elefanten emporschaukeln lassen. Beim letzten Tor, wie man in den emaillierten Mogulenpalast treten will, versagt für einen Augenblick der Schritt. Man fühlt hier jene Beängstigung der finsteren Burgen, den Festungsschauer, vor diesen kalten dicken steinernen Toren, von denen tausendmal Tod hinabsprühte. Toledo ist so, wenn man über die schmale Tajobrücke will und nun dieses Gwalior mit dem Tore, wo jeder Stein mit Blut überschrieben ist, wo Völker und Völker Leben und Sterben tauschten für den Siegerblick von dem einsamen Felsen. Dann erst tritt man in den verfallenen Palast, kriecht hinab in die kellerfeuchten Gewölbe, von denen niemand mehr weiß, wem sie dienten, holt sich von den Zinnen zwischen den Schießscharten schönen breiten Ausblick über die alte, zermürbte Stadt zu Füßen, über die neue weißglitzernde nebenan, und greift dann weit hinein in das mattgrünliche und bald wieder eintönig gelbe Land. Neben diesen Palästen stehen Kasernen des Maharadscha, vor denen Soldaten in Khakianzügen unseren Drill lernen, und daneben wieder – unendlich spannen sich hier die Gegensätze – uralte Jaintempel, zwei von den wenigen, die der Fanatismus der Mohammedaner verschonte. Vielleicht, weil es zu mühsam war, sie zu zerstören, denn hier ist Block an Block zusammengepaßt und trägt die gewaltige Wucht einer pyramidenförmig aufgestuften Decke. Starke Säulen tragen mit und jede Säule ist, wie um ihr die Plumpheit zu nehmen, von einem Reigen ungelenker Figuren umsponnen. Jeder Winkel aber hat steinernes Leben. Aus den Nischen starren aufgerissene Götteraugen, Elefantenminiaturen rollen ihre Rüssel in Girlanden um den Stein, überall ist emsiges, wenn auch unvermögendes Bemühen zur Plastik. Und was hier in kleiner Schrift, in einer Unzahl von unlesbaren Lettern zu schreiben versucht wurde – das Bild der Gottheit, das Gebet ihres Glaubens –, das grüßt noch einmal beim Niedersteigen in anderem Ausdruck vom Fels. Wie oben der Fels zur Festung umgemeißelt wurde, so haben sie ihn hier zum Götterbild umgesprengt. Giganten treten aus dem Gestein, ungeheure, vom Haß der Mongolen verstümmelte Götter in zehnfacher Größe menschlicher Figuren mit roten Fratzengesichtern grinsen aus ihren Nischen, die schon Felshöhlen sind. Mit dem Rücken selbst noch Fels, stehen sie da oder hocken, schauerliche Wächter eines unbekannten Geheimnisses, finstere Symbole einer ungeheuren Gläubigkeit, die die Größe ihrer Hingebung im einfachsten Zeichen, in der Größe der Gestalt zu veranschaulichen suchte, eine Religion, die ihre Berge zu Tempeln aushöhlt, ihre Felsflächen zu Bildern umsprengt.

Von diesen wilden Gestalten führt der Weg rasch wieder zur Stadt und von da zum Maharadschapalast, der funkelnagelneu aus den Gärten glänzt. Eine ungeheure Distanz ist in diesem kleinen Weg. Von einer großartigen Vergangenheit über eine sorglos heitere Gegenwart zu einer farblosen Zukunft hin, vom Indien der Heldenbücher nach Europa zurück. Denn der Maharadscha von Gwalior, einer der reichsten Fürsten in Indien, ist in seinen Bemühungen um die Schönheit seiner Residenz nicht sehr glücklich. Er hat auf einen breiten Platz ein neues Postamt im griechischen Stil gestellt, eine Markthalle in englischer Gotik, mit Bogenlampen die Hauptstraße geziert, in den Tempeln sieht man statt der plumpgrellen, aber doch charakteristischen Bilder glatte Öldrucke. Sein Palast hat europäische Appartements, die schönen, blau und rot gemalten Elefanten dienen nur noch der Jagd, und als ich die Ehre einer improvisierten Audienz hatte, war der Fürst ein Herr in Sportkostüm und Knickerbockers, der einem rotausgeschlagenen Automobil entstieg. So schwindet langsam die Pracht der indischen Fürstenhöfe in ein oberflächliches Nachbild europäischer Kultur, so wird nach und nach auch die Eigenfarbe dieser schönen Städte sich mengen und mischen. Dann wird auch

Gwalior nicht mehr sein, was es war und heute noch ist. Der fremdenfreundliche Fürst, der alles zum Empfang von Gästen bereitet, wird ihnen wenig mehr zu bieten haben. Denn der Wanderer sucht immer das andere, das Fremde und wird in Indien nicht Europa wiederfinden wollen, sondern Indien selbst.

Wenn ich zu Ihnen über das Wien von gestern spreche, soll dies kein Nekrolog, keine oraison funèbre sein. Wir haben Wien in unseren Herzen noch nicht begraben, wir weigern uns zu glauben, daß zeitweilige Unterordnung gleichbedeutend ist mit völliger Unterwerfung. Ich denke an Wien, so wie Sie an Brüder, an Freunde denken, die jetzt [1940] an der Front sind. Sie haben mit ihnen Ihre Kindheit verbracht, Sie haben Jahre mit ihnen gelebt, Sie danken ihnen glückliche gemeinsame Stunden. Nun sind sie fern von Ihnen und Sie wissen sie in Gefahr, ohne ihnen beistehen, ohne diese Gefahr teilen zu können. Gerade in solchen Stunden erzwungener Ferne fühlt man sich den Nächsten am meisten verbunden. So will ich zu Ihnen von Wien sprechen, meiner Vaterstadt und einer der Hauptstädte unserer gemeinsamen europäischen Kultur.

Sie haben in der Schule gelernt, daß Wien von je die Hauptstadt von Österreich war. Das ist nun richtig, aber die Stadt Wien ist älter als Österreich, älter als die habsburgische Monarchie, älter als das frühere und das heutige deutsche Reich. Als Vindobona von den Römern gegründet wurde, die als bewährte Städtegründer einen wunderbaren Blick für geographische Lage hatten, gab es nichts, was man Österreich nennen konnte. Von keinem österreichischen Stamm ist jemals bei Tacitus oder bei den anderen römischen Geschichtsschreibern berichtet. Die Römer legten nur an den günstigsten Stellen der Donau ein castrum, eine militärische Siedlung an, um die Einfälle wilder Völkerschaften gegen ihr Imperium abzuwehren. Von dieser Stunde an war für Wien seine historische Aufgabe umschrieben, eine Verteidigungsstätte überlegener Kultur, damals der lateinischen, zu sein. Inmitten eines noch nicht zivilisierten und eigentlich niemandem gehörenden Landes werden die römischen Grundmauern gelegt, auf denen sich in späterer Zeit die Hofburg der Habsburger erheben wird. Und zu einer Zeit, wo rund um die Donau die deutschen und slawischen Völkerschaften noch ungesittet und nomadisch schwärmen, schreibt in unserem Wien der weise Kaiser Marc Aurel seine unsterblichen Meditationen, eines der Meisterwerke der lateinischen Philosophie.

Die erste literarische, die erste kulturelle Urkunde Wiens ist also nahezu achtzehnhundert Jahre alt. Sie gibt Wien unter allen Städten deutscher Sprache den Rang geistiger Anciennität, und in diesen achtzehnhundert Jahren ist Wien seiner Aufgabe treugeblieben, der höchsten, die eine Stadt zu erfüllen hat: Kultur zu schaffen und diese Kultur zu verteidigen. Wien hat als Vorposten der lateinischen Zivilisation standgehalten bis zum Untergang des römischen Reiches, um dann wieder aufzuerstehen als das Bollwerk der römisch-katholischen Kirche. Hier war, als die Reformation die geistige Einheit Europas zerriß, das Hauptquartier der Gegenreformation. An Wiens Mauern ist zweimal der Vorstoß der Osmanen gescheitert. Und als in unseren Tagen abermals das Barbarentum vorbrach, härter und herrschwilliger als je, hat Wien und das kleine Österreich verzweifelt festgehalten an seiner europäischen Gesinnung. Fünf Jahre lang hat es standgehalten mit allen Kräften; und erst als sie verlassen wurde in der entscheidenden Stunde, ist diese kaiserliche Residenz, diese »capitale« unserer altösterreichischen Kultur, zu einer Provinzstadt Deutschlands degradiert worden, dem es nie zugehört hatte. Denn wenn auch eine Stadt deutscher Sprache – nie ist Wien eine Stadt oder die Hauptstadt eines nationalen Deutschland gewesen. Es war Hauptstadt eines Weltreiches, das weit über die Grenzen Deutschlands nach Osten und Westen, Süden und Norden reichte bis nach Belgien empor, bis nach Venedig und Florenz hinab, Böhmen und Ungarn und den halben Balkan umfassend. Seine Größe und seine Geschichte war nie gebunden an das deutsche Volk und nationale Grenzen, sondern an die Dynastie der Habsburger, die mächtigste Europas, und je weiter das Habsburgerreich sich entfaltete, um so mehr wuchs die Größe und Schönheit dieser Stadt. Von der Hofburg aus, ihrem Herzen, und nicht von München, nicht von Berlin, die damals belanglose Städtchen waren, wurde durch Hunderte von Jahren die Geschichte bestimmt. In ihr ist immer wieder der alte Traum eines geeinten Europas geträumt worden; ein übernationales Reich, ein »heiliges römisches Reich«, schwebte den Habsburgern vor – und nicht etwa eine Weltherrschaft des Germanentums. All diese Kaiser dachten, planten, sprachen

kosmopolitisch. Aus Spanien hatten sie sich die Etikette mitgebracht, Italien, Frankreich fühlten sie sich durch die Kunst
verbunden, und durch Heirat allen Nationen Europas. Durch
zwei Jahrhunderte ist am österreichischen Hofe mehr Spanisch, mehr Italienisch und Französisch gesprochen worden als
Deutsch. Ebenso war der Adel, der sich rings um das Kaiserhaus scharte, vollkommen international; da waren die ungarischen Magnaten und die polnischen Großherren, da waren die
alteingesessenen ungarischen, böhmischen, italienischen, belgischen, toscanischen, brabantischen Familien. Kaum einen
deutschen Namen findet man unter all den prächtigen Barock-
palästen, die sich um den Eugen von Savoyens reihen; diese
Aristokraten heirateten untereinander und heirateten in ausländische Adelshäuser. Immer kam von außen neues fremdes
Blut in diesen kulturellen Kreis, und ebenso mischte sich in
ständigem Zustrom die Bürgerschaft. Aus Mähren, aus Böhmen, aus dem tirolerischen Gebirgsland, aus Ungarn, aus
Italien kamen die Handwerker und Kaufleute: Slawen, Magya-
ren und Italiener, Polen und Juden strömten ein in den immer
weiteren Kreis der Stadt. Ihre Kinder, ihre Enkel sprachen dann
Deutsch, aber die Ursprünge waren nicht völlig verwischt. Die
Gegensätze verloren nur durch die ständige Mischung ihre
Schärfe, alles wurde hier weicher, verbindlicher, konzilianter,
entgegenkommender, liebenswürdiger – also österreichischer,
wienerischer.

Weil aus sovielen fremden Elementen bestehend, wurde
Wien der ideale Nährboden für eine gemeinsame Kultur.
Fremdes galt nicht als feindlich, als antinational, wurde nicht
überheblich als undeutsch, als unösterreichisch abgelehnt,
sondern geehrt und gesucht. Jede Anregung von außen wurde
aufgenommen und ihr die spezielle wienerische Färbung gegeben. Mag diese Stadt, dieses Volk wie jedes andere Fehler
gehabt haben, einen Vorzug hat Wien besessen: daß es nicht
hochmütig war, daß es nicht seine Sitten, seine Denkart
diktatorisch der Welt aufzwingen wollte. Die wienerische
Kultur war keine erobernde Kultur, und gerade deshalb ließ
sich jeder Gast von ihr so gerne gewinnen. Gegensätze zu
mischen und aus dieser ständigen Harmonisierung ein neues
Element europäischer Kultur zu schaffen, das war das eigentliche Genie dieser Stadt. Darum hatte man in Wien ständig das
Gefühl, Weltluft zu atmen und nicht eingesperrt zu sein in

einer Sprache, einer Rasse, einer Nation, einer Idee. In jeder Minute wurde man in Wien daran erinnert, daß man im Mittelpunkt eines kaiserlichen, eines übernationalen Reiches stand. Man brauchte nur die Namen auf den Schildern der Geschäfte zu lesen, der eine klang italienisch, der andere tschechisch, der dritte ungarisch, überall war noch ein besonderer Vermerk, daß man hier auch Französisch und Englisch spreche. Kein Ausländer, der nicht deutsch verstand, war hier verloren. Überall spürte man dank der Nationaltrachten, die frei und unbekümmert getragen wurden, die farbige Gegenwart der Nachbarländer. Da waren die ungarischen Leibgarden mit ihren Pallaschen und ihren verbrämten Pelzen, da waren die Ammen aus Böhmen mit ihren weiten bunten Röcken, die burgenländischen Bäuerinnen mit ihren gestickten Miedern und Hauben, genau denselben, mit denen sie im Dorf zum Kirchgang gingen, da waren die Marktweiber mit ihren grellen Schürzen und Kopftüchern, da waren die Bosniaken mit ihren kurzen Hosen und rotem Fes, die als Hausierer Tschibuks und Dolche verkauften, die Alpenländler mit ihren nackten Knien und dem Federhut, die galizischen Juden mit ihren Ringellokken und langen Kaftanen, die Ruthenen mit ihren Schafspelzen, die Weinbauern mit ihren blauen Schürzen, und inmitten all dessen als Symbol der Einheit die bunten Uniformen des Militärs und die Soutanen des katholischen Klerus. All das ging in seiner heimischen Tracht in Wien herum, genau so wie in der Heimat; keiner empfand es als ungehörig, denn sie fühlten sich hier zu Hause, es war ihre Hauptstadt, sie waren darin nicht fremd, und man betrachtete sie nicht als Fremde. Der erbeingesessene Wiener spottete gutmütig über sie, in den Couplets der Volkssänger war immer eine Strophe über den Böhmen, den Ungarn und den Juden, aber es war ein gutmütiger Spott zwischen Brüdern. Man haßte sich nicht, das gehörte nicht zur Wiener Mentalität.

Und es wäre auch sinnlos gewesen; jeder Wiener hatte einen Ungarn, einen Polen, einen Tschechen, einen Juden zum Großvater oder Schwager; die Offiziere, die Beamten hatten jeder ein paar Jahre in den Garnisonen der Provinz verbracht, sie hatten dort die Sprache erlernt, dort geheiratet; so waren aus den ältesten Wiener Familien immer wieder Kinder in Polen oder Böhmen oder im Trentino geboren worden; in jedem Hause waren tschechische oder ungarische Dienstmädchen und Köchinnen. So verstand jeder von uns von der Kindheit her ein paar Scherzworte der fremden Sprache, kannte die slawischen, die ungarischen Volkslieder, die die Mädchen in der Küche sangen, und der wienerische Dialekt war durchfärbt von Vokabeln, die sich allmählich dem Deutschen angeschliffen hatten. Unser Deutsch wurde dadurch nicht so hart, nicht so akzentuiert, nicht so eckig und präzis wie das der Norddeutschen, es war weicher, nachlässiger, musikalischer, und so wurde es uns auch leichter, fremde Sprachen zu lernen. Wir hatten keine Feindseligkeit zu überwinden, keinen Widerstand, es war in den besseren Kreisen üblich, Französisch, Italienisch sich auszudrücken, und auch von diesen Sprachen nahm man die Musik in die unsere hinein. Wir alle in Wien waren genährt von den Eigenarten der nachbarlichen Völker – genährt, ich meine es auch im wörtlichsten, im materiellen Sinne, denn auch die berühmte Wiener Küche war ein Mixtum compositum. Sie hatte aus Böhmen die berühmten Mehlspeisen, aus Ungarn das Gulasch und die anderen Zaubereien aus Paprika mitgebracht, Gerichte aus Italien, aus dem Salzburgischen und vom Süddeutschen her; all das mengte sich und ging durcheinander, bis es eben das Neue war, das Österreichische, das Wienerische.

Alles wurde durch dieses ständige Miteinanderleben harmonischer, weicher, abgeschliffener, inoffensiver, und diese Konzilianz, die ein Geheimnis des wienerischen Wesens war, findet man auch in unserer Literatur. In Grillparzer, unserem größten Dramatiker, ist viel von der gestaltenden Kraft Schillers, aber das Pathetische fehlt glücklicherweise darin. Der Wiener ist zu selbstbeobachtend, um jemals pathetisch zu sein. In Adalbert Stifter ist das Kontemplative Goethes gewissermaßen ins Österreichische übersetzt, linder, weicher, harmonischer, malerischer. Und Hofmannsthal, ein Viertel Oberösterreicher, ein Viertel Wiener, ein Viertel Jude, ein Viertel Italiener, zeigt geradezu symbolisch, welche neuen Werte, welche Feinheiten und glücklichen Überraschungen sich durch solche Mischungen ergeben können. In seiner Sprache ist sowohl in Vers als auch in Prosa vielleicht die höchste Musikalität, die die deutsche Sprache erreicht hat, eine Harmonisation des deutschen Genius mit dem lateinischen, wie sie nur in Österreich, in diesem Lande zwischen den beiden, gelingen konnte. Aber dies ist ja immer das wahre Geheimnis Wiens gewesen: annehmen, aufnehmen, durch geistige Konzilianz verbinden und das Dissonierende lösen in Harmonie.

Deshalb und nicht durch einen bloßen Zufall ist Wien die klassische Stadt der Musik geworden. So wie Florenz die Gnade und den Ruhm hat, da die Malerei ihren Höhepunkt erreicht, in seinen Mauern alle die schöpferischen Gestalten im Raum eines Jahrhunderts zu versammeln, Giotto und Cimabue, Donatello und Brunelleschi, Lionardo und Michelangelo, so vereint Wien in seinem Bannkreis in dem einen Jahrhundert der klassischen Musik beinahe alle Namen. Metastasio, der König der Oper, läßt sich gegenüber der kaiserlichen Hofburg nieder, Haydn lebt im gleichen Hause, Gluck unterrichtet die Kinder Maria Theresias, und zu Haydn kommt Mozart, zu Mozart Beethoven, und neben ihnen sind Salieri und Schubert, und nach ihnen Brahms und Bruckner, Johann Strauß und Lanner, Hugo Wolf und Gustav Mahler. Keine einzige Pause durch hundert und hundertfünfzig Jahre, kein Jahrzehnt, kein Jahr, wo nicht irgendein unvergängliches Werk der Musik in Wien entstanden wäre. Nie ist eine Stadt gesegneter gewesen vom Genius der Musik als Wien im 18., im 19. Jahrhundert.

Nun können Sie einwenden: von all diesen Meistern sei kein einziger außer Schubert ein wirklicher Wiener gewesen. Das denke ich nicht zu bestreiten. Gewiß, Gluck kommt aus Böhmen, Haydn aus Ungarn, Caldara und Salieri aus Italien, Beethoven aus dem Rheinland, Mozart aus Salzburg, Brahms aus Hamburg, Bruckner aus Oberösterreich, Hugo Wolf aus der Steiermark. Aber warum kommen sie aus allen Himmelsrichtungen gerade nach Wien, warum bleiben sie gerade dort und machen es zur Stätte ihrer Arbeit? Weil sie mehr verdienen? Durchaus nicht. Mit Geld ist weder Mozart noch Schubert besonders verwöhnt worden, und Joseph Haydn hat in London in einem Jahr mehr verdient als in Österreich in sechzig Jahren. Der wahre Grund, daß die Musiker nach Wien kamen und in Wien blieben, war: sie spürten, daß hier das kulturelle Klima der Entfaltung ihrer Kunst am günstigsten war. Wie eine Pflanze den gesättigten Boden, so braucht produktive Kunst zu ihrer Entfaltung das aufnehmende Element, die Kennerschaft weiter Kreise, sie braucht, wie jene Sonne und Licht, die fördernde Wärme einer weiten Anteilnahme – immer wird die höchste Stufe der Kunst dort erreicht, wo sie Passion eines ganzen Volkes ist. Wenn alle Bildhauer und Maler Italiens im 16. Jahrhundert sich in Florenz versammeln, so geschieht es nicht nur, weil dort die Medicäer sind, die sie mit Geld und Aufträgen fördern, sondern weil das ganze Volk seinen Stolz in der Gegenwart der Künstler sieht, weil jedes neue Bild zum Ereignis wurde, wichtiger als Politik und Geschäft, und weil so ein Künstler den andern ständig zu überholen und zu übertreffen genötigt war.

So konnten auch die großen Musiker keine idealere Stadt für Schaffen und Wirken finden als Wien, weil Wien das ideale Publikum hatte, weil die Kennerschaft, weil der Fanatismus für die Musik dort alle Gesellschaftsschichten gleichmäßig durchdrang. Die Liebe zur Musik wohnte im Kaiserhause; Kaiser Leopold komponierte selbst, Maria Theresia überwachte die musikalische Erziehung ihrer Kinder, Mozart und Gluck spielten in ihrem Hause, Kaiser Joseph kennt jede Note der Opern, die er an seinem Theater aufführen läßt. Sie versäumen sogar ihre Politik über ihrer Liebe zur Kultur. Ihre Hofkapelle, ihr Hoftheater sind ihr Stolz, und nichts auf dem weiten Gebiet der Verwaltung erledigen sie so persönlich wie diese Angelegenheiten. Welche Oper gespielt wird, welcher Kapellmeister, welcher Sänger engagiert werden soll, ist die Lieblingssorge ihrer Sorgen.

In dieser Liebe für die Musik will der hohe Adel das Kaiserhaus womöglich noch übertreffen. Die Esterhazys, die Lobkowitz, die Waldsteins, die Rasumowskys, die Kinskys, alle verewigt in den Biographien Mozarts, Haydns, Beethovens, haben ihre eigene Kapelle oder zum mindesten ihre eigenen Streichquartette. All diese stolzen Aristokraten, deren Häuser sich sonst Bürgerlichen nie öffnen, subordinieren sich dem Musiker. Sie betrachten ihn nicht als ihren Angestellten, er ist nicht nur Gast, sondern der Ehrengast in ihrem Hause, und sie unterwerfen sich seinen Launen und Ansprüchen. Dutzende Male läßt Beethoven seinen kaiserlichen Schüler Erzherzog Rudolf vergeblich auf die Stunde warten, und der Erzherzog wagt nie, sich zu beschweren. Als Beethoven den ›Fidelio‹ vor der Aufführung zurückziehen will, wirft sich die Fürstin Lichnowsky vor ihm auf die Knie, und man kann sich heute nicht mehr vorstellen, was dies bedeutet, wenn damals eine Fürstin sich auf die Knie wirft vor dem Sohn eines trunksüchtigen Provinzkapellmeisters. Wie Beethoven sich einmal geärgert fühlt vom Fürsten Lobkowitz, geht er zur Tür seines Hauses und brüllt vor allen Lakaien hinein: Lobkowitzscher Esel! Der Fürst erfährt es, duldet es und trägt es ihm nicht nach. Als Beethoven Wien verlassen will, tun sich die Aristokraten zusammen, um ihm eine für die damalige Zeit enorme Lebensrente zu sichern ohne jede andere Verpflichtung, als in Wien zu bleiben und frei seinem Schaffen nachzugehen. Sie alle, sonst mittlere Leute, wissen, was große Musik ist und wie kostbar, wie verehrungswürdig ein großes Genie. Sie fördern die Musik nicht nur aus Snobismus, sondern, weil sie in Musik leben, fördern sie die Musik und geben ihr einen Rang über dem eigenen Rang.

Derselben Kennerschaft, derselben Leidenschaft begegnet im 18., im 19. Jahrhundert der Musiker im Wiener Bürgertum. Fast in jedem Hause wird einmal in der Woche Kammermusik abgehalten, jeder Gebildete spielt irgendein Instrument, jedes Mädchen aus gutem Hause kann ein Lied vom Blatt singen und wirkt mit in den Chören und Kapellen. Wenn der Wiener Bürger die Zeitung öffnet, ist sein erster Blick nicht, was in der Welt der Politik vorgeht; er schlägt das Repertoire der Oper und des Burgtheaters nach, welcher Sänger singt, welcher Kapellmeister dirigiert, welcher Schauspieler spielt. Ein neues Werk wird zum Ereignis, eine Premiere, das Engagement eines neuen Kapellmeisters, eines neuen Sängers an der Oper ruft endlose Diskussionen hervor, und der Kulissentratsch über die Hoftheater erfüllt die ganze Stadt. Denn das Theater, insbesondere das Burgtheater, bedeutet den Wienern mehr als eben bloß ein Theater; es ist der Mikrokosmos, der den Makrokosmos spiegelt, ein sublimiertes konzentriertes Wien innerhalb Wiens, eine Gesellschaft innerhalb der Gesellschaft. Das Hoftheater zeigt der Gesellschaft vorbildlich, wie man sich in Gesellschaft benimmt, wie man Konversation macht in einem Salon, wie man sich anzieht, wie man spricht und sich gebärdet, wie man eine Tasse Tee nimmt und wie man eintritt und wie man sich verabschiedet. Es ist eine Art Cortigiano, ein Sittenspiegel des guten Benehmens, denn im Burgtheater darf so wenig ein unpassendes Wort gesagt werden wie in der Comédie Française, in der Oper kein falscher Ton gesungen werden: es wäre eine nationale Schande. Wie in einen Salon geht man nach italienischem Vorbild in die Oper, in das Burgtheater. Man   trifft   sich,   man   kennt   sich,   man

begrüßt sich, man ist bei sich, man ist zu Hause. Im Burgtheater und in der Oper fließen alle Stände zusammen, Aristokratie
und Bürgertum und die neue Jugend. Sie sind das große
Gemeinsame, und alles, was dort geschieht, gehört der ganzen
Stadt an. Als das alte Gebäude des Burgtheaters abgerissen
wird, dasselbe in dem die ›Hochzeit des Figaro‹ zum erstenmal
erklang, ist ein Trauertag in ganz Wien. Um sechs Uhr
morgens stellen sich die Enthusiasten vor den Türen an und
stehen dreizehn Stunden bis abends, ohne zu essen, ohne zu
trinken, nur um der letzten Vorstellung in diesem Hause
beiwohnen zu können. Von der Bühne brechen sie sich Holz-
splitter heraus und bewahren sie genau so wie einstmals
Fromme die Splitter vom heiligen Kreuz. Nicht nur der
Dirigent, der große Schauspieler, der gute Sänger wird wie ein
Gott vergöttert, diese Leidenschaft geht über auf den unbesee-
ten Raum. Ich war selbst beim letzten Konzert in dem alten
Bösendorfer-Saal. Es war gar kein besonders schöner Saal, der
da abgerissen wurde, eine frühere Reitschule des Fürsten
Liechtenstein, einfach in Holz getäfelt. Aber er hatte die
Resonanz einer alten Geige, und Chopin und Brahms hatten
noch darin gespielt und Rubinstein und das Rosé-Quartett.
Viele Meisterwerke waren dort zum erstenmal für die Welt
erklungen, es war der Ort gewesen, wo alle Liebhaber von
Kammermusik durch Jahre und Jahre Woche für Woche
einander begegnet waren, eine einzige Familie. Und da standen
wir nun nach dem letzten Beethoven-Quartett in dem alten
Raum und wollten nicht, daß es zu Ende war. Man tobte, man
schrie, einige weinten. Im Saal wurden die Lichter gelöscht. Es
half nichts. Alle blieben im Dunkel, als wollten sie es erzwin-
gen, daß auch dieser Saal bliebe, der alte Saal. So fanatisch
empfand man in Wien nicht nur für die Kunst, die Musik,
sondern sogar für die bloßen Gebäude, die mit ihr verbunden
waren.

Übertreibung, werden Sie sagen, lächerliche Überschätzung! Und so haben wir selbst manchmal diesen geradezu
irrwitzigen Enthusiasmus der Wiener für Musik und Theater
empfunden. Ja, er war manchmal lächerlich, ich weiß es, wie
zum Beispiel damals, als die guten Wiener sich als Kostbarkeit
Haare von den Pferden aufhoben, die den Wagen von Fanny
Elssler gezogen, und ich weiß auch, daß wir diesen Enthusiasmus gebüßt haben. Während sich Wien und Österreich in seine

Theater, seine Kunst vernarrte, haben die deutschen Städte uns überholt in Technik und Tüchtigkeit und sind uns in manchen praktischen Dingen des Lebens vorausgekommen. Aber vergessen wir nicht: solche Überwertung schafft auch Werte. Nur wo wahrer Enthusiasmus für die Kunst besteht, fühlt sich der Künstler wohl, nur wo man viel fordert von der Kunst, gibt sie viel. Ich glaube, es gab kaum eine Stadt, wo der Musiker, der Sänger, der Schauspieler, der Dirigent, der Regisseur strenger kontrolliert und zu größerer Anspannung gezwungen war als in Wien. Denn hier gab es nicht nur die Kritik bei der Premiere, sondern eine ständige und unbeugsame Kritik durch das gesamte Publikum. In Wien wurde kein Fehler übersehen bei einem Konzert, jede einzelne Aufführung und auch die zwanzigste und hundertste war immer überwacht von einer geschulten Aufmerksamkeit von jedem Sitzplatz aus: wir waren ein hohes Niveau gewohnt und nicht bereit, einen Zoll davon nachzugeben. Diese Kennerschaft bildete sich in jedem einzelnen von uns schon früh heraus. Als ich noch auf das Gymnasium ging, war ich nicht einer, sondern einer aus zwei Dutzend, die bei keiner wichtigen Vorstellung im Burgtheater oder in der Oper fehlten. Wir jungen Menschen kümmerten uns als rechte Wiener nicht um Politik und nicht um Nationalökonomie, und wir hätten uns geschämt, etwas von Sport zu wissen. Noch heute kann ich Kricket nicht von Golf unterscheiden, und die Seite Fußballbericht in den Zeitungen ist für mich chinesisch. Aber mit vierzehn, mit fünfzehn Jahren merkte ich schon jede Kürzung und jede Flüchtigkeit bei einer Aufführung; wir wußten genau, wie dieser Kapellmeister das Tempo nahm und wie jener. Wir bildeten Parteien für einen Künstler und für den andern, wir vergötterten sie und haßten sie, wir zwei Dutzend in unserer Klasse. Aber nun denken Sie sich uns, diese zwei Dutzend einer einzigen Schulklasse multipliziert mit fünfzig Schulen, mit einer Universität, einer Bürgerschaft, einer ganzen Stadt, und Sie werden verstehen, welche Spannung bei uns in allen musikalischen und theatralischen Dingen entstehen mußte, wie stimulierend diese unermüdliche unerbittliche Kontrolle auf das Gesamtniveau des Musikalischen, des Theatralischen wirkte. Jeder Musiker, jeder Künstler wußte, daß er in Wien nicht nachlassen durfte, daß er das Äußerste bieten müsse, um zu bestehen.

Diese Kontrolle aber ging tief hinab bis ins unterste Volk.

Die Militärkapellen jedes einzelnen Regiments wetteiferten miteinander, und unsere Armee hatte – ich erinnere nur an die Anfänge Lehárs – bessere Kapellmeister als Generäle. Jede kleine Damenkapelle im Prater, jeder Klavierspieler beim Heurigen stand unter dieser unerbittlichen Kontrolle, denn daß die Kapelle beim Heurigen gut war, war dem durchschnittlichen Wiener ebenso wichtig, wie die Güte des Weins, und so mußte der Musikant gut spielen, sonst war er verloren, sonst wurde er entlassen.

Ja, es war sonderbar: in der Verwaltung, im öffentlichen Leben, in den Sitten, überall gab es in Wien viel Nonchalance, viel Indifferenz, viel Weichheit, viel »Schlamperei«, wie wir sagen. Aber in dieser einen Sphäre der Kunst wurde keine Nachlässigkeit entschuldigt, keine Trägheit geduldet. Vielleicht hat diese Überschätzung der Musik, des Theaters, der Kunst, der Kultur Wien und Habsburg und Österreich viel politische Erfolge entgehen lassen. Aber ihr ist unser Imperium in der Musik zu danken.

In einer Stadt, die dermaßen in Musik lebte, die so wache Nerven für Rhythmus und Takt hatte, mußte auch der Tanz aus einer geselligen Angelegenheit zur Kunst werden. Die Wiener tanzten leidenschaftlich gern; sie waren Tanznarren, und das ging vom Hofball und Opernball bis hinab in die Vorstadtlokale und Gesindebälle. Aber man begnügte sich nicht damit, gern zu tanzen. Es war gesellschaftliche Verpflichtung in Wien, gut zu tanzen, und wenn man von einem ganz unbedeutenden jungen Burschen sagen konnte, er ist ein famoser Tänzer, so hatte er damit schon eine gewisse gesellschaftliche Qualifikation. Er war in eine Sphäre der Kultur aufgerückt, weil man eben Tanz zur Kunst erhob. Und wieder umgekehrt, weil man Tanz als Kunst betrachtete, stieg er auf in eine höhere Sphäre, und die sogenannte leichte Musik, die Tanzmusik, wurde zur vollkommenen Musik. Das Publikum tanzte viel und wollte nicht immer dieselben Walzer hören. Darum waren die Musiker genötigt, immer Neues zu bieten und sich gegenseitig zu überbieten. So formte sich neben der Reihe der hohen Musiker Gluck und Haydn und Mozart, Beethoven und Brahms eine andere Linie von Schubert und Lanner und Johann Strauß Vater und Johann Strauß Sohn zu Lehár und den andern großen und kleinen Meistern der Wiener Operette. Eine Kunst, die das Leben leichter, belebter, farbiger, übermütiger machen wollte, die ideale Musik für die leichten Herzen der Wiener.

Aber ich sehe, ich gerate in Gefahr, ein Bild von unserem Wien zu geben, das gefährlich jenem süßlichen und sentimentalen nahekommt, wie man es aus der Operette kennt. Eine Stadt, theaternärrisch und leichtsinnig, wo immer getanzt, gesungen, gegessen und geliebt wird, wo sich niemand Sorgen macht und niemand arbeitet. Ein gewisses Stück Wahrheit ist, wie in jeder Legende, darin. Gewiß, man hat in Wien gut gelebt, man hat leicht gelebt, man suchte mit einem Witz alles Unangenehme und Drückende abzutun. Man liebte Feste und Vergnügungen. Wenn die Militärmusik vorübermarschierte, ließen die Leute ihre Geschäfte und liefen auf die Straße ihr nach. Wenn im Prater der Blumenkorso war, waren dreimalhunderttausend Menschen auf den Beinen, und selbst ein Begräbnis wurde zu Pomp und Fest. Es wehte eine leichte Luft die Donau herunter, und die Deutschen sahen mit einer gewissen Verachtung auf uns herab wie auf Kinder, die durchaus nicht den Ernst des Lebens begreifen wollen. Wien war für sie der Falstaff unter den Städten, der grobe, witzige, lustige Genießer, und Schiller nannte uns Phäaken, das Volk, wo es immer Sonntag ist, wo sich immer am Herde der Spieß dreht. Sie alle fanden, daß man in Wien das Leben zu locker und leichtsinnig liebte. Sie warfen uns unsere »jouissance« vor und tadelten zwei Jahrhunderte lang, daß wir Wiener uns zu viel der guten Dinge des Lebens freuten.

Nun, ich leugne diese Wiener »jouissance« nicht, ich verteidige sie sogar. Ich glaube, daß die guten Dinge des Lebens dazu bestimmt sind, genossen zu werden und daß es das höchste Recht des Menschen ist, unbekümmert zu leben, frei, neidlos und gutwillig, wie wir in Österreich gelebt haben. Ich glaube, daß ein Übermaß an Ambition in der Seele eines Menschen wie in der Seele eines Volkes kostbare Werte zerstört, und daß der alte Wahlspruch Wiens »Leben und leben lassen« nicht nur humaner, sondern auch weiser ist als alle strengen Maximen und kategorischen Imperative. Hier ist der Punkt, wo wir Österreicher, die wir immer Nicht-Imperialisten waren, uns mit den Deutschen nie verständigen konnten – und selbst nicht mit den Besten unter ihnen. Für das deutsche Volk ist der Begriff »jouissance« verbunden mit Leistung, mit Tätigkeit, mit Erfolg, mit Sieg. Um sich selbst zu empfinden, muß jeder

den anderen übertreffen und womöglich niederdrücken. Selbst
Goethe, dessen Größe und Weisheit wir ohne Grenzen verehren, hat in einem Gedicht dieses Dogma aufgestellt, das mir
von meiner frühesten Kindheit an unnatürlich schien. Er ruft
den Menschen an:

> »Du mußt herrschen und gewinnen,
> Oder dienen und verlieren,
> Leiden oder triumphieren,
> Amboß oder Hammer sein.«

Nun, ich hoffe, man wird es nicht impertinent finden, wenn ich
dieser Alternative Goethes, »Du mußt herrschen oder dienen«,
widerspreche. Ich glaube, ein Mensch – wie auch ein Volk – soll
weder herrschen *noch* dienen. Er soll vor allem frei bleiben und
jedem anderen die Freiheit lassen, er soll, wie wir es in Wien
lernten, leben und leben lassen und sich seiner Freude an allen
Dingen des Lebens nicht schämen. »Jouissance« scheint mir ein
Recht und sogar eine Tugend des Menschen, solange sie ihn
nicht verdummt oder schwächt. Und ich habe immer gesehen,
daß gerade die Menschen, die, solange sie konnten, frei und
ehrlich sich des Lebens freuten, in der Not und in der Gefahr
dann die Tapfersten waren, so wie auch immer die Völker und
Menschen, die nicht aus Lust am Militarismus kämpfen,
sondern nur, wenn sie dazu gezwungen sind, schließlich die
besten Kämpfer sind.

Wien hat das gezeigt in der Zeit seiner schwersten Prüfung.
Es hat gezeigt, daß es arbeiten kann, wenn es arbeiten muß,
und dieselben angeblich so Leichtsinnigen wußten, sobald es
das Wesentliche galt, wunderbar ernst und entschlossen zu
sein. Keine Stadt nach dem Weltkriege war durch den Frieden
von 1919 so tief getroffen worden wie Wien. Denken Sie es sich
aus: die Hauptstadt einer Monarchie von vierundfünfzig Millionen hat plötzlich nur noch vier Millionen um sich. Es ist
nicht die Kaiserstadt mehr, der Kaiser ist vertrieben und mit
ihm all der Glanz von Festlichkeit. Alle Arterien zu den
Provinzen, aus denen die Hauptstadt Nahrung zog, sind
abgeschnitten, die Bahnen haben keine Waggons, die Lokomo-
tiven keine Kohle, die Läden sind ausgeräumt, es ist kein Brot,
kein Obst, kein Fleisch, kein Gemüse da, das Geld entwertet
sich von Stunde zu Stunde. Überall prophezeit man, daß es mit
Wien endgültig zu Ende ist. Gras werde in den Straßen

wachsen, Zehntausende, Hunderttausende müßten wegzie-
hen, um nicht Hungers zu sterben; und man erwägt ernstlich,
ob man nicht die Kunstsammlungen verkaufen solle, um Brot
zu schaffen, und einen Teil der Häuser niederreißen angesichts
der drohenden Verödung.

Aber in dieser alten Stadt war eine Lebenskraft verborgen,
die niemand vermutet hatte. Sie war eigentlich immer dage-
wesen, diese Kraft des Lebens, diese Kraft der Arbeit. Wir
hatten uns ihrer nur nicht so laut und prahlerisch gerühmt
wie die Deutschen, wir hatten uns selbst durch unseren
Schein der Leichtlebigkeit täuschen lassen über die Leistun-
gen, die im Handwerk, in den Künsten im stillen immer getan
worden waren. Genau wie die Fremden gern Frankreich sehen
als das Land der Verschwendung und des Luxus, weil sie nicht
weit über die Läden der Juweliere in der Rue de la Paix und die
internationalen Nachtlokale des Montmartre hinauskommen,
weil sie nie Belleville betreten, nie die Arbeiter, nie die
Bürgerschaft, nie die Provinz bei ihrer stillen zähen sparsamen Tätigkeit gesehen haben, so hatte man sich über Wien
getäuscht. Jetzt aber war Wien herausgefordert, alles zu
leisten, und wir vergeudeten nicht unsere Zeit. Wir ver-
schwendeten nicht unsere seelischen Kräfte damit, wie drüben
in Deutschland ununterbrochen die Niederlage zu leugnen
und zu erklären, wir seien verraten worden und niemals
besiegt. Wir sagten ehrlich: der Krieg ist zu Ende. Fangen wir
von neuem an! Bauen wir Wien, bauen wir Österreich noch
einmal auf!

Und da geschah das Wunder. Drei Jahre, und alles war
wiederhergestellt, fünf Jahre, und es wuchsen jene prachtvollen Gemeindehäuser auf, die ein soziales Vorbild für ganz
Europa wurden. Die Galerien, die Gärten erneuerten sich,
Wien wurde schöner als je. Der ganze Handel strömte wieder
zurück, die Künste blühten, es entstanden neue Industrien,
und bald waren wir auf hundert Gebieten voran. Wir waren
leichtlebig, leichtfertig gewesen, solange wir vom alten Kapital
zehrten; jetzt, da alles verloren war, kam eine Energie zutage,
die uns selbst überraschte. An die Universität dieser verarmten
Stadt drängten Studenten aus aller Welt; um unseren großen
Meister, Sigmund Freud, den wir eben im Exil begraben haben,
bildete sich eine Schule, die in Europa und Amerika alle
Formen geistiger Tätigkeit beeinflußte. Während wir früher

im Buchhandel von Deutschland völlig abhängig gewesen waren, entstanden jetzt in Wien große Verlagshäuser; Kommissionen kamen aus England und Amerika, um die vorbildliche soziale Fürsorge der Gemeinde Wien zu studieren, das Kunstgewerbe schuf sich durch seine Eigenart und seinen Geschmack eine dominierende Stellung. Alles war plötzlich Aktivität und Intensität. Max Reinhardt verließ Berlin und organisierte das Wiener Theater. Toscanini kam aus Mailand, Bruno Walter aus München an die Wiener Oper, und Salzburg, wo Österreich all seine künstlerischen Kräfte repräsentativ zusammenfaßte, wurde die internationale Metropole der Musik und ein Triumph ohnegleichen. Vergeblich suchten die Kunstkammern Deutschlands mit ihren unbeschränkten Mitteln in München und anderen Städten diesen begeisterten Zustrom aus allen Ländern uns abzugraben. Es gelang nicht. Denn wir wußten, wofür wir kämpften, über Nacht war noch einmal Österreich eine historische Aufgabe zugefallen: die Freiheit des deutschen Worts, das in Deutschland schon geknechtet war, noch einmal vor der Welt zu bewähren, die europäische Kultur, unser altes Erbe, zu verteidigen. Das gab dieser Stadt, der angeblich so verspielten, eine wunderbare Kraft. Es war nicht ein einzelner, der dieses Wunder der Auferstehung vollbrachte, nicht Seipel, der Katholik, nicht die Sozialdemokraten, nicht die Monarchisten; es waren alle zusammen, es war der Lebenswille einer zweitausendjährigen Stadt, und ich darf es wohl sagen ohne kleinlichen Patriotismus: nie hat Wien seine kulturelle Eigenart so glorreich bekundet, nie hat es dermaßen die Sympathie der ganzen Welt errungen wie eine Stunde vor dem großen Anschlag auf seine Unabhängigkeit.

Es war der schönste und ruhmreichste Tag seiner Geschichte. Dies war sein letzter Kampf. Wir hatten willig in allem resigniert, was Macht war, Reichtum und Besitz. Wir hatten die Provinzen geopfert, niemand trachtete danach, von einem Nachbarlande, von Böhmen, von Ungarn, von Italien, von Deutschland auch nur einen Zoll zurückzuerobern. Wir waren vielleicht immer schlechte Patrioten im politischen Sinne gewesen, aber nun fühlten wir: unsere wahre Heimat war unsere Kultur, unsere Kunst. Hier wollten wir nicht nachgeben, hier uns von niemandem übertreffen lassen, und ich wiederhole, es ist das ehrenvollste Blatt in der Geschichte

Wiens, wie es diese seine Kultur verteidigt hat. Nur ein Beispiel dafür: ich bin viel gereist, ich habe viele wunderbare Aufführungen gesehen, in der Metropolitan Opera unter Toscanini und die Ballette von Leningrad und Mailand, ich habe die größten Sänger gehört, aber ich muß bekennen, daß ich niemals von einer Leistung innerhalb der Kunst so erschüttert war wie von der Wiener Oper in den Monaten unmittelbar nach dem Zusammenbruch 1919. Man tappte hin durch dunkle Gassen – die Beleuchtung der Straßen war eingeschränkt wegen der Kohlennot –, man zahlte sein Billett mit ganzen Stößen wertloser Banknoten, man trat endlich ein in das vertraute Haus und erschrak. Grau war der Raum mit seinen wenigen Lichtern und eiskalt; keine Farbe, kein Glanz, keine Uniformen, kein Abendanzug. Nur dicht aneinander gedrängt in der Kälte in alten zerschlissenen Winterröcken und umgeschneiderten Uniformen die Menschen, eine graue fahle Masse von Schatten und Lemuren. Dann kamen die Musiker und setzten sich an ihre Plätze im Orchester. Wir kannten jeden einzelnen von ihnen, und man erkannte sie doch kaum. Abgemagert, gealtert, ergraut saßen sie da in ihren alten Fräcken. Wir wußten, diese großen Künstler waren zur Zeit schlechter bezahlt als jeder Kellner, jeder Arbeiter. Ein Schauer fiel einem auf das Herz, es war soviel Armut und Sorge und Jammer in diesem Raum, eine Luft von Hades und Vergängnis. Dann hob der Dirigent den Taktstock, die Musik begann, das Dunkel fiel, und mit einmal war der alte Glanz wieder da. Nie wurde besser gespielt, nie wurde besser gesungen in unserer Oper als in jenen Tagen, da man nicht wußte, ob am nächsten Tage das Haus nicht schon geschlossen werden müßte. Keiner von den Sängern, keiner von unseren wunderbaren Musikern hatte sich weglocken lassen von den besseren Honoraren in anderen Städten, jeder hatte gespürt, daß es seine Pflicht war, gerade jetzt das Höchste, das Beste zu geben und das Gemeinsame zu bewahren, das uns das wichtigste war: unsere große Tradition. Das Reich war dahin, die Straßen waren verfallen, die Häuser sahen aus wie nach einer Beschießung, die Menschen wie nach schwerer Krankheit. Alles war vernachlässigt und halb schon verloren; aber dies eine, die Kunst, unsere Ehre, unseren Ruhm, die verteidigten wir in Wien, jeder einzelne, tausend und tausend Einzelne. Jeder arbeitete doppelt und zehnfach, und auf einmal spürten wir, daß die Welt auf uns blickte, daß man uns erkannte, so wie wir uns selbst erkannt hatten.

So haben wir durch diesen Fanatismus für die Kunst, durch diese so oft verspottete Leidenschaft Wien noch einmal gerettet. Weggestoßen aus der Reihe der großen Nationen, haben wir doch unseren altbestimmten Platz innerhalb der Kultur Europas bewahrt. Die Aufgabe, eine überlegene Kultur zu verteidigen gegen jeden Einbruch der Barbarei, diese Aufgabe, die die Römer uns in die Mauern unserer Stadt eingemeißelt, wir haben sie bis zur letzten Stunde erfüllt.

Wir haben sie erfüllt in dem Wien von gestern und wir wollen, wir werden sie weiter erfüllen auch in der Fremde und überall. Ich habe von dem Wien von gestern gesprochen, dem Wien, in dem ich geboren bin, in dem ich gelebt habe und das ich vielleicht jetzt mehr liebe als je, seit es uns verloren ist. Von dem Wien von heute [1940] vermag ich nichts zu sagen. Wir wissen alle nicht genau, was dort geschieht, wir haben sogar Angst, es allzu genau uns vorzustellen. Ich habe in den Zeitungen gelesen, daß man Furtwängler berufen hat, das Wiener Musikleben zu reorganisieren, und sicher ist Furtwängler ein Musiker, an dessen Autorität niemand zweifelt. Aber schon daß das kulturelle Leben Wiens reorganisiert werden muß, zeigt, daß der alte wunderbare Organismus schwer gefährdet ist. Denn man ruft keinen Arzt zu einem Gesunden. Kunst wie Kultur kann nicht gedeihen ohne Freiheit, und gerade die Kultur Wiens kann ihr Bestes nicht entfalten, wenn sie abgeschnitten ist von dem lebendigen Quell europäischer Zivilisation. In dem ungeheuren Kampfe, der heute unsere alte Erde erschüttert, wird auch das Schicksal dieser Kultur entschieden, und ich brauche nicht zu sagen, auf welcher Seite unsere glühendsten Wünsche sind.

Die Schönheit einer Stadt beruht niemals einzig auf ihrer Architektur, sondern immer auf einem besonderen Verbundensein mit der Natur, auf der gelungenen Vermählung des Menschlich-Schöpferischen mit dem Gottgegebenen, Architektur des Menschen und Dichtung der Natur. Zu dieser Form der Schönheit braucht eine Stadt Verbundenheit nicht nur mit einem Element, sondern mit allen Elementen, mit Wasser, Erde und Luft. Wasser erhöht das Lebendige einer Stadt, als Strom teilt es ab, bringt Schiffe und Flut, als Hafen am Meer Ferne und Bildnis unendlicher Reisen. Die Erde wieder, je mannigfacher und großartiger sie sich ballt zu Hügeln und Bergen, zu Felsen und Schroffen, gibt jeder Architektur erst Hintergrund und Übersicht – eine Stadt ganz im Flachland, ohne Wasser und Berge, kann nie völlig sich zur Schönheit entfalten. Und drittens braucht eine Stadt, um schön zu sein, Luft und Atem – breite Plätze, schöne Prospekte, die ihre Formen voll und plastisch hervortreten lassen.

Diese Bindung mit den Elementen, mit Erde, Wasser und Luft, ist in Salzburg geradezu vorbildlich erfüllt. Vom Süden her wirft sich das mächtigste Felsmassiv Europas, die Alpen, mit einem drohenden Sturz heran. Aber gerade knapp vor Salzburg, ja innerhalb der Stadt selbst, hält mit einem ungeheuren Ruck die gebäumte Felswelle plötzlich inne. Der Untersberg, das Watzmannmassiv, der Göll, zweitausend Meter hohe Berge, umringen wie eine hochgetürmte Felswand den Horizont, aber sie stürzen nicht zerschmetternd hinab in die Tiefe, sondern klingen aus in ein paar kleine milde Hügel, deren zwei, der Mönchsberg und der Kapuzinerberg, selbst schon in der Stadt stehen, umsponnen vom Grün, gezähmt und bewohnt, und hinter dieser letzten ausklingenden Welle beginnt das Flachland, wie ein einziger Teller geht eben dann der Weg bis ans Nordmeer hinauf. Zur rechten Hand muß sich der Blick aufheben zu schneebedeckten Gebirgen und Felsenschroffen, zur linken umfaßt er freie Horizonte bis ins Unendliche hinein – so steht diese Stadt haargenau in der Mitte zwischen zwei Lebenszonen, zwischen zwei Klimaformen, zwischen Bergland und Flachland. Sie kann ganz Südstadt sein und ganz Nordstadt, mit weißvermummten Bergen, kaltklarer, eiskühler Luft, dann klirren Schlitten hinaus ins weiße Land, und von den Bergen und Hügeln sausen die Skier, aber über Nacht wirft sich der Wind, ein föniger Himmel blaut feucht und lau, und sofort wird Salzburg zur Südstadt, mit italienischen Farben, funkelnd, mit weißen Häuserflächen und umbuscht von aufquellenden Gärten, ein letzter Glanz vom Süden her rührt diese erzdeutsche Stadt in solchen Augenblicken an.

Aber auch dem zweiten Element der Schönheit, dem Wasser, ist diese Stadt verbunden. Die Salzach, die meist rasch und schäumend sie durchquert, hat ein nordischer Dichter, Jens Peter Jacobsen, einmal zur Trägerin einer seiner bezauberndsten Novellen gemacht. Es ist ein kleiner, aber ungebärdiger Alpenfluß, der zur Zeit der Schneeschmelze in plötzlichem Zorn aufbrausen kann, ungestüm die Brücken zerschlägt und zahllose Bäume als Beute mit sich schleppt; im Sommer geht er meist still und gelassen, selten aber duldet er mehr als ein Faltboot auf seinem unruhigen Rücken. Doch dieses Wasser ist nicht das einzige belebende Element; ringsum, bis weit ins Salzkammergut hinein und nach Berchtesgaden reihen sich Seen an Seen, flache und bergumrundete, grüne und blaue, große und kleine, nüchterne und romantische, es ist, als hätte die eitle Natur hier unzählige Spiegel ins Grüne geworfen, um ihre Anmut in jedem anders zu betrachten. Und drittes Element der Schönheit: die Luft, der freie Raum. Salzburg ist verschwenderisch gebaut, mächtig die Türme, mächtig die Paläste, herausfordernd groß die Kirchen und vor ihnen die Plätze weiträumig, so daß ihre Höhe und Rundung voll zur Geltung kommen. Zwanzig, dreißig Türme steigen empor aus dieser alten Bischofsstadt, schmale und rund gekuppelte, viereckige und zwiebelig gewölbte, kleine und unscheinbare, die nur wie Mützen aus dem Häuserhaufen hervorlugen, und breite, massive, die an die Peterskirche und ihre Pracht bewußt erinnern wollen – und alle diese vielen Kirchen haben Glocken, und alle diese Glocken läuten jede mit einem anderen Ton, heller und dunkler, so daß zu manchen Stunden die Stadt wie überspannt ist von einem bronzenen Zelt. Aber hoch über all dem steht das wuchtige Wahrzeichen der Stadt, die Hohensalzburg, in wunderbarer und immer andersartiger Perspektive. Steigt man von den Höhen des Gaisbergs nieder zu Tal, oder kommt man vom bayrischen Flachland, blickt man nieder von den Höhen oder schaut man empor aus der Tiefe – von allen Seiten, von Nord und Süd und West und Ost, von nah und fern, immer sieht man zuerst das steinerne Schiff, die Hohensalzburg, über dem grünen Gewoge der Landschaft. Festgeankert seit den Tagen der Römer, eine zweitausendjährige Trireme aus hellen Quadern, fährt dieses Schiff durch die Zeit und steht doch ewig an gleicher Stelle, bald den Bug, den scharfen, mit Mastturm und Wimpel dem Blicke blendend zugewandt, bald die Breitseite mit hundert Luken und Fenstern. Und um das leuchtende Schiff rauscht wie weißer Schaum inmitten einer grünen Flut die kleine uralte Stadt.

Dieses Bildnis der Stadt ist uralt, Jahrhunderte kennen sie schon im gleichen Profil, es hat sich wenig geändert, und heute sorgt schon bewußtes Interesse, daß dieses einzige historische Bildnis einer mittelalterlichen Stadt mitten im modernen Leben möglichst unverändert erhalten bleibe. Ein Glücksfall hat es mit sich gebracht, daß diese Stadt, die einzige im ewig streitbaren deutschen Reiche, seit Hunderten von Jahren keinen Krieg kannte, keinen Eroberer und Zerstörer, daß also, was von Vorvätern und Urvätern geschaffen wurde, sich treu in seiner traditionellen Form erhalten konnte. Der alte Reichtum dieser Stadt kam, der Name sagt es, vom Salz. Denn Salz war bei den Binnenländern Europas, die nicht vom Meer diese heilige Gabe empfingen, so kostbar wie Gold, und von überallher, wo in Europa Salz gefunden wurde, zeichnen sich die besonderen Straßen und Wege, die Salzwege ab. Auf ihnen wurde das kostbare, das zur Ernährung unentbehrliche Material zu Schiff und zu Wagen verfrachtet. Daß es ganz nahe bei Salzburg, in Hallein, in Hallstatt – Hall meint immer Salz – gefördert wurde, wußten schon die Römer, und sie erkannten mit ihrem ausgezeichneten strategischen Blick sofort die wunderbare geographische Lage Salzburgs und machten es zu ihrem Kastell Juvavum. Noch heute findet man bei fast jedem Hausumbruch römische Steine oder Vasentrümmer. Dann kamen die Erzbischöfe als Herren, die Kriege nicht liebten und deren Neigung die Kunst war. Prächtige Kirchen zu bauen und weiträumige Paläste, schöne Gärten, Springbrunnen und Wasserspiele war ihre Leidenschaft, sie bestellten italienische Baumeister, italienische Musiker und ließen sich, reich wie sie waren, in prächtiger Fülle alles ausstatten; und dank ihrer klugen Politik, die der Stadt jedweden Krieg ersparte, ist ihr Werk eigentlich unverändert erhalten geblieben, und wer, besonders abends, über die Straßen und Plätze geht, kann sich vollkommen und restlos der Illusion hingeben, im fünfzehnten oder sechzehnten Jahrhundert zu sein, denn im inneren Kreise der eigentlichen Altstadt steht kaum ein einziges Haus, das jünger wäre als dreihundert Jahre, und wo Modernisierungen sich als notwendig erweisen, werden sie ziemlich behutsam im Stile der Vergangenheit durchgeführt.

Das alles macht nun Salzburg zu einer geheimnisvollen und kaum vergleichbaren Doppelwelt. Es ist eine uralte, eine antiquierte Stadt und im Sommer doch die lebendigste, kulturellste von Europa. Da schwemmen zu den Festspielen die großen Luxuszüge die reichsten, die bekanntesten, die berühmtesten, die neugierigsten Menschen Europas heran, und Salzburg ist für zwei Monate die europäischeste Hauptstadt der Musik, des Theaters und der Literatur. Dann ist man mitten im zwanzigsten Jahrhundert und fünfzig Schritte weiter liegt ein stiller Kirchhof, unberührt seit fünfhundert Jahren, schlafendes Mittelalter, und ohne daß man es weiß, gerät man aus der Landschaft in die Stadt, aus der Stadt in die Landschaft hinein. Alleen heben mitten an in Wiesen um ein uraltes Schloß, und plötzlich werden sie Straßen und ihre Bäume erstarren zu steinernen Wänden. Und anderseits blühen mitten im Weichbild in Höfen breite Gärten auf, die niemand kennt, von oben nach unten, von den Bergen, von den Hügeln ins Tal schaffen Villen und kleine Schlösser den Übergang. Allerorten ist der harte Übergang vermieden, die Landschaft dringt milde in die Stadt, und die Stadt wieder löst sich fächerhaft ins Freie; das Alte gliedert sich dem Neuen, das Großstädtische dem Antiquierten, Norden und Süden, Gebirge und Tal söhnen sich in dieser Stadt freundlich aus.

Diese Kunst des harmonischen Übergangs ist das Wunderbare und gleichzeitig das eminent Musikalische der Stadt. Wie andere Städte versteht Salzburg in Stein und Stimmung tönend zu lösen, was sich sonst in der Wirklichkeit grob widerspricht. Und dieses Geheimnis, diese Lösung von Dissonanzen in Harmonie hat sie von der Musik gelernt. Man muß

nicht erst auf Mozarts Heimathaus hindeuten, um zu bekräfti-
gen, wie eminent musikalisch sie wirkt, und es ist wahrhaftig
kein Zufall, daß gerade der heiterste, der beweglichste, der
anpassungsfähigste, der beschwingteste aller Musiker hier
geboren war, und wenn in der Landschaft die Größe und
Strenge der Form, so findet er in den Lustgärten, in dem
verschnörkelten Barock der Bischofsbauten jene architektoni-
sche Melodik der Stadt, er hat sie in einer andern Kunst zur
ewigen Harmonie erhoben. Wie eine solche Stadt wird, ist so
schwer zu erklären wie die Geburt eines Kunstwerkes, und es
bleibt gleichgültig zu fragen, wer eigentlich diese besonders
künstlerische Tönung – die übrigens auch das dumpfe Ohr hier
vernimmt – dieser Stadt zugedacht hat. Ob es die Erzbischöfe
waren, die reichen, kunstfreudigen und kunstgelehrten, oder
ob der Zauber der Landschaft, ob die italienischen Baumeister
oder die besondere Konstellation der Zeit: das Letzte eines
Zaubers bleibt immer unerklärbar. Wie manche Menschen
überschwebt eben auch manche Stätten der Genius der Musik,
um ihrer steinernen Hülle eine besondere Schwingung zu
geben. Salzburg hat die Gnade gehabt, nicht für Wehr und
Krieg gebaut zu werden wie die meisten deutschen Städte, eng
zusammengedrückt in einen Gürtel von Mauern – immer war
der Stimme ihrer Seele ein Raum frei, immer konnte sie singen
und schwingen, ein tönendes Instrument, das festliche und
heitere Lebensstunden lobsingen wollte. Plätze waren ihr
gebaut für Umgänge und Prozessionen, Lustschlösser für
Heiterkeit und Spiel, Kirchen mit wölbigen Räumen für Orgel
und Gesang – von allem Anfang war dieser einen Stadt von
ihren prunkfreudigen, kunstwilligen Herren das Festhafte, das
Spielfrohe wissend eingetan, das dann einer ihrer Bürger, ihr
ewiger Sohn Mozart, aus Stein und Linien in Geist und Musik
erhoben hat. In ihm hat sich die Form dieser Stadt im anderen
Element bis ins Ewige hinein gestaltet – unversehrt aber steht
noch im Irdischen in ursprünglicher Form das alte Instrument,
immer bereit, wieder zu erklingen, ein Rahmen für Festspiele
und Freudigkeit, wie er natürlicher und großartiger nicht
gedacht werden könnte. Denn hier müssen nicht wie im
künstlichen Theater Kulissen aus Pappe und Leinwand künstlich zusammengeschoben werden, um Stimmung und theatralischen Schein zu erwecken, sondern hier ist – etwa beim
Jedermannsspiel oder beim ›Faust‹ – die tagtägliche Gasse und

der Hof, die Kirche und die Landschaft selbst schon unübertreffliche Kulisse und mitschaffende Stimmung. Es ist kein Wunder, daß die größten, die besten Künstler unserer Zeit sich hier beschwingter fühlen als in ihren bretternen, nach Staub und Moder schmeckenden Kulissenräumen, daß hier die Sänger ihre Stimmen heiterer und voller erheben und in den Festspielen wahrhaft alles festlich zusammenklingt. Denn wenn hier Musik und Festspiele beginnen, so wird nichts Fremdes und Neues gewaltsam der Stimmung der Stadt aufgepfropft, sondern der in Stein eingegrabene Gedanke ihrer einstigen Herren erst wahrhaft erfüllt, die gleichsam eingefrorene Musik ihres Wesens gerät ins Tönen und weiß wunderbar in ihren Zauber mitzureißen. Und an solchen seltenen Tagen, wo Himmel und Landschaft die erlesensten Künstler der Zeit in den erhabensten Werken wie ›Fidelio‹ oder der ›Zauberflöte‹ oder ›Orpheus und Eurydike‹ zusammenwirken, erlebt man manchmal in dieser zerstückten Welt, in diesen zerstückten Zeiten den reinen und vollen Aufschwung zur Festlichkeit, jenen Zustand der Gnade, der sich immer nur ergibt, wenn Natur und Kunst, wenn Kunst und Natur sich wie Lippe und Lippe berühren, und an solchen Tagen ist die Sendung dieser jahrtausendalten Stadt nicht nur für ihre Heimat, sondern für die ganze Welt erfüllt.

HERBSTWINTER IN MERAN

Oktoberwende hat längst die letzten Trauben von den Reben
gelöst, aber noch glühen die Weingärten in einem sanften und
doch feurigen Licht. Blatt an Blatt leuchtet blank und messing-
farben und immer, wenn eine sanfte Brise die zitternden
umlegt, meint man, sie klingen zu hören wie feine metallene
Scheiben. Dunkler sieht der Herbst ins Land. Die Berge haben
schon Schnee auf dem Scheitel, doch ihre Brust liegt noch frei
und grün und leuchtend umschnürt ihre tiefe Hüfte der farbige
Gurt der Weinberge. Ganz weit scheint der Winter noch. Nur
die Höhen, die weiter in die Ferne schauen, scheinen ihn bereits
erspäht zu haben, das Tal freut sich tief der Sonne und wird nur
feuriger in den herbstlichen Farben. Wie brennende Büschel
flackern einzelne Bäume rote Warnung ins Land, rostfarben
leuchten die Stämme und das heitere Gelb der welken Blätter
mengt sich fröhlich ins dunkle Grün der Matten. Unwandelbar
aber schließt oben der blaue Himmel mit einem weiten, voll
ausgespannten Klang den bunten Reigen der Farben. Es ist ein
Herbst ohne Ende, ein Herbst ohne Bitterkeit, der hier langsam
Winter wird und – man fühlt es schon – ein milder geruhiger
Winter, ohne Härte und Harm.

Es ist mir nicht neu, das vielfältige Farbenspiel dieser
Landschaft. Oft habe ich sie schon so gesehen im Zauber des
Übergangs, immer beglückt und immer neu begeistert. Aber
immer nur wie etwa ein Maler es sehen mag, froh der Reinheit
der Luft und der seligen Klarheit der Farben und fraglos
hingegeben im sanften Genießen. Doch heute lüstet es mich,
die Schönheit nach ihrem Sinn zu fragen, denn es gibt Stunden,
da der Genuß eine Rechenschaft fordert und selbst die Beglük-
kung noch ihren Sinn. Ich sehe in ihre heiteren Züge hinein
und frage das eigene Herz, noch heiß in Entzücken, warum
gerade ihr diese seltsame Macht gegeben ist, so reine Beruhigung in mir auszubreiten und von ihrer sanften Heiterkeit
einen Widerschein in mich zu streuen. Ich weiß gewaltigere,
gekrönt mit den heroischen Insignien großer Vergangenheit,

Landschaften, die das Meer zu ihren Füßen haben, das unendliche, oder einen See, ständig das Bild ihrer Anmut zu spiegeln, Landschaften, die wie urweltliche versteinerte Gedanken sind, Tragödien aus Fels und Wald. Ich sehe sie an, suchend, an hundert Stellen ihre Schönheit zu fassen und nichts Einzelnes gibt Antwort. Denn nichts in ihr ist eigentlich sonderbar oder einzigartig, nichts reißt herrisch den Blick an sich, freundlich läßt ihn eine Linie in die andere fließen. Und diese Harmonie des Übergangs ist ihre Magie. Denn alle Elemente der Schönheit sind nicht nur verteilt im Meraner Tal, sondern auch vereint. Sie hat Größe und Gewalt, diese Landschaft am Fuße der nordischen Alpen, aber eine, die nicht drückt und beschwert: schieben sich die Berge in ihrem Rücken wie zornige Falten auf der Stirn eines Giganten drohend zusammen, scheint von allen Seiten Begrenzung dem Blick zu drohen, nach Süden tut sich die verschlossene Landschaft unendlich auf, ein sonniges Tal führt den Blick, den befreiten, heiter fruchtbare Felder ins Ferne entlang. Sie ist großartig, diese Landschaft, und doch nicht streng, ihre Nähe schön und ihre Ferne erhaben. Ihr felsiger Bau beängstigt nicht wie etwa eine verschlossene Gebirgslandschaft, deren schroffe Felsen sich einem schließlich um das Herz bauen, ihre Weite ermüdet nicht, weil sie nicht flach ins Ferne rinnt, sondern überall den Höhen sich verkettet. Alles ist Übergang in diesem Anblick. Die Stadt selbst, uralt, mit ihren Laubengängen und Herrensitzen und doch geschmackvoll in den neuen Villen und Burgen, fügt Vergangenheit und Gegenwart in eine gesellige Gemeinsamkeit. Weiß und doch schon grün durchädert von den Parken und Anlagen, klettert sie langsam in die Wiesen und Weinreben hinein, die selbst wieder aufsteigend hinschwinden in den dunklen Wald. Dieser wieder verliert sich klimmend in den Fels, dessen Grau mählich mit dem kühlen Weiß des Firnenschnees sich überstäubt, und diese höchste zackige Linie wiederum zeichnet sich rein ins unendliche Blau. So klar und rein entfaltet sich hier der Fächer der Farben, nichts befeindet sich, alle Gegensätze sind harmonisch gelöst. Norden und Süden, Stadt und Landschaft, Deutschland und Italien, alle diese scharfen Kontraste gleiten sanft ineinander, selbst das Feindlichste scheint hier gesellig und vertraut. Nirgends ist eine brüske Bewegung in der Landschaft, nirgends eine zerrissene abgesprengte Linie: wie mit runder, ruhiger Schrift hat die Natur hier mit bunten Lettern das Wort Frieden in die Welt geschrieben.

Meisterschaft des Übergangs: das ist die Gewalt dieser Südtiroler Täler. Und nicht nur in der Struktur, in ihrem eigenen Leben ist der Wandel der Erscheinung bezwungen, auch der Umschwung der Jahreszeiten, der Himmel, unter dem sie ruhen, scheint gebändigt von ihrer beruhigenden Gewalt. Die Jahreszeiten, die vier feindlichen Schwestern, hier halten sie sich noch friedlich Hand an Hand, leise umwandelnd im Reigen. Sie stoßen sich nicht zornig weg, eine der anderen den Platz zu rauben, sondern geben sich wie einen bunten Ball diese Welt weiter im heiteren Spiel. So weiß ich's nicht zu sagen, ob jetzt noch Herbst ist oder Winter schon, fast vermeint man, Höhe und Tiefe, Fels und Tal hätten sich hier geeint, beide gleichzeitig zu empfangen. Oben auf den Firnen glänzt schon der Schnee, auf wilden Stürmen sprengt der Winter durch die Tannen hin, indes unten das Tal in durchsonnter Luft golden funkelt und einen südlichen Sommer, eine ewige Jugend zu den grauen Felsen emporspiegelt. Und im Sommer wiederum, wenn der Juli im überhitzten Kessel der Tiefe brodelt, glänzt oben auf dem Vigiljoch und der Mendel ein heller Frühling durch die fast winterlich kühle, würzige Luft. So mildert hier immer die doppelte Welt das Übermaß der Jahreszeiten durch die nachbarliche Gegenwart der anderen, und selbst an einem einzigen Tage, im Kreise weniger Stunden, vermag man hier beide zu empfinden, den Winter am Morgen, den Frühling zu Mittag, wenn die Sonne den weißen Reif weggetrunken und ihre freundliche Wärme über das Tal gebreitet hat. Geschwisterlich sind hier die Jahreszeiten. Wie auf einem antiken Bild, geschmückt mit den bunten Allegorien der Früchte, wandeln sie dahin und verstatten das freundliche Wunder, ihnen vereint zu begegnen.

Dieses Wunder hat die Landschaft von Meran vollbracht dadurch, daß sie den Störenfried verbannte, den Wind. Denn der Wind ist es allein, der die Jahreszeiten gewaltsam trennt, der ihren ruhigen Reigen jäh auseinanderreißt. Wie oft hat man's im Norden erlebt; nachts haben die Fenster geklirrt, ein Heulen war in den Straßen, ein Schreien und ein Kampf, und erst am nächsten Morgen wenn der Schnee weiß über den Dächern lag, wußte man's, der Herbst war entführt worden für ein ganzes langes Jahr, weggerissen von unsichtbaren Ketten.

Und so gewalttätig stürzt der Sturm den Frühling wieder über den Winter und den Winter wieder über den Herbst. Mit einem Ruck reißt er den schlotternden Bäumen ihr gelbes Gewand ab und streut es in die Ferne, mit jähem Stoß schleudert er den Schnee von den Bergen, daß die Flüsse aufschäumen und rasend ins Tal rollen. Weggepeitscht in wildem Erschrecken entflieht vor ihm jede Jahreszeit, man erschrickt und staunt unvermutet über das neue Antlitz der Erde und ist befremdet, ehe man sich gewöhnt. Hier aber wehrt die Landschaft mit hohen Schultern seinem zornigen Ansturm. Nicht plötzlich ist der Übergang, sondern unmerklich zart, fast wie Musik. Jeden Tag spannt die Sonne jetzt etwas enger ihren Bogen, jede Nacht entsaugt der Frost den Blättern einen Tropfen grünen Blutes. Erst beginnen sie zu gilben, dann rosten sie zu einem bräunlichen Rot, dann erst schrumpfen und welken sie, um schließlich, wenn sie ganz schwach und müde sind, schläfrig vom Baum zu taumeln und auf die Erde zu sinken in sanftem kreisenden Flug. Aber sie wehen nicht fort, sondern sinken nur matt zu den Füßen und umscharen weich den entlaubten Stamm, als wollten sie mit ihrem welken Laub noch die Wurzeln für den neuen Frühling wärmen. Und so wie jedes einzelne Blatt hat auch die ganze Landschaft hier ihr volles Farbenspiel und verstattet, daß man den Herbst, den Winter nicht wie eine Überraschung empfinde, wie einen Überfall, sondern geruhig wie ein Schauspiel genieße. Frucht auf Frucht fällt hin, Farbe um Farbe lischt mählich aus, aber niemals legt sich der Schnee weiß und tot zwischen Welken und Blühen, und dem Absterben nähert sich schon der Neubeginn. Unentwegt hält der Efeu aber dazwischen überall seine grüne Wacht bis zum Frühjahr, da die Farben wieder zart einsetzen. Keine Pause ist hier im anregenden Spiel der Farben und des Lichts, nur Übergang, eine sanft anklingende und sanft wieder abschwellende Harmonie.

Dies ist das eine Geheimnis Meraner Schönheit, die Feindschaft mit dem Wind, und das zweite ihre rege Freundschaft mit der Sonne. Meran lebt vom Licht, und man fühlt's nie stärker als an einem Regentag, wenn all ihre heiteren Züge wie in Tränen untergehen und die Ferne wolkig ihr Haupt verhüllt. Die Farben leuchten dann nur stumpf, wie durch eine Mattscheibe, die Menschen mit dem regen Bunt ihrer Gewandung verbergen sich in den Häusern, der Sinn der Stunden ist verwirkt, man findet seine innere Beziehung zu der gestern noch so nahen Schönheit nicht mehr. Meran lebt nur im Licht. Denn die Sonne hat hier eine seltsam, fast mythische Macht; sie zählt die Stunden, sie gliedert den Tag, sie nährt die Kranken mit Hoffnung und die Früchte mit heißem Blut. Erst wenn sie aufglänzt, beginnt der Tag, wenn sie niedersinkt, ist er vorbei. Mit glühendem Zirkel mißt sie die Stunden zu, breiter im Sommer, enger im Winter, immer aber geregelt und genau, und jeder mißt seine Zeit an ihr. Ist man ein wenig eingewohnt in Meran, so kann man bald die Uhr entbehren, denn die Rosawolke auf dem Berg, die vorauseilend die Sonne ankündigt, deutet eine bestimmte Stunde und wieder eine den Augenblick, wenn sie mit ihrem schrägen Strahl jetzt jenes Kirchendach erreicht, und jene wieder, wenn ihr Leuchten endlich bis in die Passer niederfunkelt. Und so wieder, wenn dieses Haus in Schatten sinkt und dann jenes: allmählich verwandeln sich dem wissenden Blick alle einzelnen Punkte der Landschaft zu Zahlen eines Ziffernblattes, an dem man das Steigen und Neigen der Stunde zu erkennen vermag. Eine ungeheure Sonnenuhr ist die ganze Landschaft, und diese sichtbare Regelmäßigkeit hat einen wundervollen Reiz für jeden, der schon dem heiligen Zeichen der Himmelsuhr sich entfremdet hat. Denn wir in den Städten spüren Morgen und Abend kaum anders als im Zimmerlicht, wir wissen, daß es Nacht wird, wenn uns die Zeile im Buch zerrinnt und wir das Licht zünden müssen, und vergessen ganz die spendende Kraft, der alles Licht entstammt und die dort so unablässig sinnlich gegenwärtig ist. Hier dämmert der Morgen nur müßig hin bis zum Augenblick, da sich die Sonne von den Bergen ins Tal getastet hat. Dann erst wird sie wach, die Welt, mit einem Male sind Menschen auf den Straßen, Musik sammelt sie auf der Promenade und in den Gärten, denen das Licht mit raschem Finger die Feuchte des Frostes abstreift und die sommerlich plötzlich leuchten, als wollten sie noch einmal aufzublühen beginnen, mit Blumen und Früchten. Alles drängt sich heran, Sonne zu trinken, die ganze Stadt ist ihr gleichsam zugewandt, südwärts halten die Häuser ihre Balkone und Terrassen entgegen, auf denen, großen Sonnenblumen nicht unähnlich, das Rund der Schirme über den Kranken wacht. Nur wenn die Sonne hier wach ist und nur solange sie das Tal mit ihren warmen Wellen badet, dauert hier der Tag. Goldene Kugeln, glühende und große im Sommer, mattblinkende und kleine im Winter, rollen diese Sonnenstunden von Berg zu Berg, das ganze Leben in vielfaches Spiegelbild einschließend, rollen es aus Nacht wieder in Nacht zurück. Sinkt die Sonne hinter dem Berg, so fällt die Dämmerung kühl und rasch wie ein feiner, grauer Aschenregen. Alles wird anders. Die Luft, die von der Sonne durchfiltert, weich und golden sich anfühlte, wird plötzlich schneekühl, die Farben erlöschen und die Menschen verschwinden. Immer ist hier in der Dämmerung eine viertel, halbe Stunde gleichsam des Erschreckens, ein Niedersturz ins Dunkle, so plötzlich und überraschend, wie wenn man in einem Eisenbahnzuge aus dem Betrachten schöner, sonniger Landschaft plötzlich in einem Tunnel sich alles entrissen fühlt und mit befremdeten Augen in eine unerwartete Nacht starrt. Aber Beruhigung beginnt, sobald die Lichter in den Häusern zu funkeln anheben und, wohnt man auf der Höhe, so ist es unbeschreiblich schön zu sehen, wie das tiefe Tal nun von tausend Funken durchglüht ist. Ein Sternenreigen, flirren sie unten in der Tiefe, dazwischen die kleinen Monde der elektrischen Bogenlampen und matt glänzend in ihrer Mitte wie eine Milchstraße die schäumige Passer. Wie ein Spiegel hält unten der irdische Sternenhimmel dem Unendlichen sein Bild zurück, eine Welt ahmt die andere nach, und oben am Rande der Berge funkelt manches Licht der Höhe schon kühn in das Ewige hinein. Nun erst fühlt man in dieser Landschaft, deren heiterer Sonnenblick tagsüber nur Milde offenbart, die innere Strenge, nun erst in der immer tieferen Stille vernimmt man ihre Rede, das stürzende Brausen des Flusses. Sah man tags nur ihr Lächeln, nun hört man ihr Herz.

Diese wunderbare Gleichzeitigkeit aller Kontraste scheint mir das Liebenswerte der Meraner Welt, der ich mich verbunden fühle durch die Heimatlichkeit einer immer wieder erneuten Wahl. Nie wird es – ich fühle es immer mehr im Versuche – gelingen, ihre gastliche nachgiebige Schönheit jemandem zu erklären, der in der Schönheit immer nur das Sehenswürdige will, das sichtbar Besondere, die Sehenswürdigkeit, diesen Begriff der Eiligen und Unverständigen, die aus innerer Armut des Schauens Landschaften und Werke in der Presse des Ruhms zu Banknoten der Menschheit gestempelt haben. Die nicht ahnen, daß man mit einer Landschaft Freundschaft schließen kann, mit ihr Zwiesprache halten, daß man sich selber zu mäßigen vermag am bloßen Anblick ihrer Farben, und lernen an der Gelassenheit, mit der sie sich dem notwendigen Umschwung der Zeiten entgegenbietet. Nichts vermag solche Beruhigung zu erklären, die oft von einer einzigen Linie eines sanft sich niederneigenden Berges, von den klingenden Halden eines schön geschwungenen Berges einem bis ins Blut strömt und in weiterer Verwandlung selbst Entschlüsse und Gedanken freundlicher formt. Aber ich glaube, unbewußt bildet sich in den Jahren fast in jedem Menschen schließlich eine Vorliebe für eine bestimmte Gegend, die sicherlich mehr bedeutet als gemeine Zufriedenheit mit Wohnung und Klima. Man spürt, daß die Landschaft, die mit solcher Beharrlichkeit einen verlockt, doch des eigenen Charakters unruhige und fließende Form schon in festem, darum aber nicht regellosem Bilde innehabe und freut sich, seine eigene fließende Existenz irgendwo in ewigem Bilde versteinert zu sehen. So liebe ich diese Meraner Welt mit an den Jahren nur gesteigerter Sehnsucht, von ihr zu lernen, die notwendige innere Zwiespältigkeit des Lebens sich durch Harmonie zu lösen, und selbst hier in der Stadt, der himmellosen und bedrückten, ist es mir oft Beruhigung zu wissen, daß dort unten dieses Leben, in dem ich durch Liebe und Hingabe viel von mir gelassen habe, so heiter weiterblüht, wie vielleicht in mir selbst irgendein innerer Trieb unter aller Verwirrung und Geschäftigkeit. Fern von ihr spüre ich ihre ruhige Gelassenheit noch nachklingen in meinem Blut, und wenn hier die Stadt sich zusammenkrampft unter der Faust des Winters und im Nebel die Sterne erlöschen, mühe ich mich manchmal, zum Trost innen ihr Antlitz zu schauen, wie es jetzt unten im leisen Mittagslicht sich milde hineinlächelt in den Winter und mit Schnee auf den Firnen doch vom nahen Frühling träumt.

Redliche Vorbemerkung

Welche Reise innerhalb unserer näheren Welt wäre heute [1928] auch nur annähernd so interessant, bezaubernd, belehrend und aufregend wie jene nach Rußland? Während unser Europa, und besonders die Hauptstädte, dem unaufhaltsam zeitgemäßen Prozeß wechselseitiger Anformung und Verähnlichung unterliegen, bleibt Rußland völlig vergleichslos. Nicht nur das Auge, nicht nur der ästhetische Sinn wird von dieser urtümlichen Architektonik, dieser neuen Volkswesenheit in unablässiger Überraschtheit ergriffen, auch die geistigen Dinge formen sich hier anders, aus anderen Vergangenheiten in eine besondere Zukunft hinein. Die wichtigsten Fragen gesellschaftlich-geistiger Struktur drängen sich an jeder Straßenekke, in jedem Gespräch, in jeder Begegnung unabweisbar auf, ununterbrochen fühlt man sich beschäftigt, interessiert, angeregt und zwischen Begeisterung und Zweifel, zwischen Staunen und Bedenken leidenschaftlich angerufen. So voll ballt sich jede Stunde mit Weltstoff und Denkstoff, daß es leicht wäre, über zehn Tage Rußland ein Buch zu schreiben.

Das haben nun in den letzten Jahren ein paar Dutzend europäische Schriftsteller getan; ich persönlich beneide sie um ihren Mut. Denn klug oder töricht, lügnerisch oder wahr, vorsichtig oder apodiktisch, alle haben sie doch eine fatale Ähnlichkeit mit jenen amerikanischen Reportern, die nach zwei Wochen Cook-Rundfahrten sich ein Buch über Europa erlauben. Wer der russischen Sprache nicht mächtig ist, nur die Hauptstädte Moskau und Leningrad, bloß also die beiden Augen des russischen Riesen gesehen, wer außerdem die neue revolutionäre Ordnung mit den zaristischen Zuständen nicht aus früherer Erfahrung zu vergleichen vermag, sollte, meine ich, redlicherweise lieber verzichten auf Prophezeiung und auf pathetische Entdeckungen. Er darf nur Impressionen geben, farbig und flüchtig wie sie waren, ohne jeden anderen Wert und Anspruch als den gerade in bezug auf Rußland heute wichtigsten: nicht zu übertreiben, nicht zu entstellen und vor allem nicht zu lügen.

In Niegoroloie erste russische Erde. Spät abends, so dunkel
schon, daß man den berühmten roten Bahnhof mit der Über-
schrift »Proletarier aller Länder vereinigt euch« nicht mehr
wahrnehmen kann. Aber auch die von fabulierenden Reisevor-
gängern so pittoresk und fradiavolesk geschilderten Rotgardi-
sten, grimmig bis an die Zähne bewaffnet, kann ich mit bestem
Willen nicht erblicken, einzig ein paar klug aussehende, durchaus freundlich Uniformierte, ohne Gewehr und blinkende
Waffe. Die Holzgrenzhalle wie alle anderen, nur daß statt der
Potentaten die Bilder Lenins, Engels', Marx' und einiger
anderer Führer von den Wänden blicken. Die Revision exakt,
genau und geschwind, mit aller erdenklichen Höflichkeit;
schon beim ersten Schritt auf die russische Erde spürt man,
wieviel Lüge und Übertreiblichkeit man noch totzutreten hat.
Nichts ereignet sich härter, strenger, militärischer als an einer
anderen Grenze; ohne jeden Übergang steht man plötzlich in
einer neuen Welt.

Aber doch, ein erster Eindruck gräbt sich sofort ein, einer
jener ersten Eindrücke, wie sie so oft eine erst später bewußt
erkannte Situation divinatorisch umfassen. Wir sind im ganzen vielleicht dreißig oder vierzig Personen, die heute die
Grenze Rußlands überschreiten, die Hälfte davon bloß Durch-
reisende, Japaner, Chinesen, Amerikaner, die ohne Aufenthalt
mit der mandschurischen Bahn nach Hause sausen; das gibt
mathematisch einen Rest von etwa fünfzehn bis zwanzig
Personen, die mit diesem Zuge wirklich nur nach Rußland
reisen. Dieser Zug wieder ist der einzige am Tage, der von
London, Paris, Berlin, Wien, von der Schweiz, aus ganz Europa
nach dem Herzen Rußlands, nach seiner Hauptstadt Moskau
zielt. Unbewußt erinnert man sich an die letzten Grenzen, die
man passierte, erinnert sich, wie viele Tausende und Zehntausende jeden Tag in unsere winzigen Länderchen einreisen,
indes hier zwanzig Personen in allem ein Riesenreich, einen
Kontinent beschreiten. Zwei oder drei geradelaufende Eisen-
bahnadern verbinden im ganzen Rußland mit unserer europäischen Welt, und jede von diesen pocht nur matt und zaghaft.
Da erinnert man sich an die Grenzübergänge zur Zeit des
Krieges, wo auch nur ein siebenmal gesiebtes Häufchen die
unsichtbare Linie von Staat zu Staat überschritt, und begreift

instinktiv etwas von der augenblicklichen Situation: Rußland ist eine umschlossene Festung, ein wirtschaftliches Kriegsgebiet, durch eine Art Kontinentalsperre, ähnlich jener, die Napoleon über England verhängte, von unserer anders eingestellten Welt abgeschlossen. Man hat eine unsichtbare Mauer überstiegen, sobald man die hundert Schritte vom Eingang zum Ausgang zwischen diesen beiden Türen getan.

Umstellung ins Russische

Noch ehe sich der Zug in Bewegung setzt, Moskau entgegen, erinnert mich ein freundlicher Mitreisender, daß man die Uhr jetzt umstellen müsse, um eine Stunde, von westeuropäischer auf osteuropäische Zeit. Aber dieser rasche Handgriff, diese winzige Schraubendrehung, bald wird man es merken, reicht bei weitem nicht aus. Nicht nur die Stunde auf dem Zifferblatt muß man umstellen, sondern sein ganzes Gefühl von Raum und Zeit, sobald man nach Rußland kommt. Denn innerhalb dieser Dimensionen wirkt sich alles in anderen Maßen und Gewichten aus. Die Zeit wird von der Grenze ab einen rapiden Kurssturz des Wertes erfahren, und ebenso das Distanzgefühl. Hier zählt man die Kilometer nach tausend statt nach hundert, eine Fahrt von zwölf Stunden gilt als Exkursion, eine Reise von drei Tagen und drei Nächten als verhältnismäßig gering. Zeit ist hier Kupfermünze, die keiner spart und sammelt. Eine Stunde Verspätung bei einer Verabredung gilt noch als Höflichkeit, ein Gespräch von vier Stunden als kurze Plauderei, eine öffentliche Rede von anderthalb Stunden als kurze Ansprache. Aber 24 Stunden in Rußland, und die innere Anpassungsfähigkeit wird sich daran gewöhnt haben. Man wird sich schon nicht wundern mehr, daß ein Bekannter von Tiflis drei Tage und drei Nächte herfährt, um einem die Hand zu schütteln, acht Tage später wird man mit gleicher Gelassenheit und Selbstverständlichkeit die Kleinigkeit von 14 Stunden Bahnfahrt auf sich nehmen, um selbst einen solchen »Besuch« zu machen, und sich schon allen Ernstes überlegen, ob man nicht – bloß sechs Tage und sechs Nächte – in den Kaukasus fahren sollte.

Die Zeit hat hier ein anderes Maß, der Raum hat hier ein anderes Maß. Wie in Rubeln und Kopeken, lernt man hier rasch mit diesen neuen Werten rechnen, man lernt warten und sich selber verspäten, Zeit versäumen ohne zu murren, und unbewußt kommt man damit dem Geheimnis der russischen Geschichte und des russischen Wesens nahe. Denn die Gefahr und das Genie dieses Volkes liegt vor allem in seinem ungeheuerlichen Wartenkönnen, in der uns unfaßbaren Geduld, die so weit ist wie das russische Land. Diese Geduld hat die Zeiten überdauert, sie hat Napoleon besiegt und die zaristische Autorität, sie wirkt auch jetzt noch als der mächtigste und tragende Pfeiler in der neuen sozialen Architektur dieser Welt. Denn kein europäisches Volk hätte zu ertragen vermocht, was dieses seit tausend Jahren leidensgewohnte und beinahe leidensfreudige an Schicksal erduldet; fünf Jahre Krieg, dann zwei, drei Revolutionen, dann blutige Bürgerkriege von Norden, von Süden, von Ost und West gleichzeitig sich hinwälzend über jede Stadt und jedes Dorf, schließlich noch die entsetzliche Hungersnot, die Wohnungsnot, die wirtschaftliche Absperrung, die Umschaltung der Vermögen – eine Summe des Leidens und Martyriums, vor der unser Gefühl ehrfürchtig sich beugen muß. All dies hat Rußland nur überstehen können durch diese seine einzige Energie in der Passivität, durch das Mysterium einer unbeschränkten Leidensfähigkeit, durch das gleichzeitig ironische und heroische »Nitschewo« (»Es macht nichts«), durch diese zähe, stumme und im Tiefsten gläubige Geduld, seine eigentliche und unvergleichliche Kraft.

Moskau: Straße vom Bahnhof her

Noch nicht aus dem Zuge nach zwei Nächten und einem Tage – ein heißer, erster, neugieriger Blick durch das klirrende Wagenfenster auf die Straße hin. Überall Drängen und Geschwirr, überfülltes, heftiges, vehementes Leben: es sind plötzlich zu viele Menschen in die neue Hauptstadt gegossen worden, und ihre Häuser, ihre Plätze, ihre Straßen quellen und kochen über von dieser stürmischen Bewegtheit. Über die stolperigen Pflaster flirren flink die Iswotschniks mit ihren Wägelchen und struppig-süßen Bauernpferdchen, Trambahnen sausen blitzschnell mit schwarz angehängten Menschentrauben an der Plattform, dem Strom der Fußgänger stellen sich wie auf einem Jahrmarkt überall kleine Holzbuden entgegen, mitten im

Trubel bieten hingekauerte Weiber gemächlich ihre Äpfel, Melonen und Kleinzeug zum Verkauf. All das schwirrt, drängt, stößt mit einer in Rußland gar nicht erwarteten Flinkheit und Eile durcheinander.

Dennoch aber, trotz dieser herrlichen Vitalität, wirkt etwas in dieser Straße nicht voll lebhaft mit. Etwas Düsteres, Graues, Schattenhaftes mengt sich ein, und dieser Schatten kommt von den Häusern. Die stehen über diesem verwirrend phantastischen Treiben irgendwie alt und zermürbt, mit Runzeln und zerfalteten Wangen, mit blinden und beschmutzten Augenlichtern; man erinnert sich an Wien 1919. Der Putz ist von den Fassaden gefallen, den Fensterkreuzen fehlt Farbe und Frische, den Portalen Festigkeit und Glanz. Es war noch keine Zeit, kein Geld da, sie alle zu verjüngen und aufzufrischen, man hat sie vergessen, darum blicken sie derart mürrisch und verjährt. Und dann – was so besonders eindrucksvoll wirkt: während die Straße rauscht, redet, sprudelt, spricht, stehen die Häuser stumm. In den anderen Großstädten gestikulieren, schreien, blitzen die Kaufläden in die Straße hinein, sie türmen lockende Farbspiele, werfen Fangschlingen der Reklame aus, um den Vorübergehenden zu fassen, ihn für einen Augenblick vor den phantastisch bunten Spiegelscheiben festzuhalten. Hier schatten die Läden stumm; ganz still, ohne kunstvolle Türmung, ohne Hilfe eines raffinierten Auslagearrangeurs legen sie ihre paar bescheidenen Dinge (denn keine Luxusware ist hier verstattet) unter die mißmutigen Fensterscheiben. Sie müssen nicht streiten miteinander, nicht ringen und nicht wettkämpfen, die Kaufläden von nebenan und gegenüber, denn sie gehören doch, die einen und die andern, demselben Besitzer, dem Staat, und die notwendigen Dinge brauchen nicht Käufer zu suchen, sie werden selber gesucht; nur das Überflüssige, der Luxus, das eigentlich nicht Gebrauchte, »le superflu«, wie die französische Revolution es nannte, muß sich ausbieten, muß dem Vorübergehenden nachlaufen und ihn am Rockärmel fassen; das wahrhaft Notwendige (und anderes gibt es nicht in Moskau) braucht keinen Appell und keine Fanfaren.

Das gibt der Moskauer Straße (und allen andern in Rußland) einen so eigenartigen und schicksalshaften Ernst, daß ihre Häuser stumm sind und zurückhaltend, eigentlich nur dunkle, hohe, graue Steindämme, zwischen denen die Menschen fluten. Ankündigungen sind selten, selten auch Plakate, und was in roten Schriftzügen breitgerändert über Hallen und Bahnhöfen steht, ruft nicht Raffinements aus, Parfüms und Luxusautomobile, Lebensspielwerk, sondern ist amtliches Aufforderungsplakat der Regierung zur Erhöhung der Produktion, Aufruf, nicht zu Verschwendung, sondern zu Zucht und Zusammenhang. Wieder spürt man hier, wie schon im ersten Augenblick, den entschlossenen Willen, eine Idee zu verteidigen, die ernste, zusammengeballte Energie, streng und stark auch ins Wirtschaftliche gewandt. Sie ist nicht ästhetisch schön, die Straße von Moskau, wie die pointillistisch glitzernden, farbensprühenden, lichtverschwendenden Asphaltbahnen unserer europäischen Städte, aber sie ist lebensvoller, dramatischer und irgendwie schicksalshaft.

Moskau: Blick vom Kreml

Tage hat es gebraucht, bis wir die Verstattung bekamen, durch die immer bewachten Tore dieser uralten Burg emporzuschreiten, wo seit einem halben Jahrtausend die Zaren und nun die neuen Machthaber regieren. Man hat zauberische Kirchen gesehen, mit hell und dunklen wunderbaren Fresken von der Schwelle bis zum Dachrand geschmückt, Prunkgemächer und immer wieder Kathedralen, noch eine und noch eine, die hier dicht und gedrängt aneinander stehen. Man ist durch unzählige Säle geschritten, wo sich Kunstschätze ganzer Geschlechter anhäufen, die Waffen und Werke dieser unübersehbaren Nation. Fast ist es zuviel (immer hat man dieses Gefühl in Rußland, es ist zuviel zu sehen, man brauchte ein Leben, um es zu überschauen); so hält man einen Augenblick inne auf dieser erschöpfend-unerschöpflichen Kunstwanderung und blickt von den Mauern des Kreml auf Moskau, die vielleicht wunderlichste und eigenartigste Stadt der Welt.

Möglicherweise ist es die gleiche Stelle, wo Napoleon einst stand, der große Rasende, der mit sechshunderttausend Mann von Spanien und Frankreich durch Deutschland, durch Polen, durch diese endlose, baumlose, wasserlose Steppe dem Irrlicht des Orients hierher nachzog, der sich unnützerweise von Paris die Oper und die Comédie Française fünfzig Tagereisen weit nachkommen ließ, indes er schon ein gewaltigeres Schauspiel erlebte: eine brennende Stadt zu seinen Füßen. Betäubender, verwirrender Anblick muß es damals gewesen sein, und er ist es noch heute. Ein barbarisches Durcheinander, ein planloses Kunterbunt, von der Neuzeit nur noch pittoresker gemacht: grellrot gestrichene Barockkathedralen neben einem Betonwolkenkratzer, weitläufige schloßhafte Paläste neben schlechtgetünchten Holzhäusern mit grindigem Verputz; zwiebeltürmige, halb byzantinische, halb chinesische Kirchen ducken sich unter die riesenhafte technische Eiffelturmsilhouette der Funkstation, schlecht nachgeahmte Renaissancepalais halten sonderbare Nachbarschaft mit Kaschemmenhütten. Und zwischen all dem, rechts und links und vorn und rückwärts, überall Kirchen, Kirchen, Kirchen, mit ihren heraufgeschraubten Türmen, vierzig mal vierzig, wie die Russen sagen, aber jede anders in Farbe und Formen, ein Jahrmarkt aller Stile, eine zusammengequirlt phantastische Ausstellung aller Bauformen und Kolorite. Nichts paßt zueinander in dieser planlosesten, scheinbar improvisiertesten aller Städte, und gerade diese unablässige Kontrasthaftigkeit macht sie so unerhört überraschend. Man geht hundert Schritt eine Straße entlang und meint, in Europa zu sein, und, kaum um die Ecke, so glaubt man sich schon nach Isfahan verschlagen, in einen Basar, ins Tatarische und Mongolische. Man tritt in eine Kirche, rastet jahrhunderteweit in Byzanz, aber hinauskommend und eintretend in das neue Telegraphengebäude, hat man einen Sprung nach Berlin gemacht. Die verschwenderischen Goldkuppeln einer Kathedrale reflektieren ihren Glanz in den zersplitterten Scheiben wackeliger Holzhäuser gegenüber, aus der Hintertür eines solchen schäbigen Wohnstalles mit schmutzigem Spülicht, gackernden Hühnern und dumpfen Latrinen tritt man in eine Straße, die von elektrischen Bahnen klirrt, und sieht vor sich ein Museum, wo alle Schätze des Abendlandes in verschwenderischer Fülle geordnet ruhen. Nichts paßt zusammen; sie dröhnt und berauscht, diese Stadt, wie eine ungeheure atonale Symphonie, in der sich die verwegensten Dissonanzen, die grellsten Rhythmen gewaltsam mischen. Man wagt nicht, zu behaupten, daß sie einem gefällt, diese sonderbare Stadt, aber sie ist mehr als schön: sie ist unvergeßlich.

So hat er immer geheißen, seit tausend Jahren, dieser rechtek-
kige Platz, das Herz der Stadt Moskau, um der roten, kunstvoll
gescharteten Kremlmauer willen, an deren Länge er sich lehnt.
Zur Linken zackt sich die breite Fassade der Handelshäuser, das
alte Emporium der Kaufmannschaft, empor; hier standen einst
die zahllosen Buden der Kaufleute, die Moskaus Reichtum und
Ruhm gemacht. Zur Rechten schützt ihn ein weites, wölbiges
Tor, zur Linken, an seiner Schmalseite, steigt farbig, mit
bunten Steinen und glitzernden Tulpendächern, die fünftür-
mige Wassilij-Blaschenni-Kathedrale auf, ein Wunderbau ohnegleichen, morgenländisch phantastisch, abendländisch ar-
chitektural, die kühnste Vermählung byzantinischer, italienischer, urrussischer und manchmal auch buddhistisch-pagodi-
scher Formen. Sie ist das kostbarste Kleinod der Stadt, und
nichts rühmt sie mehr als die finstere Legende, daß Iwan der
Schreckliche dem Baumeister zu Dank für seine Meisterschaft
die Augen ausstechen ließ, damit er keine zweite ähnliche
Kirche in der Welt bauen könnte. Dieser Platz war von jeher
das Herz Rußlands. Hier querten die Handelsstraßen von
Normannenland und Ingermanland nach Byzanz, hier brach-
ten vom Osten die Händler Pelzwerk und Getier. Hier zäumten
Hunnen und Tataren auf der Heerschau die Rosse, hier stiegen
in feierlichem Aufzug die ersten Zaren zur Krönung in den
Kreml empor. Noch sieht man den runden Steinring, wo die
Häupter der aufständischen Strelitzen abgeschlagen wurden
und die Leiche des falschen Demetrius blutig lag; und gerade
hier, wo das Zarentum aus dem engen Ring einer Stadt, aus
dem jämmerlichen Kreis einer Binnenherrschaft sich auswuchs
und entfaltete zum weitesten Reich, das jemals die Welt
gekannt, – hier veranstaltet in beabsichtigter und wissender
Symbolik die Sowjetregierung ihre Paraden und Aufzüge. Hier
stand die Tribüne, wo Trotzki klirrenden Worts die Bauern und
Soldaten aufrief zum Verzweiflungskampfe, hier liegen die
Führer und Vorkämpfer des Bolschewismus und die Arbeiter,
die für ihn gefallen, in den »Brüdergräbern« längs des Kremls,
und hier ruht in eigenem Gebäude, dem Herzpunkt dieses
Platzes, das Herz der russischen Revolution, die Leiche Lenins.

Bei Tag brandet der Platz von Menschen und Wagen, man
steht und kann sich nicht sattsehen an diesem glitzernden,

mosaikhaften Bild der Kathedrale, der strengen Mauern des Kremls, sich nicht entziehen der erschütternd eindringlichen Gräberreihe, die hier mitten in der Stadt als Wahrzeichen des Dankes und des Sieges großartig hingestellt ist. Während man in Wien und Berlin zu den Gräbern der Märzgefallenen stundenweit hinauspilgern muß und in Paris vergebens die Grabplätze der Volksführer sucht, sind hier und ebenso in Leningrad statt irgendeines steinernen Baues oder pathetischer Denkmäler die Gräber selbst in die Stadt gestellt: der wuchtigste, großartigste Aufruf und Dank, den man sich erdenken kann. Wie vordem die Basilika und Kathedrale, bilden sie nun das eigentliche religiöse Zentrum der Stadt, aber frei aufgeschlagen unter dem Himmel, ohne jedes Pathos und jeden Prunk. Dieser geniale Sinn für Regie waltet überall in der neuen russischen Revolution. Zwanghaft muß man im Foyer eines Theaters, in jedem Bahnhofe, in jeder Wartehalle in Plastik oder Photographie das eiserne Antlitz Lenins in sich einfühlen; Lenin, wie er spricht, vorstoßend die Hand wie das Wort, zusammengeballte Energie, oder präsidierend in einer entscheidenden Sitzung, oder im schlichten Rock mit der Bauernkappe, heiter und lachend unter den Helfern. Überall, an jeder Stelle und jedem Ort, durch den roten Stab des Polizisten, durch die rote Mütze der Tramwaykonduktere, durch das überall eingemeißelte Zeichen der Sichel wird man erinnert an die neue Zeit, aber nirgends großartiger und überwältigender als an diesem Platze. Denn selbst wenn die Schatten alle Konturen verwischen, das Grab Lenins nur wie ein schwarzer Stein in dem ungeheuren leeren Dunkel einer Septembernacht steht, dann sieht man noch hoch oben auf der einstigen Residenz der Zaren hell und glühend die rote Fahne des Sowjet sich bauschen. Mit einem genialen Kunstgriff ist von unten her dieser purpurn wogende Stoff bestrahlt, so daß man inmitten des ungeheuren Nachtdunkels nur die rote Flamme sieht, diese rote Flamme, die leuchtet, hoch über dem leeren Platz, die Gräber, die Burgen und Handelshallen und weithin über Moskau und die ganze russische Welt, – ein Regieeinfall scheinbar nur, aber gleichzeitig mehr: ein Fanal in die neue Zeit, ein grandios ersonnenes Symbol.

Vierzig Schritte sind sie voneinander entfernt, das alte und das neue Heiligtum Moskaus, das Heiligenbild der iberischen Muttergottes und das Grabmal Lenins. Das alte, rauchgeschwärzte Heiligenbild steht unbekümmert wie seit unzähligen Jahren in einer kleinen Kapelle zwischen den beiden Durchgängen des Tores, das zum Roten Platz führt. Unnennbare Scharen pilgerten früher hierher, um einige Minuten andachtsvoll sich vor dem Bildnis hinzuwerfen, ein paar fromme Kerzen anzustecken, ein Gebet zur Wundertätigen zu sprechen. Nun steht nebenan die warnende Inschrift der neuen Regierung: »Religion ist Opium fürs Volk«. Aber doch ist das alte Volksheiligtum unverletzt geblieben, der Zugang jedermann gestattet, und tatsächlich sieht man auch immer einige alte Weiblein auf den Steinen knien oder im Gebet ausgestreckt, – die letzten, die noch alten Herzens und alter Gesinnung der Wundertätigen anhängen.

Einige, aber nicht viele, denn die wahre Menge, die wirkliche Masse pilgert zum neu aufgerichteten Heiligtum, dem Grabmal Lenins. In sechs- oder siebenfach gewundener Schlange stehen die Menschen, Bauern, Soldaten, Volksfrauen, Dorfweiber, ihre Kinder auf dem Arm, Kaufleute, Matrosen, – ein ganzes Volk, hergekommen aus der unendlichen russischen Welt, das seinen vom Schicksal gefällten Führer im künstlichen Schein des Lebens noch einmal sehen will. Geduldig stehen sie, die Hunderte, die Tausende, angereiht vor dem modernen, ein wenig schachtelhaften, sehr einfachen und symmetrischen Bau aus rotem kaukasischem Holz, der selbst völlig schmucklos, nur mit den fünf Buchstaben LENIN bestirnt ist. Und man fühlt, hier wirkt sich dieselbe Frömmigkeit desselben glaubensfanatischen Volkes aus, die sich dort drüben niederwirft vor dem Bildnis der Madonna, nur hat eine geschickte Hand mit energischem Ruck sie vom Religiösen ins Soziale gewandt, – Führerverehrung statt des Heiligendienstes. Aber doch im tiefsten ein und dieselbe und bewußt so gewollt, damit die ungebrochene und unzerbrechliche Glaubenskraft des russischen Volkes vollkommen übergeleitet werde von Symbol zu Symbol, von Christus zu Lenin, vom Volksgott zum Mythos des allein gerechten und herrschenden Gottvolkes.

Man zögert einen Augenblick, ob man wirklich die Stufen mit hinabschreiten soll, denn man weiß, dort unten ruht im gläsernen Sarg, durch neuzeitliche technische Kunst balsamiert, koloriert und so in einer furchtbar täuschenden Scheinlebendigkeit erhalten, die Leiche Lenins. Man fürchtet etwas Mittelalterlich-Byzantinisches einerseits und anderseits etwas an Panoptikum Erinnerndes zu sehen: der Gedanke – ich gestehe es – dieser raffinierten chemischen Lebensimitation eines Gestorbenen als Schaubild war mir gespenstisch. Aber doch, man schließt sich an, tritt schweigend mit Schweigenden die Treppe nieder in die hellerleuchtete, von den Sowjetzeichen überstirnte Krypta, um in langsamem Gang (niemand darf stehen bleiben), den gläsernen Sarg von drei Seiten zu umschreiten. Und so sehr sich noch immer das Gefühl gegen diese Schaustellung wehrt, als gegen etwas gewaltsam Künstliches, das ebenso wie die Ordnung der menschlichen Bedingungen nun auch die der Natur korrigieren will, wird doch der Eindruck, der wirkliche optische Eindruck grandios. Auf einem roten Kissen, die Decke bis zur Brust hinaufgezogen und darüber die Hände flach hingebreitet, ruht, unverändert wie ein Schlafender, Lenin. Die Augen sind geschlossen, diese kleinen graufeurigen, die man von unzähligen Bildern kennt, der Mund, der einst so redemächtige, liegt in einem ernsten Schweigen, aber noch in seinem Schlafe hat dies Antlitz Gewalt durch die graniten gewölbte Stirn, durch den gesammelten und gefaßten Energieausdruck dieser urrussischen Züge. Gespenstisch drückt geisterhaftes Schweigen im Raum, den die Bauern, die Soldaten, die Mütze in der Hand, mit ihren schweren Stiefeln ganz leise, mit zurückgehaltenem Atem durchschreiten, und noch erschütternder ist der Anblick der Frauen, die mit einem scheuen und ehrfurchtsvollen Blick demütig auf diese phantastische Bahre hinschauen, – großartig und einzig diese tägliche Parade des Schweigens von Tausenden und aber Tausenden, die stundenlang warten, um nur eine Minute lang die Menschengestalt ihres schon mythisch gewordenen Führers und Befreiers zu sehen. Nicht für uns, in denen sich Ästetisches gegen eine solche immer neu polychromierte Totenmaske wehrt, sondern für ein Volk ist diese Schaustellung ersonnen, für ein Volk, das jahrhundertelang glaubte, daß seine Heiligen nicht dem irdischen Gesetz der Verwesung unterworfen seien und daß von der Berührung ihres Leibes

Wunder und Zeichen ausgingen; auch hier hat mit ihrem unfehlbaren Instinkt für Massenwirkungen die neue Regierung gerade an das Urälteste und darum Wirksamste im russischen Volkstum angeknüpft. Sie hat sehr richtig gefühlt, daß, gerade weil die marxistische Lehre eine in sich sachliche, unmystische, eine logische und durchaus amusische ist, man sie rechtzeitig in Mythos verwandeln und mit aller Inbrunst des Religiösen erfüllen müsse. So haben sie heute, nach zehn Jahren, aus ihren politischen Führern schon Legenden gestaltet, aus ihren Opfern Märtyrer, aus ihrer Ideologie eine Religion, und vielleicht an keiner Stelle fühlt man diese ihre psychologische Taktik sinnfälliger und siegreicher als an diesen beiden fünfzig Schritte voneinander entfernten und doch durch Geistunendlichkeiten getrennten Pilgerstätten: der Kapelle der iberischen Madonna und der Begräbniskrypta Lenins.

Moskau: Museen

Sonderbar, immer wird es die erste Frage an jeden Zurückkehrenden: ob er die neuen Reichen gesehen, die Neppmänner, die Nutznießer der Revolution. Vielleicht habe ich kein Glück gehabt: mir ist keiner begegnet. Die einzigen großen Revolutionsprofiteure, die ich in Rußland sah, waren die Museen: sie hat die konsequente Konfiskation sämtlichen privaten Kunsteigentums wahrhaft zu Fürsten und Magnaten gemacht. Man hat die Palais, die zahllosen Klöster, die Privatwohnungen mit einem Ruck ausgeräumt und die reichsten davon selbst wieder in Museen verwandelt, so daß sich deren Zahl zumindest vervierfacht, wahrscheinlich aber verzehnfacht hat. Die großen Galerien sind durch so unvermuteten Zuwachs über den Rand gequollen, sie fordern ungestüm Platz zu Bauten und Neubauten und wissen heute noch gar nicht wohin mit der plötzlich hereingeströmten Fülle. Überall wird noch gehämmert, gezählt, umgehängt, inventarisiert, überall entschuldigen sich die Direktoren, sie könnten nur einen kleinen Teil erst aufgehängt zeigen, und führen einen in Nebenräume, wo noch unbekannte Schätze der Aufstellung warten; nach zehn Jahren fehlt noch der vollkommene Überblick über die ungeheuren Bestände, die infolge der Kommunisierung so übermächtig in die Säle geströmt sind.

Über diese gewaltsame Requirierung privaten Kunsteigentums zugunsten der ganzen Nation sich zu begeistern oder zu erbittern, bleibt ein Politikum: jedenfalls genießt zurzeit der Fremde und der Kunstfreund das aktuelle Resultat als eine Überwältigung mit beispielloser Vielfalt und Fülle. Aber nicht nur, daß all dieser ungeahnte Reichtum, bisher verschlossen und unsichtbar in fürstlichen Gemächern und Klöstern, sich nun jedem darbietet zu Augenlust und Gewinn, auch die Kunstgeschichte wird dieser gewaltsamen Zusammenfassung noch Anregungen für Jahrzehnte verdanken. Eine ist schon offenkundig: die vollkommene Umwertung in der Betrachtung der Ikone und damit in der Einstellung zur alten russischen Kunst. Denn verstreut in Tausenden unzugänglichen Kirchen und Klöstern, überleuchtet von Edelsteinen, erstickt von Blumenbehängen, verräuchert, verschmutzt und verklebt durch den Ruß der vorgesteckten Kerzen, waren bisher alle diese Ikone als eine Art Dunkelmalerei erschienen, schwarze Madonnen, finstere Heilige, eine freudefeindliche, beinahe spanisch düstere Kunst. Nun, im historischen Museum vereinigt, werden die Tausende eines um das andere gereinigt, und dabei ergibt sich die Überraschung, daß alle diese Bilder in ihrem Urzustand hellfarbig und heiter waren, bunt wie die Tücher der russischen Dorffrauen und hell wie der Himmel am Bosporus, von wo sie erstmalig ausgegangen. Mit den schwarzen Krusten, die jetzt abgetragen werden, mit dieser jahrhundertealten Verräucherung und Vernachlässigung wird jetzt zugleich eine ganz falsche Anschauung abgewaschen, und wenn nun bald die alten Basiliken (man beginnt schon damit) systematisch aufgehellt werden und den finsteren Fresken ihre Naivität und Farbenfreudigkeit zurückgegeben wird, so dürfte Europa erstaunt vor einem vollständig neuen Kunstphänomen stehen, ähnlich erstaunt wie damals, als es entdeckte, daß die Plastiken der Griechen ursprünglich polychrom, ihre Tempel nicht marmorweiß und kalt, sondern von grellem Farbentumult erfüllt waren. Solcher Entdeckungen stehen noch mehrere durch die plötzliche Konzentration und geeinte Schaustellung bevor, und schon begegnet man in der Tretjakow-Galerie einer völlig unverhofften Heerschau einer bei uns unbekannten und großartigen russischen Malerei. Aber was man nicht vermutete und was die Fremden vielleicht am meisten in Erstaunen setzt, ist, daß man nirgends außer in Paris eine solche Sammlung der französischen Impressionisten sehen kann wie in Moskau, dank der Konfiskation der beiden berühmten Sammlungen Morosow und Schutkin, dreißig Van Goghs enthaltend, die prächtigsten Manets, Courbets, Gauguins und anschließend daran die ganze moderne Malerei bis 1914. Um auch nur im Fluge den Reichtum der vierzig oder fünfzig Museen von Moskau allein zu durchmessen, brauchte man Wochen und Monate, so sind sie jetzt angefüllt und beinahe überfüllt; nirgends so sinnlich, so glücklich wie in der Kunst drückt sich der marxistische Gedanke aus, daß alles allen gehören solle.

Und tatsächlich hat diese Gewißheit, daß all diese Schätze einer seelisch fremdartigen und gleichsam unbekannten Oberwelt an sie gefallen sind und ihnen gehören, den Massen hier einen fast religiösen Respekt vor den Museen gegeben. Ununterbrochen sind sie von Besuchern durchflutet, Soldaten, Bauern, Volksfrauen, die vor einem Jahrzehnt noch nicht wußten, was ein Museum ist, sie alle durchziehen jetzt in breiten, andächtigen Trupps die Schauräume, und es ist rührend anzusehen, wie vorsichtig, respektvoll sie mit ihren schweren, hochschäftigen Stiefeln über die Parkette schreiten, wie achtungsvoll und lernbegierig sie in Gruppen mit freiwilligen Führern vor den Kunstwerken stehen. Und es ist der größte Stolz der Museumsleiter, der Führer und des ganzen Volkes, daß im Gegensatz zur Französischen Revolution, die kirchenstürmerisch und plündernd ungeheure Werte sich selbst entwendete, die russische (härter sonst und radikaler als die andere) sich und der Welt kein einziges wesentliches Kunstwerk zerstört hat.

Diese Rettung der musealen Werte in den furchtbarsten Tagen des Umsturzes danken Rußland und mit ihm alle Kunstfreunde der rechtzeitigen Energie einiger Führer, Lunatscharskis vor allem, aber nicht minder der stillen, unscheinbaren und doch heroischen und aufopferungsvollen Arbeit einzelner unbekannter Museumsleiter. Während die Regierung von einer Hand in die andere überging, während die Maschinengewehre auf den Straßen knatterten, haben diese unbekannten Helden, schlecht bezahlt und vergessen, hungernd und frierend, bei zehn Grad unter Null in ungeheizten Räumen diese unermeßlichen Werte gehütet, geschützt, geordnet und der Weltgemeinschaft bewahrt. Niemand kennt, niemand nennt heute die Namen dieser Rührenden und Redlichen, niemand hat noch die Geschichte ihrer Aufopferungen und Entbehrungen erzählt; erst die Zukunft wird ihrer im Tumult des Umsturzes unscheinbar verborgenen Tat für das große Werk dieser Rettung dankbar sein.

Heroismus der Intellektuellen

Dieser Heroismus der russischen Intellektuellen ist es, was mich am meisten in Rußland bewegt und erschüttert hat. Ein Proletariat, eine geknechtete Bauernschaft von hundertvierzig Millionen ist aufgestiegen zur Macht, hat sich erhöht und befreit. Dieses leidenswillige und fast leidensfreudige Volk hat Entbehrungen unvergleichlicher Art auf sich genommen, Notdurft und Mühsal ohne Ende, aber selbst, wo es heute noch eingeschränkt ist und entbehrt, wird es immer doch gestählt durch das Gefühl seines Aufstieges in höhere Lebenskreise, durch das triumphale Bewußtsein seines proletarischen Sieges. Die Intellektuellen aber, sie sind nicht aufgestiegen in ihren Lebensformen und nicht in eine höhere Freiheit hinein, sondern eher zurückgeworfen in dumpfere, drückendere Daseinsbedingungen, in ein engeres Maß an räumlicher und seelischer Freiheit. Sie zahlen noch immer am vollsten und vielleicht am unbedanktesten den bitteren Zoll dieses Übergangs. Darin liegt an sich keine böswillige Absicht der Regierung, nur ganz naturhaft haben die Verhältnisse sich gegen sie am härtesten gewandt. Sie haben ihnen, die Raum und Ruhe um sich ebenso notwendig wie Nahrung brauchen, eine Geißel erfunden, die wir in den Nachkriegsjahren selber im Fleische gefühlt haben, die Wohnungsnot. Aber hier ist sie nicht Geißel mehr, sondern dreimal geknotete Knute, diese für unsere europäischen Begriffe unerträgliche Wohnungsnot, die den Menscheninhalt eines Waggons in eine mittlere Wohnung hineinpfercht. Fünf Familien an einem Herde und mit einem Klosett sind keine Seltenheit, ein einziges abgesondertes Zimmer und Küche für eine vierköpfige Familie schon ein beneideter Glücksfall. Was Wien in den schweren Jahren bereits als Hölle empfand, wäre hier noch Fegefeuer und für manche fast Paradies. Denn dieses Moskau wächst mit diabolischer Geschwindigkeit; zur Hauptstadt des Hundertvierzigmillionenreiches plötzlich ernannt, vollgedrängt mit Ämtern und dabei gehemmt in seinen Bauar-

beiten, preßt die überpferchte Hauptstadt (schon vorher un-
komfortabel und unhygienisch in ihren Unterkünften) nun
ihre Menschen grausam nahe zusammen, und ganz besonders
furchtbar lastet natürlich dieser Druck auf jenen, die für ihre
geistige Tätigkeit Raum und Absonderung wie Sauerstoff nötig
haben: auf den Intellektuellen. Aber bewundernswert der
Gleichmut und die Gelassenheit, mit der all diese Menschen
dieses Eingekeiltsein ertragen, noch immer nicht genug bewundert diese unbeschreibliche russische Geduld, die von der
Scholle des Volkes bis in die feinsten Verästelungen ihrer
geistigen Blüte, bis zu den Intellektuellen und Künstlern
kraftwaltend emporsteigt. Ich besuchte einen großen Gelehr-
ten im einzigen Zimmer, das, neben einem zweiten winzigen
Räumchen ohne Küche, er und seine Familie zu viert bewohnen, also Arbeitszimmer, Speisezimmer, Wohnzimmer und
Schlafzimmer in einem, und als ich unwillkürlich betroffen mit
dem Blick diese Enge nachmaß, lächelte er das alltröstende
»Nitschewo«, »Es macht nichts«, dies sieghafte »Man gewöhnt
sich daran«. »Wir sind wenigstens durch einen Holzverschlag
von unseren Nachbarn abgesondert.« Schon dies zählt als ein
Glück, ein paar Kubikmeter abgesonderter Luft mit den Seinen
atmen zu dürfen. Oder ein anderes Beispiel: Ich besuchte
Eisenstein, den heute weltberühmten Regisseur des Potemkin-
Films, der mir seine neuen (herrlichen!) Arbeiten zeigen
wollte. Dieser Meister, der für das russische Können mehr
Propaganda geleistet als hundert Bücher, hat ein einziges
Zimmer innerhalb einer Gesamtwohnung, Schlafraum, Ate-
lier, Sekretariat, Speisezimmer in einem: ein Tisch, ein Tee-
brett, zwei Sessel, eine winzige Waschschüssel, ein Bett, eine
Bücherkante. Aber auf dem kleinen Tisch liegen ein Dutzend
Telegramme, Angebote auf drei Monate nach Hollywood für
dreißigtausend Dollars – und doch, sie lassen sich durch Geld
nicht weglocken von ihrer Aufgabe, alle halten sie durch, alle
kehren sie wieder aufopferungsvoll nach Rußland zurück, in
ihre schweren Lebensbedingungen, schlecht bezahlt, gerade
nur das Notdürftigste verdienend und schon empfindungslos
für alle kleinen Bequemlichkeiten, die uns, ihren europäischen
Brüdern, Selbstverständlichkeiten sind. Das ist der großartige
Heroismus der russischen Intellektuellen von heute, daß sie,
nicht genug gewürdigt, nicht genug gerühmt – weder im
eigenen Land noch bei uns – ausharren, weil sie es für ehrlos

halten, ihren Posten zu verlassen um besserer Verdienstmög-
lichkeiten in Europa willen, und dies nur aus dem stolzen
Gefühl sittlicher Verpflichtung, aus dem Bewußtsein, daß
nichts heute Rußland, dem jetzt Helligkeit und Heiterkeit
fehlt, so notwendig ist wie gute Universitäten, gute Schulen
und Museen, eine vollendete und volksmäßige Kunst. Und
wenn dieses ungeheuerste soziale Experiment, das Rußland
unternommen hat und zum Staunen der übrigen Welt jetzt
schon durch zehn Jahre allein gegen diese andere Welt durch-
hält, nicht gescheitert ist, so dankt es dies (man begreift es hier)
nur dreierlei: der unerhörten, harten fanatischen Energie
seiner Diktatoren, der unvergleichlichen Willigkeit und Ge-
duldkraft dieses leidensgewohntesten aller Völker und nicht
zuletzt dem Idealismus und der Aufopferungsfähigkeit der so
oft als bürgerlich geschmähten, als zu lau und zu unpolitisch
geringgeschätzten russischen Intellektuellen.

Besuch bei Gorki

Auch Gorki, der sinnlichste Repräsentant des aus der eigenen
Volkstiefe emporgestiegenen Rußlands, hat es als seine Pflicht
empfunden, während einer so welthistorischen Entwicklung
nicht dauernd fern vom Vaterland zu sein. Zwar drängten ihn
heftig die Ärzte, nicht den heilkräftigen italienischen Süden zu
verlassen und seine labile Gesundheit nicht dem nordischen
Klima auszusetzten, aber er ist doch in seine Heimat zurückge-
kehrt, und zwar gleich zu einer Zehntausend-Kilometer-Reise
quer durch das ganze Land. Leider hatten die Ärzte recht
behalten: ein Rückfall warf ihn auf das Krankenlager zurück,
und so fehlte er bei der Feier und war unauffindbar, unerreich-
bar. Schon machte ich mich mit dem Gedanken vertraut,
Rußland verlassen zu müssen, ohne seinen großen Dichter
gesehen zu haben, ohne dem Menschen danken zu können,
dem ich persönlich für manches private und öffentliche Wort
verpflichtet war, als man mir endlich verriet, daß er in Moskau
selbst verborgen sei. Und noch am selben Abend durfte ich ihn
sehen.

Sein Gesicht überrascht, gerade weil man es von Photographien her zu kennen glaubt. Aber alle, die ich gesehen habe,
verschatten es merkwürdig ins Düstere, lassen es hart erschei-

nen, bitter und vergrämt, indes gerade die Helligkeit der erste Eindruck seines Antlitzes ist. Kurzgeschorenes, strohblondes Haar, blasse Brauen über lichtgrauen Augen, ein gelber buschiger Schnurrbart; das Antlitz eines klugen, slawischen Bauern, eines gescheiten Handwerkers, geistig leuchtend und dabei warm und hell wie frischgebackenes Brot. Besonderheit darin nur der stark vorgebaute, hart gemeißelte Stirnbogen; durch diesen vorgetürmten Block bekommt sein Blick Gewalt aus einer Tiefe, eine prachtvolle eindringliche Konzentriertheit. Diese Konzentriertheit, diese sachliche feste Ruhe lebt in jedem seiner mündlichen Worte genau wie in seiner Schreibart – mit ein paar Sätzen rückt er jeden Gegenstand fest und klar ins Licht. Er übertreibt nicht, er passioniert sich nicht; darum haben seine Worte genau wie seine Werke den Wert unbestechlicher und unbezweifelbarer Zeugenschaft. Was ihn nach seiner Rückkehr nach vier oder fünf Jahren am meisten an dem neuen Rußland frappiert, ist das gleiche, was auch uns Fremde so sympathisch bei diesem Volk berührt: die plötzlich aufgebrochene stürmische Gier nach Bildung bis in die untersten Klassen hinein, die Passion für das Schöpferische. Jahrhunderte war hier eines der begabtesten und aufgewecktesten Völker durch den Zarismus und die ihm gefällige Kirche gewaltsam verdumpft und von allen Bildungsmöglichkeiten abgeschnitten worden (das schwerste Verbrechen, das eine Regierung an ihrem Volk begehen kann). Und mit einem bewundernswerten, rapiden Elan hat die ganze Nation, oder haben vielmehr alle jetzt in der Sowjetrepublik vereinigten Republiken die Gelegenheit benutzt, sich vom Analphabetismus zu befreien. Über Nacht sind in den kaukasischen, georgischen, turkestanischen und sibirischen Gebieten Universitäten entstanden, Zeitschriften, Dichterschulen; bis in die winzigsten Dörfer dringen jetzt, dank einer unablässig hämmernden, zwar politisch gemeinten, aber doch bildungswirkenden Organisation, die neugeschaffenen Bauernzeitungen, die vom Volk selbst geschrieben und redigiert werden. »Sie würden nicht glauben«, erzählt mir Gorki, »was für ausgezeichnete Briefe und Schilderungen in diesen populären Zeitschriften, die das Volk selbst schreibt, zutage treten. In ihnen ist oft mehr darstellende Kraft als in allen schulgemäßen Literaturen, und ich bin selbst mit einer ganzen Reihe dieser Schreiber in Korrespondenz geraten, soviel Anregungen und Kenntnisse haben mir ihre urtümlichen Mitteilungen gegeben.« Selbst er, genau wie Dostojewski und Tolstoi von Jugend an gläubig an das russische Volksgenie, ist dennoch erstaunt über das Tempo dieses Bildungsaufschwunges, den innerhalb von wenigen Jahren die untersten Schichten des russischen Volks genommen haben. Und sein neues Buch, an dem er noch arbeitet, wird nicht Dichtung sein, sondern Darstellung seiner Erlebnisse mit dem Volk bei dieser Wiederbegegnung nach Jahr und Jahren. Und ich glaube, gerade dieses Buch wird für Europa von äußerster Wichtigkeit sein, denn das klare Auge Gorkis ist unbestechlich in Urteil und Erkennen, unfähig zu schmeicheln, unwillig zu lügen. Und wenn dieser wahrhaftige Bildner, dieser warmherzige Kenner seines Volkes dann, trotz allen Einschränkungen, im wesentlichen der Leistung der letzten Jahre zustimmt, sollten immerhin manche vorsichtiger sein, von ferne her und, bloß zweideutigen Nachrichten folgend, all das, was in Rußland im letzten Jahrzehnte geschehen ist, einzig als ein hoffnungsloses Chaos und eine wütige Verblendung zu betrachten.

Die jungen Dichter

Die Regierung hat ihnen ein Haus überlassen, das ehemalige Wohnhaus Alexander Herzens, und sie haben es umgeformt in eine Art Klub, wo sie einander begegnen, Freunde empfangen und bewirten können, lesen und arbeiten. Sie haben daraus gleichzeitig ein kleines Museum gemacht, das alle Bücher der jungen Generation, ihre Manuskripte und Bilder behütet, und ich hatte die Freude, dort ihr gemeinsamer Gast zu sein. Seltsames Gefühl zwischen Vergangenheit und Gegenwart: vor einigen Monaten hatte ich noch in Versailles die achtzigjährige Tochter Alexander Herzens, Madame Monod, besucht und saß nun im staatlich gewordenen Hause ihres Vaters, dessen Standbild längst auf allen Plätzen prangt und Monument der Vergangenheit geworden ist, neben der Enkelin Tolstois, der jungen zarten und auf anmutigste Weise klugen Sophia Tolstoi-Jessenin, der Witwe des großen lyrischen Dichters Jessenin, der, dreißigjährig, vor zwei Jahren auf tragische Art aus dem Leben schied. Ein langer Tisch vereinigt drei Dutzend junger Menschen, keiner über vierzig, die meisten unter dreißig Jahren, und in ihrer Gegenwart fühlt man etwas von der unerhörten Weite und Vielfalt dieses riesigen Reiches. Denn jede Provinz und jedes Volk der Union hat da irgendeinen aus sich herausgeholt. Da ist Boris Pilniak, der berühmte Romanschriftsteller, ein blonder Wolgadeutscher, aber schon so russisch geworden, daß er kein Wort seiner Vorvätersprache mehr versteht, neben ihm Wjesolowod Iwanow, dessen ›Panzerzug‹ als Buch und Drama in Rußland gleich erfolgreich ist, ein heller Sibirier mit rundem Kajakengesicht. Da sitzt Grigol Robadkidse, Priestersohn aus Tiflis, der erste georgische Dichter, von dem in nächster Zeit ein sehr heißes und farbenprächtiges Buch in deutscher Sprache erscheint, da Abraham Effros, schwarzbärtiger orientalischer Moskauer, der trefflichste Kenner europäischer Kunst, da Liddin und Kiriloff und der prächtige Holzschneider Kraftchenko und neben ihm die noch unbekannten Dichter der neuen Kultursphären, Estländer, Eurasier, Armenier, Kaukasier, Ukrainer, ein buntes Gemenge, verbunden durch die gleiche Herzlichkeit der Gastfreundschaft und das unbezwingliche Element der Jugend.

Alle oder fast alle diese neuen jungen Dichter kommen aus dem Volke und fühlen sich ihm näher verwandt als die unseren; sie lesen in Soldatenschulen ihre Verse vor, sprechen in Volksversammlungen über Literatur, führen die Bauern durch die Museen. Sie gehen in dem einfachen Rock des Arbeiters, in den weißen Blusen der Bauern, keiner besitzt wahrscheinlich einen Smoking oder einen Frack, keiner von ihnen wohnt bequem und hat nur einen Schatten europäischer Honorare: aber sie genießen dafür das Glück eines weiten Publikums, das spontane Verbundensein mit dem letzten Urgrund ihrer Natur, die Kameradschaft mit jedem und allen. Das ist ein Erlebnis. Jeder von ihnen kennt das Volk, seine Bedürfnisse und seine Gedanken aus eigener Anschauung, die meisten von tätiger Mitarbeit, und mit einem urtümlichen Abenteuertrieb rollen und pilgern sie zigeunerhaft frei von einem zum anderen Ende des russischen Landes. Es ist eine Freude, ihre Gesichter zu sehen, frisch und lebendig, eine Freude, ihre Bücher zu lesen, die überquellen von ganz neuen Kräften: die europäische Literatur wird noch manche Überraschungen von diesem aufsteigenden Rußland erleben.

Soll man Eulen nach Athen tragen und Kaviar nach Rußland? Soll man wirklich noch einmal erzählen, was das russische Theater selbst in der schwersten Zeit des Überganges geleistet und geschaffen hat? Das alles hat Joseph Gregor mit René Fülöp in seinem trefflichen Werk über die russische Bühne so ausführlich getan, daß ich mir's ersparen kann. Und schließlich, man kennt einigermaßen Stanislawski, Tairoff und Meyerhold von ihren deutschen Gastspielen. Da bringen sie alles mit, ihre großen Schauspieler, wie Katschalow, Tschechow, Alice Coonen, sie haben längst unserer Generation die Meisterschaft ihrer Regie, ihre neuen schöpferischen Ideen gezeigt. Nur eines können sie nicht mitbringen, was hier so ungemein den Eindruck verstärkt: das Publikum, das neue russische Publikum der sowjetistischen Zeit. Dichtgedrängte Reihen, kein leerer Platz allabendlich, eine einzige festgefügte, einheitliche Masse. Der Unterschied zwischen Parterre, Logen und höchster Galerie restlos aufgelöst, da und dort Arbeiter, Frauen, Fremde, Soldaten und die spärlichen Reste der Exbürgerschaft, alles farblos und vollkommen durcheinander gemischt. Keine steife Hemdbrust, kein harter Kragen, kein Décolleté, kein Smoking, keine schroff brennenden Farben – alles wie mit Sepia überstrichen oder leicht verschleiert. Aber was dieses Bild des Zuschauerraumes an Buntheit verliert, gewinnt es an Einheitlichkeit. Nirgends habe ich das Publikum eines Theaters dermaßen als grauen, metallischen Block, als Meer, als Masse zusammengeschmiedet empfunden, wie dort in den Theatern der verlorengegangenen Eleganz. Gewiß: der Zuschauerraum liegt im Schatten der Gleichgültigkeit und Alltäglichkeit, er wirkt unfestlich, bloß als dicht angefüllter Menschenraum, aber man stelle sich's vor, wie scharf, wie verwirrend, wie zauberhaft eben darum dann der Kontrast wird, wenn hinter der Rampe die doppelt wirksame Magie, die blendende Vielfalt der Dekorationen auftaucht. Der Luxus, bei uns seßhaft im Parkett und in den Logen, hier ist er hinübergeflüchtet auf die Bühne: da hat er seine letzte Freistatt auf russischer Erde, hier darf er sich – fremd und sagenhaft geworden im wirklichen Leben – als ein Historisches und Kostümhaftes verschwenderisch innerhalb der imaginären Zone entfalten. Hier und hier allein verstattet sich Rußland noch Verschwendung; nicht

Amerika, nicht die Pariser Singspielhallen zaubern solche koloristische Pracht her wie ein Ballett in der Leningrader Oper, und nirgends wirkt ihre schwelgerische Traumhaftigkeit feenhafter und unwahrscheinlicher als hier, wo diese Phantasmagorie dem Grau des Täglichen traumhaft gegenübersteht. Wirklich wie Niederstieg von oben in verschattete Zonen erlebt man dann die irdisch geschmückte Gestalt, etwa die neue zauberische Tänzerin, die Rußland geschenkt ist, die Semjonowa (der Name wird noch einmal Europa überstrahlen), zwanzig Jahre alt, gerade aus der Ballettschule in Tiflis gekommen und innerhalb eines Jahres schon Zauberin und Herrin der ganzen Stadt; wenn sie mit ihrem festen, elastischen Schritt, der nicht gelernt ist, sondern natürlich wie Saft aus der Rinde quillt, über die Bühne schreitet und im Wildsein eines Überschwanges sich flügelhaft aufwirbelt, dann bricht plötzlich über diesen armen gleichfarbigen, verdüsterten Alltag eine Art Licht herein, das diese Menschen taumeln macht. Und an dem Glück, das sie Millionen spenden, spürt und begreift man, warum alle Künstler hier so leidenschaftlich und hingebungsvoll, so aufopfernd und selbstvergessend dem gemeinsamen Werke dienen, – sie verwalten nach Jahren des Leidens, der Entbehrung und der Ermüdung hier einzig noch die heilige Flamme der Freude. Vielleicht hätte Rußland trotz all seiner Geduld, trotz seiner bewundernswerten Beharrlichkeit diese Epoche der Prüfung auf seiner blutigen und zerschundenen Erde nicht so sieghaft überdauert, hätten nicht seine herrlichen Künstler ihm über seiner allzu normalisierten und mechanisierten Welt die traumhafte und magische der schöpferischen Phantasie für gelöste Stunden aufgebaut.

Tolstoifeier

Das große Theater in Moskau, gewiß das weiteste und außerdem auch eines der schönsten der Welt, riesigen Raum ohne kolossalische Geste bemeisternd, diskret in Tönung, blaßrot mit gespartem Gold – das Ideal einer Festbühne. Im Parkett und auf den Galerien viertausend Personen (Rußland denkt und feiert in anderen Dimensionen als wir) eine geduldig wartende Menge. Um 6 Uhr soll die Feier beginnen, weshalb sie selbstverständlich um 7 Uhr beginnt, ohne daß ein einziges Scharren, eine einzige Unruhe sich regte. Auf der Bühne im runden Oval ein Tisch für das Komitee, in der Mitte Lunatscharski, der Minister und Gebieter der Kunstwelt, straffes energisch geballtes Gesicht über gesunden, grobgehauenen Schultern, neben ihm die Kamenewa, die Schwester Trotzkis, Leiterin der Kulturabteilung, damenhaft und diskret mit einer sehr sanften und ruhigen Stimme, deren Musikalität erst bei der Rede fühlbar wird. Dann der Sohn Tolstois, Sergei, ein stiller grauer Herr, eher Masaryk ähnlich als seinem Vater, dann Delegierte aus allen Reichen und Korporationen des Landes und die ausländischen Gäste.

Als erster tritt Lunatscharski an die Tribüne und spricht (frei wie jeder in Rußland) anderthalb Stunden lang mit der dramatischen Geschultheit eines Agitators. Er trennt wie mit der Messerschneide die Lehre Tolstois vom Dogma des Bolschewismus. Ich kann seiner russischen Rede natürlich nicht folgen, aber ich sehe an seinen hart taktierenden, energisch zustoßenden Fäusten, wie er das Rechts vom Links entschlossen teilt und damit gleich vom Anfang an wie ein Standbild die Stellung der Regierung vor das riesig aufragende Bildnis Tolstois setzt.

Nach ihm spricht Professor Sakulin für die Akademie, ein schöner, würdeeinflößender Graubart, gekleidet in die alte russische Bluse, dann kommen wir an die Reihe – eine schwere Aufgabe für uns, die wir vom Politischen her nicht geschult sind, mit sechs Scheinwerfern in den Pupillen, einem Mikrophon von der Lippe und einem kurbelnden Kinematographen knapp an der Schulter, vor viertausend Personen zu sprechen. Aber wie hilft einem dieses Publikum mit seiner wunderbar lauschenden unvergleichlichen Disziplin, mit dieser immer großartig wartenden, ewig neuen russischen Geduld; schon ist es zwölf Uhr, und seit sechs Uhr sitzen diese Menschen da, nur ab und zu zwischen den Reden durch Musik erfrischt, und keiner der Unersättlichen denkt an Fortgehen und rührt sich von der Stelle – Intellektuelle, Arbeiter, Soldaten, eine einzige dankbar horchende, aufnehmende, das Wort ehrfürchtig in sich eintrinkende Masse.

Am nächsten Tag dann Eröffnung des Tolstoi-Museums und des Tolstoi-Hauses, beide das Angedenken dieses Menschen mit fünfzigtausend Bildern und Erinnerungen noch dokumentarischer vergegenwärtigend als Weimar jenes Goethes. Mit

tausend kleinen Nägeln wird seine Physiognomie dem Gedächtnis unverrückbar eingehämmert, man sieht Tolstoi zu
Pferde, im Bett, bei der Arbeit, mit der Sichel, beim Spiel und
am Pfluge, auf Reisen und daheim mit Kindern und Enkeln.
Man sieht ihn als Knaben, als jungen Mann, als Soldaten, als
Greis und Prophet, und nach zwei Stunden dieses Schauens
kennt man keinen seiner persönlichen Bekannten in seiner
physischen Form so unvergeßlich wie ihn. Mir persönlich
machten zwei Kleinigkeiten den stärksten Eindruck: in einer
Glasvitrine ein schlichter grober Strick mit einem Brief dazu,
von einer fremden Frau ihm zugeschickt, die das Weltverdü-
sternde und ewig Klagende seiner Bücher nicht ertragen
konnte und ihm russisch konsequent diesen Strick ins Haus
sandte, er sollte nicht länger sich selbst und damit die Menschheit mit seiner ewigen Unzufriedenheit und Empörung quälen
und lieber rasch mit sich ein Ende machen; und ein zweites
solches erschütterndes Lebensdokument, ein gestempeltes
amtliches Papier, ein Frachtbrief, peinlich, sorglich ausgefüllt.
Adressat: Familie Tolstoi. Beschreibung der Verpackung: Ki-
ste. Inhalt: Eine Leiche. So hat das offizielle Rußland die
welthistorische Überführung der Leiche Leo Tolstois von
seinem Sterbeort Astapowo zur letzten Heimkehr nach Jasnaja
Poljana verewigt. Grausame Ironie – die Nichtigkeit alles
Geistes vor dem amtlichen Blick, erschütternd durch seine
Stupidität; das phantastischste Denkmal unseres irrsinnig
wütenden Bürokratismus, das ich jemals gesehen.

Aber all dies ist nur Vorspiel und Vorklang, denn nicht in
Rede und Schrift läßt sich die Erinnerung dieses Lebensbildes
vollkommen erfassen, nicht in Photographien und Phonogra-
phen, nicht in künstlich geräumten und geordneten Museen,
sondern erst am wahren Orte, wo er wurzelte, wo er geboren
ward, wo er am längsten lebte und am meisten litt: in seinem
Hause in Jasnaja Poljana.

Jasnaja Poljana

Nachtfahrt ins flache Land. Am frühen Morgen Tula und dann
mit linden Wiesen, kleinen fülligen Wäldchen dieses eine
winzige Dorf, berühmt unter Hunderttausenden Rußlands:
Jasnaja Poljana.

Alexandra Lwowna, die jüngste Tochter Tolstois, empfängt uns und führt erklärend zuerst in die Dorfschule, wo heute ein Denkmal Leo Tolstois enthüllt werden soll. Vom Vater hat sie die massive Gesundheit, die breite, wuchtige Vitalität, die beinahe bäuerliche Festigkeit und die ungebändigte Arbeitsenergie; sie hat nicht früher gerastet, als bis diese Schule, die ihr Vater vor sechzig Jahren in einer Dorfscheune begonnen, nun blank und neu aufgebaut ward in steinernen Mauern, das schönste Monument seines pädagogischen Willens, Sammelpunkt seiner Lehre. Das ganze Dorf ist versammelt, uralte Bauern mit langem, glattgestrichenem Haar und vereisten Bärten: wie herausgeschnitten aus Ikonen sehen sie aus, die meisten haben Leo Tolstoi noch selbst gekannt, einige sind darunter, die, weil sie seinen Lehren gehorcht, in den Gefängnissen gesessen haben und nach Sibirien gewandert sind. Neben ihnen junge Schüler in weißen Blusen, mit hellen, neugierigen Augen und grüßend, junge Mädchen, die ihre Kostüme schon bereithalten, um abends beim Bauerntanz die ländlichen Lieder den Gästen vorzuführen. Bei der Eröffnung gibt es einen schönen, starken Augenblick, wie Alexandra Lwowna sich erhebt und erklärt, in dieser Schule, die ihr Vater gegründet, dürfe niemals Militarismus und Atheismus gelehrt werden; dem widerspricht auch Lunatscharski nicht im Namen der Regierung, obwohl er nochmals mit seiner hämmernden, harten Energie den aktivistischen Standpunkt seiner Anschauung gegenüber dem passiv christlichen Tolstois energisch betont.

Dann zu Fuß, bis an die Knöchel einsinkend, nein, bis an die Knie, durch den fetten Lehm einer unergründlichen russischen Dorfstraße hin zum Schloß. Aber ist es wirklich ein Schloß? Beinahe lächelt man, wenn man sich der selbstanklägerischen Übertreibung Tolstois erinnert, der in seiner Bußhypertrophie immer ausschrie, er lebe »im Luxus«, er bewohne ein fürstliches Haus. Denn wie unschloßhaft ist dieser niedere, weißgetünchte Ziegelbau mit seinem kleinen Gärtchen, mitten im Walde, wie einfach und primitiv die Einrichtung. Der Frankfurter Kaufmannssohn Goethe, der schuldengehetzte Schreiber Balzac, sie haben in Weimar und Passy wie die Fürsten gewohnt im Vergleich zu diesen niederen, kahlen, mit billigem und oft zufälligem Kram gefüllten Gelassen. Knarrende Holzstiegen führen hinauf zu den Zimmern mit ihren schlecht gebohnten Weißholzdielen, der Schlafraum zeigt schmale, fast militärische Eisenbetten mit einfachsten Leinendecken, das Speisezimmer billige Thonet-Möbel oder dorfgezimmerte Ware, abends nur von Petroleumlampen mühselig erhellt. Kein einziger Gegenstand von Wert und wirklicher Kostbarkeit; an den Wänden verblaßte, schlecht gerahmte Photographien, auf den Gestellen Broschüren und kaum geordnete Bücher, kunterbunt auf dem Schreibtisch eine Grammophonwalze, die ihm Edison schickte, und ein gehämmerter Stein, den die Fabrikarbeiter ihm schenkten am Tage, als er aus der russischen Kirche austrat – eine wahrhaft spartanische Einfachheit, ohne das geringste Bemühen nach Bequemlichkeit und Fülle des Daseins. Eine Wachstuchottomane in seinem Arbeitszimmer als einzige Stelle der Rast, sie ist gleichzeitig das Bett, auf dem Tolstoi selbst und alle seine Kinder geboren wurden, dann ein Schachbrett und ein Klavier als einzige Zeichen der Ablenkung und geistiger Entlastung. Drückend und grau, wie sein eigenes Werk, und doch erschütternd durch seinen heroischen Ernst mutet es an, dieses triste, einstöckige Haus, nur die Fülle der Erinnerungen belebt es, einzig nur das Erinnern an seine fortgegangene Gestalt. Denn jedes winzige Ding hat noch seelisches Gewicht von seiner Legende. Hier vor dem Hause steht noch riesenhaft gewölbt, mit der kleinen Klingel daran, der »Baum der Armen«, wo alltäglich die Pilger und Bauern nachmittags den großen Dichter erwarteten. Hier im Arbeitsgemach unten im Kellerraum (in dem kein europäischer Schriftsteller heute seine Dienstboten wohnen ließe) steckt noch der Nagel in der Wand, an dem Tolstoi sich im Jahre der Krise erhängen wollte. Und mit unendlicher Ehrfurcht betrachtet man die nun welthistorisch gewordene Treppe vor dem engen Schlafraum, die der Dreiundachtzigjährige um vier Uhr morgens, plötzlich aufgerissen von seinem übermächtigen Gewissen, hinablief in den Stall, um seiner Heimat, seiner Familie zu entflüchten in seinen einzig heroischen Tod: hier atmet man Geschichte eines Gewaltigen in der Luft seines Lebens, und das Unvergängliche seines Werkes macht all die kleinen Vergänglichkeiten seines Heimes und seiner Hausung der aufgerüttelten Seele erschütternd und groß.

Diese zweite Hauptstadt Rußlands bedeutet nicht Ergänzung Moskaus, sondern ihr Widerspiel. So willkürlich entstanden aus Zufall und Volksansammlung Moskau, so zielhaft und willensmächtig, so planhaft und kategorisch gestaltet wirkt die alte Zarenstadt; jene aus eigenem Antrieb gewachsen, diese von einem plötzlichen despotischen Willen diktiert, jene nach Asien blickend bis in die fernen Horizonte der Tatarei und Chinas, diese nach Europa. Nichts hier von dem architektonischen Durcheinander, das in Moskau alle Stile und Kostüme der Baukunst in einen steinernen Maskenball zusammengedrängt, nein, man spürt es sofort, hier hat ein einziger autokratischer Wille eine Stadt plötzlich gewollt und genau in die Vision seines Willens gestaltet, ihr Herr und Ahnherr, Peter der Große. Sein Vorbild war Amsterdam. Aber mit dem Vorgefühl der russischen Weltweite hat er vor dreihundert Jahren schon die Dimensionen ins Amerikanische gesteigert; wo dort schmale Grachten, strömen hier breite Kanäle, wo dort europäische Straßen, spannen sich hier prunkvolle Boulevards und riesenhafte radiale Plätze. Die russische Raumverschwendung, hier hat sie sich im harten Stein einmal sinnlich ausleben können, und nach drei Jahrhunderten erscheinen unserem durch New York und das napoleonische Paris doch schon ans Kolossalische gewohnten Blick diese Marmorbauten und Fronten, diese platzbreiten Avenuen noch immer monumental. Kein europäischer Herrscher hat sich ein solches Haus gebaut wie das Winterpalais, rechts flankiert von der stumm strömenden Newa, links großartig isoliert durch den runden Kolonnadenplatz, dessen Maße dem mächtigsten Gebäude dieser Erde, der Peterskirche, entnommen scheinen; und wie bedauert man, es nicht zur Zarenzeit noch gesehen zu haben, wenn tausend Karossen mit bepelzten Dienern sich hier aneinanderreihten, klirrende Regimenter mit dem Farbenspiel der Uniformen ihre Paraden entfalteten! Aber gleich phantastisch auch der Tag, wo die bewaffnete Arbeiterschaft, aus den Elendsquartieren zusammengerottet, trotz Maschinengewehrfeuer in diese Kolonnaden einbrach, während gleichzeitig das aufrührerische Kriegsschiff ›Aurora‹ mit gebleckten Kanonen die Fenster des Winterpalais visierte, wo, von beiden Seiten mit eherner Zange gepackt, das tausendjährige Zarentum wie eine Nuß zerknackte. Gerade hier, an jener bildhaften Stelle, wo der Zar Peter das eherne Petschaft seines Herrscherwillens in den weichen, sumpfigen Lehm des Landes drückte, ist das alte Rußland zerbrochen worden, und dieses Petersburg, dann Petrograd und nun triumphierend Leningrad benannt, ist heute bloß ein historisches Denkmal seiner verschollenen Schicksalsmacht.

Keine Stadt ist von dem Zarentum so kraftvoll emporgetragen worden, keine hat unter dem neuen Rußland stärker gelitten. Denn diese Stadt war für Prunk und Luxus bestimmt, für Fürsten und Großfürsten, für die Eleganz der Garderegimenter und die Verschwendung des russischen Reichtums; darum wirkt Leningrad jetzt doppelt verarmt, widersinnig und tragisch. Nicht nur sein Reichtum ist ihm genommen, seine Gesellschaft, seine Schiffahrt, sondern auch die Ministerien, Bureaux und vor allem sein Blut, seine Menschen. Denn so überlebendig, so zukunftsfreudig Moskau jetzt anmutet, so ausgelaugt, so abgeklungen, so petrifiziert das alte Petersburg. Theatralisch, ja majestätisch, hebt sich noch immer die großartige Kulisse aus Stein, aber das Licht ist verloschen, die Schauspieler abgetreten. Unverändert breit und mächtig strömen die asphaltierten Boulevards durch die Stadt, der Newskiprospekt vor allem, sieben Kilometer lang und so breit wie die Champs-Élysées, aber man könnte abends beruhigt dort Tennis spielen auf dem verlassenen Asphalt, denn ganz selten nur kreuzt ein Wagen oder ein holperndes Automobil seine leere Bahn. Mit der Verlegung der Hauptstadt, mit der Wegnahme der Ministerien und Bureaux ist die Bevölkerung von drei Millionen auf siebenhunderttausend gesunken und füllt sich jetzt langsam wieder auf eine und eine halbe Million empor. Aber wieviel Jahre werden vergehen, ehe wieder diese Esplanaden hell leuchtend aufwachen, ehe diese breiten herrlichen Paläste wieder in sich Glanz aufsaugen; für Jahrzehnte ist dieser Stadt ihr Schicksal gesprochen. Ein Wille hat sie geschaffen, und sie ist groß geworden, solange dieser Wille, dieser Absolutismus noch mächtig und schöpferisch war: die beiden einzigen genialen Zaren, Peter und Katharina, haben sie in die Welt diktiert und einheitlich durch die Hand zweier italienischer Meister, Rossi und Rastrelli, zu einem der mächtigsten Monumente der Erde gemacht. Dann kamen die müden Zaren, die schwachen, die kunstfremden, die lebensfremden. Sie konnten nur erhalten, ängstlich bewahren und kleinmütig fortsetzen, und mit ihrem Sturz hat diese Stadt ihren lebendigen Sinn verloren. Aber gerade im sinnlichen Anschauen erkennen wir am besten das Historische; und nirgends begreift man besser, als in dieser tragischen Stadt, grandeur et décadence des russischen Zarentums, seine Größe und seinen Untergang. Und man geht beinahe wie durch die hallenden Tempeltrümmer von Luxor durch diese vor einem Jahrzehnt noch prunkenden Kolonnaden, die nun sinnlos ragen inmitten nivellierter Welt, gerade noch bewohnt, aber nicht wahrhaft belebt, ein stummes Gehäuse, brausend bloß von Vergangenheiten, großartig als Geschichte, tragisch als Gegenwart.

Schatzkammer der Eremitage

Daß ich die Eremitage wirklich gesehen habe, werde ich nie den Mut haben, zu behaupten: ich bin nur in allen ihren Sälen gewesen. Denn sie wirklich sehen, forschend sehen, eindringlich betrachten, wer vermag das in einem Tage, wer vermag das in einer Woche? Vergessen wir's nicht über dem gleichgebliebenen Namen: die Eremitage, schon vor dem Kriege ein Museum, so groß wie das Louvre oder die von London und Berlin, hat seit der Revolution sich zum Kubus ihrer selbst entfaltet durch die Expropriation des ganzen russischen Kunsteigentums. Man denke sich einmal vergleichsweise aus, die Wiener Galerie hätte mit einem Happ die Liechtensteinische, die Harrachsche, die Czernin-Galerie, alle privaten Wiener Sammlungen und dazu noch alles, was an Kostbarkeiten und Kunstgegenständen sich in den tausend Kirchen und Klöstern Altösterreichs einzeln aufbewahrte, in sich hineingeschluckt – dann ungefähr hätte man eine vage Vorstellung von der phantastischen Erweiterung, die die Eremitage während dieser Zeit dank der kommunistischen Privatenteignung erfahren. Selbstverständlich hat sie ihre Räume gesprengt, sie ist durchgebrochen ins nachbarliche, tausendfenstrige Winterpalais und füllt nun alle Wohnräume, Prunkräume und Empfangssäle der Zarendynastien: man kann, ohne zu übertreiben, ihre Ausdehnung nach Kilometern berechnen, und schon das bloße Durchwandern (geschweige das wirkliche Schauen) bedeutet eine physische Arbeitsleistung.

So habe ich den gütigen Direktor, der mich begleitete, ersucht, mir nur das Allerwichtigste zu zeigen, ich bin bewußt durch vierzig und fünfzig Säle mit geschlossenen Augen gegangen, nur um bei den Rembrandts zu verweilen, denen vielleicht einzig jene vom Haag und von Kassel ebenbürtig sind, und bei den Watteaus und Fragonards, diesen außerhalb von Paris sonst fast Unauffindbaren. Nur Wesentlichstes, bat ich, von dieser Fülle betäubt, wollte ich sehen, nur etwas, das nur hier und nirgends anders zu finden wäre. Und so zeigte man mir das Unvergleichlichste dieser Sammlung, gerade das, was sonst nicht gezeigt wird: die Schatzkammer.

In einem ebenerdigen Saal, unscheinbar seitlich versteckt, eine schwer gepanzerte Tür. Sie ist versiegelt, wir müssen warten, bis einige andere Beamte zur Stelle sind als protokollierende Zeugen, dann erst löst man den magischen Verschluß. Geräuschlos dreht sich eine schwere Tresortür und verschließt sofort wieder den engen Raum. Ein Druck jetzt auf verborgenen Schalter, grell schießt Licht in die Glühbirnen, und Gold funkelt einem in die Augen. Gold, pures, reines Gold, kunstvoll geschmiedete Wucht, jahrhundertealt, jahrtausendealt, aus mythischen Gräbern geholt, aus den Siedlungen der Griechen in der Krim, von den Lagerstätten der Skythen gewonnen, eine Urkunst, deren Zeit und Ursprung man kaum ahnt, nirgends zu sehen als hier in gleicher Fülle und Vollendung. Skythen, Barbaren haben vor mehr als zweitausend Jahren diese Herrlichkeiten gefertigt, und mit leisem Mißtrauen, plump Verzerrtes, ungelenk Barbarisches zu sehen, tritt man an die Schränke und erstaunt: denn hier sind Werke feinsten Filigrans, vielleicht mit glühenden Nadeln in jahrelanger Arbeit gebosselt, Jagddarstellungen von zauberischer dekorativer Kraft, magische Amulette und goldene Totenmasken, geformt über den Antlitzen verstorbener Könige, feinste Proportionen irdischer Gesichter, eine Barbarenkunst, aber nicht minder kunstreich, raffiniert und werktüchtig als die des frühen Mittelalters und nur vielleicht noch den deutschen Goldschmieden, den italienischen Kleinskulptoren der Renaissance vergleichbar. Dazwischen massige Gefäße aus wuchtigem Gold, kaum aufzuheben, so schwer. Sie wurden in der Krim, dem alten Pontus, entdeckt, ohne daß man heute noch den Ursprung der Gruben ahnt, aus denen jene Völker die kostbaren Metalle geholt. Daneben edelsteinbesetzte Kronen, Wehrgehenke, Kämme und Ringe, der phantastischste Reichtum von Völkern, die hordenhaft auf Pferden lebten, in rauchigen Hütten kauerten, aber doch durch alle Dumpfheit der Existenz schon magische Formen der Schönheit erahnten und gestalteten.

Und im Nebenraum, kaum daß das Licht aufbrennt, blitzen Hunderttausende Steine mit: die Juwelenkammer. Türkische Säbel, von der Schneidespitze bis zum Griff überpflastert mit Diamanten, Smaragden, Rubinen, Chrysopasen, die Diademe Katharinas mit gelben Diamanten und riesengroßen weißen, aber die meisten leise farbig unterlegt, so daß, wenn man sie seitlich betrachtet, ein rosa oder ein blauer oder grüner Glanz wie Schmetterlingsschatten über ihnen schwebt; Pferdeschabracken aus kostbaren Stoffen, ganz durchsternt von Juwelen; Dosen, Uhren, Zepter, alle Arten von Spielzeug und Kleinodien und alle, alle märchenhaft übersät von diesen Tausenden unschätzbaren Steinen, für deren jeden einzelnen man ein ganzes russisches Dorf kaufen konnte mit all seinen Bauern als Leibeigenen, all seinen »Seelen«, und genug, in ihrer Gesamtheit noch heute notfalls dieses Riesenreich für Jahre zu ernähren. Und hier, in dieser Schatzkammer, in diesem fürstlichen, überkaiserlichen, also zarischen Palast, in dieser ganzen, aus rasendem Reichtum und wahnsinniger Verschwendung gebauten Stadt begreift man erst die für europäische Begriffe niemals faßbare Gespanntheit zwischen dem einstigen übergangslosen Oben und Unten in Rußland, zwischen der irrwitzigen und gotteslästerlichen Verschwendung der Zaren und jener abgründigen, fast teuflischen Armut der moskowitischen Hungerdörfer. Mit einem Herzriß fühlt man die weltweite Spannung zwischen Reich und Arm, die hier innerhalb von zwei Jahrhunderten sich ins Titanische gereckt. Und man begreift, warum sie so gewaltsam und mit einem so ungeheuren Ruck endlich einmal zerreißen mußte. Immer versteht man die Geschichte eines Volkes wahrhaft nur an Gestalten seines Blutes und in seiner unmittelbaren Gegenwart: und nirgends darum das Organische der russischen Revolution besser als in den Schatzkammern und Prunkpalästen der Zaren, in Zarskoje Selo und im Winterpalast.

Von der Unendlichkeit, die Rußland darstellt, hat man in knapp zwei Wochen gerade nur einen Blitz und Schimmer gefühlt. Als entscheidender Eindruck bleibt: wir haben alle unbewußt oder bewußt an Rußland ein Unrecht getan und tun es noch heute. Ein Unrecht durch Nichtgenugwissen, Nichtgenuggerechtsein. Denn wie es erklären, daß wir alle unserer Generation zehnmal in Paris, zehnmal in Italien, Belgien, Holland, daß wir in Spanien und Nordland überall gewesen sind und aus einem törichten läßlichen Hochmut nie einen Blick ins Russische getan? War es gestern bei den einen Vorurteil gegen den Zarismus, so heute bei den anderen Widerstand gegen den Bolschewismus: aber jedenfalls haben wir allzulange die ungeheure Vielfalt der russischen Leistung nachlässig aus unserem Blickfeld gelassen –, eines der genialsten und interessantesten Völker dieser Erde, zwei Eisenbahnnächte und zwei Eisenbahntage von unserem eigenen Lebensraum und doch in all seinen Werken und Wohnstätten den meisten Europäern unbekannt. Wieviel hat uns dieser westliche Hochmut gekostet, denn wie wenige sind heute unter uns im geistigen Europa, die aus eigener Anschauung und Erfahrung dieses neue Rußland mit dem alten gerecht zu vergleichen wissen, wie wenige darum auch, die ein Anrecht haben, jetzt autoritativ ein Urteil über dieses kühnste soziale Experiment zu wagen, das je ein Volk mit sich selbst versucht. Die Hälfte aller Urteile über das gegenwärtige Rußland sind leider heute Vorurteile, das heißt, vor das eigene Blickfeld geschobene starre Standpunkte, die andere Hälfte Nachurteile, das will sagen, anderen nachgeredete Meinungen. Und erfahrungsgemäß ändern solche persönlichen Prophezeiungen so wenig wie Zimmerprognosen das wirkliche Wetter, den unerschütterlichen Gang der Geschichte. Ich habe bewußt in diesen Notizen nichts dergleichen versucht und dies nicht aus Feigheit der Meinung, sondern aus bewußter Überzeugung von unser aller Unzuständigkeit. Wo ein ganzes Volk seit anderthalb Jahrzehnten so großartig duldet und mit heroischer Leidenschaft um einer Idee willen unzählige Opfer auf sich nimmt, scheint es mir wichtiger, zur Bewunderung des Menschlichen als zu politischen Einstellung aufzurufen, und angesichts eines so ungeheuren geistigen Lebensprozesses der bescheidene Platz des Zeugen redlicher als der verwegene des Richters.

Nichts Großartigeres, nichts Ergreifenderes habe ich in Rußland gesehen als Tolstois Grab. Abseitig und allein liegt dieser erlauchte Pilgerort kommender ehrfürchtiger Geschlechter, eingeschattet im Wald. Ein schmaler Fußpfad, scheinbar planlos hinstreifend durch Lichtung und Gebüsch, führt hin zu diesem Hügel, der nichts ist als ein kleines gehäuftes Rechteck aus Erde, von niemandem bewacht, von niemandem gehütet, nur von ein paar großen Bäumen beschattet. Und diese hochragenden, sanft vom Frühherbstwind gewiegten Bäume hat Leo Tolstoi, so erzählt mir seine Enkelin, selber gepflanzt. Sein Bruder Nikolai und er hatten als Knaben von irgendeiner Amme oder Dorffrau die alte Sage gehört, wo man Bäume pflanze, da werde ein Ort des Glückes sein. So hatten sie spielhaft ein paar Schößlinge irgendwo auf ihrem Gute in die Erde eingesenkt und dieses Kinderspiels bald vergessen. Erst später entsann sich Tolstoi dieses Kindheitsbegebnisses und der sonderbaren Verheißung von Glück, die dem Lebensmüden plötzlich eine neue und schönere Bedeutung bekam. Und er äußerte sofort den Wunsch, unter jenen selbstgepflanzten Bäumen begraben zu sein.

Das ist geschehen, ganz nach dem Willen Tolstois, und es ward das schönste, eindrucksvollste, bezwingendste Grab der Welt. Ein kleiner rechteckiger Hügel im Wald, von Blumen übergrünt – nulla crux, nulla corona – kein Kreuz, kein Grabstein, keine Inschrift, nicht einmal der Name Tolstoi. Namenlos ist der große Mann begraben, der wie keiner unter seinem Namen und Ruhm litt, genau wie irgendein zufällig aufgefundener Landstreicher, ein unbekannter Soldat. Niemandem bleibt es verwehrt, an seine letzte Ruhestätte zu treten, der dünne Bretterzaun ringsum ist nicht verschlossen – nichts behütet Leo Tolstois Ruhe als die Ehrfurcht der Menschen, die sonst so gern mit ihrer Neugier die Gräber der Großen verstört. Hier aber bannt gerade die zwingende Einfachheit jede lose Schaulust und verbietet lautes Wort. Wind rauscht in den Bäumen über dem Grab des Namenlosen, Sonne spielt warm drüber hin, Schnee legt sich winters zärtlich weiß über die dunkle Erde, man könnte Sommer und Winter hier vorübergehen, ahnungslos, daß dieses kleine emporgeschichtete Rechteck das Irdische eines der gewaltigsten Menschen unserer Welt in sich genommen hat. Aber gerade diese Anonymität wirkt erschütternder als aller erdenkliche Marmor und Prunk: von den Hunderten von Menschen, die heute [1928] dieser Ausnahmstag hieher an seine Ruhestätte führte, hatte nicht ein einziger den Mut, auch nur eine Blume zum Andenken von dem dunklen Hügel zu nehmen. Nichts wirkt in dieser Welt, man fühlt es wiederum, so monumental wie die letzte Einfachheit. Nicht Napoleons Krypta unter dem Marmorbogen des Invalidendoms, nicht Goethes Sarg in der Fürstengruft zu Weimar, nicht Shakespeares Sarkophag in der Westminsterabtei erschüttern durch ihren Anblick so um und um das Menschlichste in jedem Menschen wie dieses herrlich schweigende, rührend namenlose Grab irgendwo im Walde, nur vom Wind überflüstert und selbst ohne Botschaft und Wort.

Ich habe mich wieder einmal von allen Klugen töricht nennen lassen und bin erst nach Oxford gegangen, als die Studenten schon auf Ferien waren. Und wie das nun schon der Törichten Art ist, ich glaube, ich habe recht daran getan. Denn aller Studenten frohe Regsamkeit, die bunte Fülle alter Trachten, die wohlstudierte Pracht feierlicher Aufzüge scheint mir die edle Verlassenheit nicht wert, die nun stumm und unbewegt wie ein traumloser Schlaf die vereinsamte Stadt umfangen hält. Es ist eine helle, fast leuchtende Einsamkeit ganz ohne Trauer und ohne die gleitende Schar düsterer Erinnerungen, wie sie so gern schattenhaft die verlassenen Residenzen, die toten Städte, Brügge, Ypern, Toledo, durchrauschen. Es ist nur Ruhe, schwüle, atmende Sommerruhe, träge Einsamkeit, Schweigen, Schlaf. Und vorsichtig, wie durch eines Schlafenden Raum, geht man von Haus zu Haus, stiehlt sich wie ein Lauscher in die sonnigen Höfe und ängstigt sich fast, wenn der eigene Schritt auf den Steinen hallt. Die bunte Maske studentischen Lebens von den ernsten Zügen gelöst, ruhend in mattem Schlummer, so bietet sich Oxford diesen schimmernden Sommertagen dar, statuenhaft kühl und doch farbig durchtönt, ein sinnvolles Profil, dessen schöne Linien man sich innig zu bewahren versucht ist.

Für zwei, drei Monate ruht die Stadt so mit geschlossenen Lidern, schweigenden Lippen und stockendem Blut. Spießbürgerliche, provinzlerische Stille ist rings statt der frohen Bewegung vieler junger Menschen, der dreitausend Studenten, die alljährlich aus ganz England hier zusammenströmen. Denn England, das Land der sparsamen Energien, konzentriert seine Kräfte. Sind Portsmouth, Liverpool, Southampton und die anderen großen Hafenstädte die Hände, mit denen der gigantische Organismus seine Nahrung faßt, ist London das unruhig schütternde, ewig tätige Herz, das alle Blutwellen ohne Stauung mit rastlosem Schlag durch seine Adern jagt, so ist Oxford das Hirn Britanniens, die geschulte, denkende Kraft. Oder –

phrenologisch genauer – die eine Hirnhälfte; die andere wäre
Cambridge. Was seit hundert Jahren durch die Übermacht
geschulten Geistes sich Achtung und Einfluß auf allen Gebieten intellektuellen Lebens erzwungen, hat sich über diese
Quellen geneigt, die umkränzt sind von der Erinnerung er-
lauchter Namen. Es ist eine Ruhmesgalerie ohnegleichen,
Dichter, Politiker, Gelehrte, Philosophen, Maler, Feldherren –
kein Trieb des ewigen Fruchtbaumes menschlicher Vollkom-
menheit ist hier verkümmert, und mit gleicher Kraft scheint
noch der Boden gedüngt wie vor tausend Jahren. Mönche
haben in jenen Tagen, da Schrift und Kunst verloren waren,
hier zum Schutze des Glaubens Schulen errichtet und sich wie
überall Apostaten gezüchtet, eine lange Reihe hartnäckiger
Kämpfer, beginnend mit dem Erzketzer Wycliff und durch
Jahrhunderte reichend bis zu Shelley, dem streitbaren Athe-
isten, und Oscar Wilde. Jede Epoche hat sich hier Denkmale
gebaut, die wechselnden Werke schöpferischer Menschen und
die mehr materiellen hoher, burghafter Häuser für die Studenten, jene Gruppe von Einzeluniversitäten, die – eine Studier-
stadt in der Stadt – sich organisch zusammenfügen; und es
wäre kaum mehr zu sagen, ob sie ein graues Kriegsheer, in
engen Staffeln angereiht, inmitten dieser friedlichen Stadt
kampiert haben, oder ob sich nicht der bunte Schwarm pro-
vinzlerischer Häuser unruhig und leichtbeweglich wie ein
Marketenderschwarm um die ernsten Reihen der Schulen
geschmiegt hat. Nach und nach sind vierundzwanzig solcher
Universitäten geworden (der Begriff des Seminars ersetzt noch
am ehesten die Vorstellung dieser »Colleges«, der gemeinsamen freien Vorbereitungsschulen zur Erlangung der akademi-
schen Grade), und nun stehen sich, durch das Alter verschwistert, diese Burgen mit Zinnen und Wällen Aug in Aug
gegenüber, wie die Florentiner Paläste der feindlichen Geschlechter. Gerüstete Kastelle scheinen sie, aber ihre Rivalität
hat die heroischen Formen der blutigen Scharmützel längst in
die geregelten Kämpfe auf dem Cricketfeld und auf den
pfeilschnellen Achterbooten verfeinert. Abgegrenzt gegeneinander, verschlossen gegen die Stadt, haben sie ein eigenes, auf
Tradition aufgestuftes Recht, eigene, selbstgewählte Lehrer,
eigene Führer, eigene Gärten, eigene Kirchen, sie sind fast eine
eigene Nation in diesem eigentümlichen Studierstaate. Wie
Heroen und Heilige verehren sie in liebevollem Gedenken die

großen Männer Englands, die in gleichen Räumen gleiche Wissenschaft empfangen haben, und messen mit Genauigkeit ihre sportlichen Siege. Und zweimal im Jahre löst sich dieser durchaus nicht unsympathische Partikularismus in ein nationales Gefühl; das sind jene Tage, wenn Oxford korporativ gegen Cambridge ficht, die blendenden Sommertage auf der Themse, denen Tausende aus ganz England zuströmen; und dann die entscheidenden Cricketmatches der Schwesteruniversitäten, für die Jahr und Tag mit einer für uns unverständlichen Zähigkeit trainiert wird. Die vielen hundert Boote, die dann wie Libellen auf dem blauen Wasser flirren, die geschwinden Kämpfer wie weiße Funken über den weiten grünen Feldern, und das hellbunte Heer der neugierigen Scharen, Flut und Fülle in den altväterischen Straßen – es mag ein denkwürdiger Anblick sein, sicherlich eines jener unvergeßlichen Bilder froher Menschenfülle; wie sie kein anderes Land so wohlgeordnet, reich und vielfältig zu stellen vermag.

Aber wunderbar sind auch die Linien der nun träumerisch ruhenden Stadt. Es ist nicht das wirkliche Leben, aber so ganz diese geheime Regsamkeit, die in alten Dingen ruht, diese unfaßbare Sprache, beredter in ihren stummen Gesten als die Stimmen der vielen. Wie das kommen mag? Charles Lamb, der große englische Essayist, hat auch einmal und auch an einem Ferientage in Oxford darüber gesonnen: »Vergangenheit, du wundersamer Zauber, was bist du, die du doch, ein Nichts, alles bist? Als du warst, da warst du nicht Vergangenheit – da warst du nichts und sahst mit blinder Verehrung zurück zur Vergangenheit, wie du sie nanntest; und fühltest dich selbst flach, nüchtern, modern. Was für ein Geheimnis lauert in dieser Rückstellung? Oder was für einhäuptige Janusse sind wir, daß wir nicht mit der gleichen Verehrung nach vorn sehen können, mit der wir ewig zurückblicken? Die wundervolle Zukunft, sie ist uns nichts, die doch alles ist, und die Vergangenheit, ein Nichts, ist uns alles.« Merkwürdig ist es, wenn man, schaudernd berührt von der unbeugsamen hartnäckigen Kraft der schweigenden Dinge, diese Empfindung, nun, da sie nach hundert Jahren selbst schon wieder Vergangenheit ist, an gleicher Stelle im stummen Wort auflebend findet. Denn die gleichen Worte atmen noch aus den grauen Steinen, und es ist, als würden die Mauern sie noch unmeßbare Zeiten reglos zu den Verflutenden sprechen, dauernder wirkend in ihrem

Schweigen als die, denen der Klang und die Melodie der Sprache gegeben war.

Ein wundersam gesänftigter Anblick, dessen Schönheit die Wiederholung nicht ärmer macht, erwartet einen, wenn man eines dieser hohen, drohenden Tore durchschreitet. Da liegt, ganz, ganz still, ein breites grünes Viereck, eine Fontaine sprudelt spielerisch ihren Strahl durch das Sonnenfeuer und plaudert auf in die kirchenkühle unbewegte Luft. Graue uralte Mauern sind die Grenze dieses lichten Bildes, aber über ihre harte Stirn legt üppig wuchernder Efeu schwere Kränze, Ranken klimmen zu den Fenstern empor und greifen mit dunklen Händen manchmal bis an den hohen First. Von den Erkern beugt sich gütig die grüne Umwallung herab und wirft von den schwermütigen Balkonen zitternde Schlingen zum Rasen, blühende Strickleitern, auf denen sich sanfte Brisen schaukeln. Und ein heimliches Leben ist in diesem dunklen Grün, Blumen durchsticken es mit vielen roten und grellgelb flackernden Farben, und Schwalbengezwitscher leiht ihm eine freundliche Stimme. Rings läuft mit schlanken Säulen ein Klostergang, und klösterlich ist die Stille dieser heißen Junistunden deren leisen Gang eine alte Sonnenuhr sorgsam mißt und manchmal auch der Ruf der nahen Glocken, die jene tiefe melodische Baßstimme des Alters haben. Wie befangen geht man durch diese Höfe, fast unfähig, solche Stille zu fassen, da man in den Ohren noch das wilde Schwingen der Londoner Straßen hat. Und mählich erst fühlt man sie kühlend ins Blut rinnen, atmet sie tief und wollüstig mit gespannten Lungen. Man möchte hier bleiben, ruhen, rasten; aber rechts und links unter den Arkaden locken kleine Türen, dunkle Bogen, und jede schenkt unverhofften Ausblick. Die eine leitet in die fast feuchte Kühle einer uralten Kirche, aus deren Tiefe purpurn der rote Samt eines Altars leuchtet, eine andere hilft rasch auf kleinen Treppen zu den nun stummen Gängen empor, wo sonst die Studenten, Tür an Tür, in hellen freundlichen Stuben wohnen, um deren Fensterscheiben der grüne Schimmer der Ranken flimmert. Da ist ein Gang, der einem die Bibliothek erschließt, in der die berühmten Handzeichnungen des Raffael und Michelangelo bewahrt sind. Und hier wieder ein Stufengewinde den Turm empor, wo der Blick plötzlich das grüne Meer der Stadt umfaßt, aus dem wie graue spitzige Schaumspritzer die vielen Türme und Türmchen aufschnellen. Und biegt man um eine der Ecken dieses viereckigen Hofes, so fällt plötzlich aus dem ruhenden Rahmen einer runden Wölbung ein strömendes grünes Licht, eine glänzende Wiese, wehende hohe Bäume, flirrende Blüten, ein weiter heller Garten inmitten der verwitternden Mauern. Und rechts und links verschachtelt sich so das Gefüge mit anziehender Regellosigkeit in Gänge, Gärten, Stuben, ein bunter Kampf zwischen dem wachsenden Grün und den Bauten, so wunderbar schön, daß man das Zweckmäßige vergißt und sich erst mit Staunen wieder daran erinnert, daß dies ja eine Universität ist und nicht ein verlassenes Kloster, dessen sich die Blumen, die Bäume und das rankende Grün bemächtigt haben. Und dieses hohe, graue, gürtende Gestein, dessen Herbe und Herrischkeit durch die gütigen Girlanden so zart gemildert wird, diese milde Anmut in der Härte scheint wie ein Symbol des Studienlebens in diesen Mauern, das die ruhige versponnene Schönheit der Klösterlichkeit hat und doch nicht deren bindenden Zwang. Von der mönchisch stillen Zelle ist stets ein Blick auf das offene, mit Blumen umfaltete Tor ins Leben hinaus.

So sind alle diese Colleges in den Ferientagen: verlassene Klöster, helle Gärten, leere Taubenschläge im Sonnenschein. Aus allen Zeiten stammen sie, ein Wirrwarr aller erdenklichen architektonischen Stile, verbaut, angestückelt, ineinandergedrängt, ergänzt, restauriert – aber doch, man fühlt keinen Mißklang, denn überall hat die Luft gleicherweise das weiche Gestein grau verwaschen und angebröckelt, und überall klimmt das Grün, die Einzelheiten überdeckend, die Brüstungen geschäftig empor. Und manchmal scheint es, als wären hier diese hohen Burgen nur aus Efeu und schwankendem Gezweig gesponnen, als sei dies nicht ruhender Stein, sondern nur aufgestuftes Gelände, hängende Gärten, flüchtiges Gewebe aus Blüte und Blatt. Die eigene Schönheit der einzelnen Colleges enthüllt sich erst im Innern, in den Räumen und den Gärten. Da ist St. Johns College, ein Bau aus dem fünfzehnten Jahrhundert, der mit verwitterter Fassade sinnend zu einem breiten Park sich niederneigt. Auf den Bänken da und dort unter dem wiegenden Baldachin der Bäume ein paar Scholaren in ehrwürdiger Tracht, Stille, Sommermittagsstille, überall, nur ab und zu die kecken Koloraturen leise trillernder Vögel. Oder Magdalen College, das schon an der Grenze der Stadt mit seinen Gärten in die heubedeckten Wiesen der Ferne flutet.

Kanäle sickern dort wie blaue Adern durch die fließenden Formen und pochen bis an die eiserne Gartentür. Und da ordnen sich die Bäume langsam vom Garten zu einer schmalen Allee in die Fluren hin, und ein stiller Gang – Addisons Walk – hebt an zu diesen ruhenden Feldern am Wasser, das heller Mückentanz überflimmert. Manchmal streift ein Boot vorbei, manchmal ein versprengter Schüler des Colleges. Und langsam geht man diesen Gang fort von den kühlen Mauern, den zackigen Türmen, die im Licht funkeln, in die Ruhe der Felder hin, von dem Schweigen toter Steine in das Schweigen harrender Saat. Wunderbar ist das an einem klaren Sommertag. Vergebens durchblättere ich die Erinnerung nach einem schöneren Bild. Zwar: Casanova erzählt einmal, ihm habe jede Frau, solange er sie in den Armen hielt, die schönste geschienen. Und das ist mit Landschaften vielleicht auch so, daß die umarmende Berührung die schattenden Erinnerungen niederzwingt. Aber ich fühle es, jene berühmten Seiten Taines über Oxford in seinem Essay über John Stuart Mill, jene Schilderung der in tausend Taujuwelen erwachenden Wiesen können nur diesem einzigen Gange gelten, der die Gärten mit sanfter Hand wieder zurückführt in ihre Heimat, in der Felder ruhendes Grün.

Es wird einem hier schwer, die Engländer um diese Studienstadt nicht zu beneiden. Denn ein unverlierbares Bild nimmt sich – zu allem anderen – der Graduierte von hier mit, das die Erinnerung an Stunden des Lernens irgendwie mit der Vorstellung von schönen Bäumen, stillen Gärten und atmender Einsamkeit verschwistert. Was bleibt uns von unseren Studienjahren? Irgendein unwilliges Gedenken an den staubigen Geruch schwitziger Lesestuben, an eine dampfende, lärmende Halle mit vielen jungen Menschen, von denen man nichts wußte, denen man sich nie in einem innerlicheren Sinn nahe fühlte. Lag nicht alles, was wir an Schönheit, Freude und innigem Genuß empfingen, immer rechts und links außen von unseren Schulen, nur verstohlen und oft gegen Verbot genommen? Oxford: die zwei Silben schwingen noch beschwörend in der Luft, und schon tauchen die alten Mauern auf, überwachsen von Ranken, die Türme, die Tore, die Wiesen, die Themse, durchsponnen vom Flug der Boote – Erinnerungen für alle, die es mitlebten, an Tage nicht nur der Bereicherung durch Bücher, sondern auch der Erstarkung in Spiel, Sport und grüner Rast. Wir drehen vergebens den Zauberring der Errinnerung: es fehlt uns die geheime Formel, die solche helle Visionen aus unseren Studientagen in Farben entfaltete.

Und die gleichen Ranken, wie hier die Universitäten, überspinnen in Dulwich und Eton die Heranbildungsschulen, überall drängt sich das Grün lockend bis an die Fenster heran und ist immer nahe, die Sehnsüchtigen zu empfangen. Und da löst man wieder ein Vorurteil aus dem maschigen Netz los, mit dem wir daheim das Herz uns umknüpfen: die poesielosen Engländer. Mag sein, sie sind im Innersten nicht kunstsinnig. Aber ihre zähe, heftige und fast gewaltsame Energie zum Schönen hin – hat sie nicht mehr geleistet, als wir in Deutschland trotz der nicht unbeträchtlichen Zahl an guten Gedichten? In das größte Steinmeer der Welt, London, haben sie ungeheure Gärten gesprengt, in den bittersten Kriegstagen die Galerien der Nation und der einzelnen mit den erlesensten Kunstwerken aller Zeiten gefüllt, den Schulen haben sie die reizvollsten Formen düsterer Vergangenheit, vermählt mit dem blühenden Leben der Felder, gegeben; sie haben, näher den Griechen als irgendeine andere Nation, der Jugend wieder das Spiel des Körpers entdeckt und besonnene Kraft sich als höchstes Ziel gesetzt.

Ich glaube, der Student, der von Oxford kommt, nimmt dreierlei mit: Erstlich ein mehr oder minder schweres Ränzel mit Kenntnissen, zweitens körperliche Gewandtheit und geschulte Kraft. Und dann, Erinnerung an Tage in dem grünen Schatten rauschender Bäume und in kühlen klösterlichen Bogengängen, Erinnerung an Schönheit in diesen vielen Stunden zwischen Schlaf und Schlaf. Erinnerung, einen Besitz, der unwirklich und unwesentlich scheint, aber doch das Blut geheim belebend füllt und alle Sinne beschwingter, dankbarer und reicher macht, die die Vergangenheit unmerklich linde an die Gegenwart schmiegt. Denn diese grünen Ranken in Oxford über den verwitternden Mauern, sie haben eine wunderbare Macht. Leise umspinnen sie einen selbst, wachsen hinein in das Herz und ketten es mit leiser Sehnsucht an diese schöne Stadt. Wie man die alten Mauern lassen will, da fühlt man dieser grünen Ranken haftende Kraft, und fast schmerzhaft zerreißt man das blühende Band, das sie so eilig geschlungen. Doch sie geben einen nie mehr ganz frei – um die Erinnerung an Oxford wirft ihr grüner Schimmer seine verschlungenen Netze, und man meint die Kühle ihres Schattens, der eingestreuten Blumen sommerlichen Duft und das leise Gezwitscher der nistenden Vögel noch in stundenweiter Ferne zu verspüren.

DIE GÄRTEN IM KRIEGE

Unter den vielen in Europa, die das triste Privileg haben, nun schon den Zweiten Weltkrieg mit wachen Sinnen mitzumachen, ist mir noch das Besondere vorbehalten gewesen, jeden dieser Kriege von einer anderen Front zu sehen. Den Ersten sah ich von Deutschland, von Österreich aus, den Zweiten von England. Darum wird mir Beobachten unwillkürlich zum ständigen Vergleich, einem Vergleich nicht nur der Konstellation beider Kriege, sondern auch der beiden Völker im Kriege.

Die immense Verschiedenheit empfand ich schon am ersten Tage. 1914 war die Kriegserklärung in Wien ein Rausch, eine Ekstase. Man hatte den Krieg nur aus Büchern gekannt, man hatte ihn nie mehr für möglich gehalten in einer zivilisierten Zeit. Nun war er plötzlich da, und weil man nicht wußte, wie grausam, wie mörderisch er sein würde, erregte sich die jäh aufgepeitschte Phantasie kindlich-neugierig daran wie an einem romantischen Abenteuer. Ungeheure Massen strömten aus den Häusern, den Geschäften auf die Straßen, formten sich zu begeisterten Kolonnen; plötzlich waren Fahnen da, man wußte nicht woher, und Musik, man sang in Chören, man jauchzte und jubelte, ohne recht zu wissen, warum. Die jungen Leute stauten sich vor den Ämtern, um sich zu melden; sie hatten nur die eine Angst, sie könnten zu spät aufgerufen werden und das große Abenteuer versäumen. Und vor allem: jeder hatte das Bedürfnis zu sprechen, über das zu sprechen, was alle gemeinsam erregte. Fremde redeten sich an auf den Straßen, in den Ämtern vergaß man das Amt, in den Geschäften das Geschäft, man telephonierte sich ununterbrochen, von Haus zu Haus, um die innere Spannung im Wort zu entladen, die Restaurants, die Kaffeehäuser Wiens waren wochenlang voll bis tief in die Nacht von diskutierenden, von exaltierten, nervösen, aber immer schwätzenden und schwätzenden Menschen, jeder einzelne ein Stratege, ein Nationalökonom, ein Prophet.

Dies blieb mir als Bild, als unvergeßliches, von Wien 1914.

Und dann 1939 England, ein ebenso unvergeßlicher Kontrast. 1939 war der Krieg keine plötzliche Überraschung, sondern nur eine Wirklichkeit gewordene Befürchtung. In allen Ländern hatte man ihn seit Hitlers Machtübernahme kommen sehen, näher und näher, man hatte alles getan, um ihn wegzuhalten, weil man sein Grauen kannte. Man wußte aus Erfahrung, aus Beobachtung, daß er kein romantisches Fabeltier war, sondern eine gigantische, mit allen Teufelskünsten der Technik ausgerüstete Maschine, die in ihrem langen Umlauf tagtäglich ungeheure Massen an Menschen und Geld verbraucht. Man gab sich keinen Illusionen hin. Niemand jubelte, jeder erschrak, jeder wußte, daß für sein Land, für die Welt jetzt Jahre der Verdüsterung kommen würden. Man nahm den Krieg hin, weil man ihn hinnehmen mußte als etwas Unvermeidliches.

Das war 1939. Aber obwohl ich das wußte, ja diese stoische Haltung als die einzig natürliche erwartete, wurde mir England zur Überraschung, und ich lernte in den Tagen des Krieges mehr über dieses Volk als vordem in Jahren. Die erste Erfahrung war der erste Tag. Ich hatte zufällig in einem Amte zu tun, der Beamte stellte ein Dokument für mich aus, als die Tür sich öffnete und ein anderer Beamter eintrat und meldete: »Deutschland ist in Polen eingerückt. Das ist der Krieg. I have to leave at once.« Er sagte es mit völlig ruhiger Stimme, als machte er eine kleine amtliche Mitteilung. Und während mir das Herz stille stand und ich (warum mich schämen?) meine Finger zittern fühlte, schrieb der Beamte vor mir ruhig das Dokument zu Ende, reichte es mir mit dem leichten freundlichen englischen Lächeln. Hatte er nicht verstanden? Glaubte er es nicht? Aber ich trat auf die Straße. Sie war völlig still, die Menschen gingen weder schneller noch erregter. Sie wissen es noch nicht, dachte ich abermals. Sonst könnten sie nicht so ruhig, so gefaßt jeder seiner Beschäftigung nachgehen. Aber schon kamen die Zeitungen weiß flackernd herangeweht. Die Leute kauften sie, lasen sie und gingen weiter. Keine erregten Gruppen, selbst in den Geschäften kein nervöses Beieinanderstehen. Und so dann die ganzen Wochen hindurch, jeder still, gelassen seinen Dienst tuend, keiner sichtbar erregt, jeder ruhig entschlossen und schweigsam: wären nicht gewisse äußere Sichtbarkeiten wie der black-out oder die in England ungewohnte Häufigkeit der Uniformen, niemand könnte nach der bloßen Haltung der Menschen hier vermuten, dieses Land kämpfe einen der schwierigsten und entscheidendsten Kriege seiner Geschichte.

Diese Unerschütterlichkeit gerade in Augenblicken, wo Erregung, Leidenschaft, Nervosität bei allen anderen Nationen unaufhaltsam durchbricht, bleibt für uns Nichtengländer das Geheimnisvolle am englischen Charakter. Man hat es so oft versucht, dies An-sich-Halten psychologisch zu erklären: durch eine angeborene Straffheit der Nerven oder durch die Systematik der Erziehung, die schon das Kind daran gewöhnt, Gefühle oder zumindest ihren sichtlichen Ausdruck zu verbergen. Aber ich glaube, man unterschätzt ein tieferes Element: die ständige Verbundenheit mit der Natur, die etwas von ihrer großen Gelassenheit unsichtbar auf jeden Menschen überträgt, der in dauernder Zwiesprache mit ihr lebt. Lange glaubte ich – wie die meisten – des Engländers Liebe und Vorliebe sei sein Haus. Aber in Wahrheit ist es sein Garten. Jemand hat in England jüngst gezählt, daß es hierzulande dreieinhalb Millionen Gärten gibt – fast jedes Haus, ja jedes Häuschen hat den seinen, und von den Großstädtern, die in den Flats Londons wohnen, besitzen viele ein Weekendhaus, in das sie sich die ganze Woche lang sehnen um des Gartens und seiner Blumen willen. So arbeiten Millionen von Engländern, diesen angeblich so unromantischen Engländern, im Weekend oder nach ihrer eigentlichen Arbeit in ihrem Garten oder Gärtchen: abends oder morgens nimmt der Arbeiter, der Beamte, der Minister, der Clerk und der Reverend sein Gartenwerkzeug zur Hand, gräbt die Erde um oder schneidet die Sträucher und pflegt seine Blumen. In dieser täglichen Beschäftigung des »gardening«, das nicht Sport ist und nicht Arbeit und nicht Spiel, sondern all dies in Übergängen ineinander schattiert, sind alle Engländer solidarisch, alle sozialen Unterschiede verschwunden, die Distanzen zwischen Arm und Reich aufgehoben: selbst der Earl und der Duke, der sein Dutzend Gärtner beschäftigt, ist seinem Garten nicht minder persönlich verbunden als der Lokomotivführer den armen paar Squares Grün hinter seinem Häuschen. Und diese eine Stunde täglich oder diese halbe Stunde mit Blumen, mit Bäumen, mit Früchten, mit den ewigen und naturhaften Dingen, diese Stunde oder halbe Stunde völliger Abgelöstheit von den Geschehnissen und Geschäften scheint mir durch ihre entspannende Kraft – ihr »relaxing« – jene wunderbare, uns unbegreifliche oder zumindest unerreichbare Ruhe der englischen Menschen zu bewirken. Inmitten einer veränderlichen und zerstörbaren Welt werden sie täglich daran erinnert, daß das Wesentliche unserer Erde, daß ihre Schönheit unberührbar bleibt von dem Wahnwitz der Kriege und den Torheiten der Politik; wenn sie den Tag beginnen oder den Tag enden, haben sie durch diese Berührung eine Festigung und Beruhigung erfahren, die, auf Millionen Menschen summiert, in einer ganzen Nation dann als Charakter in Erscheinung tritt; diese unzählbaren kleinen bescheidenen Gärtchen, die auch an das ärmlichste Haus sich anschmiegen mit ihren paar Sträuchern, ihrem Kranz von Blumen und ihrem nutzhaften Grün, sie sind das große Palliativ dieses Volkes gegen Nervosität, gegen Unsicherheit und laute Schwatzhaftigkeit. Aus ihnen erneuert sich Tag für Tag die für uns Nichtengländer fast unbegreiflich stetige Ruhe und Gelassenheit des Einzelnen wie die Kraft der ganzen Nation, und sie schaffen uns damit ein großartiges Schauspiel seelischer Beständigkeit, fast ebenso großartig wie jenes der Natur.

Der Hydepark Londons, wohl der seltsamste aller Großstadt-
parke, ist im eigentlichen Sinne nicht schön. Ihm fehlt fast
alles, was den Garten zum Kunstwerk macht. Er ist flach, arm,
eine englische Heide, nur an den Pforten ein wenig als Garten
hergerichtet. Aber seine Schönheit liegt nicht so sehr im
Sinnfälligen, als im Sinnhaften. Da gibt es zum Beispiel ein
paar Stellen, auf denen man ganz ausruht. Man steht auf einer
weiten Weise, die sich ins Unendliche beugt, ein grüner stiller
Teich, auf dem die Bäume, von der leisen Brise angerührt, wie
verankerte Schiffe ganz, ganz sacht schaukeln. Rechts, links ein
paar unregelmäßige Alleen, deren Ende nicht Ausblick ist,
sondern die sanft in die graue Kulisse des Nebels zurücktreten.
Atmende Stille, kaum ab und zu ein paar Leute. Nur weidende
Hammelherden, die käuend das Gras rupfen. Man vergißt für
den Augenblick an alles, so still ist es rings. Wo mag man sein?
Ist dies die Lüneburger Heide, die vielberühmte? Oder Corn-
wall, Herrn Tristans dunkles Land, und wird nicht plötzlich die
traurige Weise des Schäfers anheben? Wuchtig packt einen
dann der Gedanke an, daß diese grauen Ballen am Rand, daß
diese weichen Grenzen der Ferne ungeheure Häuserblöcke
sind, daß diese weite stille Heide rechts und links von Städten
umgürtet ist, jede so groß wie Mailand oder Lyon oder
Marseille. Von diesen Riesenstädten, die alle in die zwei Silben
London eingeschlossen sind. Die fiebernde Vision Verhaerens
der »villes tentaculaires«, der Städte, die mit den Polypenar-
men das Grün des Landes aufsaugen und die Heiden in die
graue Gallert ihrer Steinmassen ziehen, dieser wilde Traum ist
ja hier in dieser zyklopischen Stadt Wirklichkeit geworden.
Tausend Schiffe auf verlorenen Meeren dampfen ihr zu,
Millionen rühren ihre Hände für sie, unter der Erde fliegt die
Hast unterirdischer Bahnen, über die Dächer stürmen Züge,
jedes Jahr speit neue Häuser ins Grüne aus – und mitten darin
ruht weit, wie träumend, eine Heide mit blökenden Schafen,
einem stillen, ruhigen Himmel für sich, zu dem nicht mehr der
keuchende Atem der Tausende quillt. Wie Londons Schönheit,

so liegt die des Hydeparks in dem unfaßbar Überdimensionalen.

Nein – Hydepark bezwingt nicht auf den ersten Blick. Es ist nicht englische Art, sich dem Fremden vorschnell zu vertrauen, nicht die Art der Menschen, nicht die der Landschaft. Hat man sich ihr erst mit Liebe genähert, so sieht man, wie viel heimliche Eigenart in der eintönigen Armut der Heide ist. Die Gräser haben hier einen ganz unvergleichlich weichen, vorfrühlingshaften Farbton, die Blätter, die sich nur schmal entfalten, ein helles und wie von Silber durchwirktes Leuchten. Und dann ist ja diese Landschaft unter die Mattscheibe des englischen Himmels gestellt, der alle Lichtwerte linder tönt und mit seinem ewigen Schleierspiele alle Heimlichkeiten des clair-obscur entfaltet. Der Äther ist hier ein kühles, fast bleiernes Blau, sofern nicht Wolken es überjagen, Sonnenschein, nicht wie in Italien ein weißglühendes Lichtbündel, das so grell auf die Steine brennt, daß sie erschreckt und geblendet die Glut zurückwerfen, sondern nur ein flauer, fließender Schimmer, den rasch das Schmetterlingsnetz einer fliegenden Wolke fängt. Und Schatten, das ist nicht Kühle, schwarzes Versteck, scharfe Kontur, sondern ein graues Gerinnsel hin über das Gras. Bildhaft gesprochen hat der Hydepark in seinen hellen Stunden die vorsichtig zarten Farben der Präraffaeliten, um dann mit der Neige des Abends in die mystischen Dämpfe Carrières zu tauchen. Und seltsam färbt hier auch die Luft, die Klang, Licht, Kolorit und den tastenden Blick gleich unwillig trägt, diese schwere, vom Salz des Meeres satte, vom Nebel gegilbte, vom Rauch zahlloser Schornsteine grau getönte Londoner Atmosphäre. Sie verschleiert die Formen, macht sie rund und trüb, die Ferne läßt sie unsicher werden und vorzeitig biegt sie den nahen Himmel in die verschattenden Konturen des Horizontes hinab. Zwischen den Bäumen läßt sie am Mittag einen feinen blauen Nebel geistern wie den kräuselnden Rauch von Zigaretten; und abends dunkelt aschgrauer Dunst alles zusammen, Nibelheim öffnet sein finsteres Tor. Eine graue Wolke liegt dann über Stadt und Heide, die lange Wochen die Menschen vergessen läßt, daß am Himmelsbogen ein ewiger Reigen zitternder Sterne glänzt. Aber dafür zeichnet sie tagsüber wunderbare Rauchbilder an des Blickes Rand; Fabriken und Zinshäuser locken in diesem grauzitternden Schattenriß verklärt wie die sagenhaften Schlösser des heiligen

Gral, alle Nuancen des Halbdunkels mildern die herben und unschönen Formen der Wirklichkeit.

Aber all dies machte diesen Park der Liebe noch nicht wert. Denn diese Schönheit ist nur die aller Dinge, die frei und rein unter dem Himmel liegen und gewissermaßen näher dessen geheimen Quellen, aus denen Licht und Schatten, das Gold der Sonne und der Qualm des Nebels strömen. Das ist nur die Schönheit eines Stückes englischen Heidelandes. Aber eben: der Hydepark ist Heideland inmitten der Stadt, er ist nicht so sehr selbst ein Schauspiel, sondern teils Bühne, darauf sich ein eigenartiges Leben abrollt, teils das Parkett der ruhigen Betrachter. Seine eigentlichste Schönheit ist die der Menschen, die ihn beleben, dieser wunderbaren Rasse, die sich nicht schon in der leichten Anmut der Grazie, sondern erst in der kraftvollen Erregung, in Sport und Spiel ganz gibt. Und so wie man die Engländer nicht im Gespräch schon liebt, sondern erst im Verkehr, so liebt man ihre Schönheit nicht im leichten Gang, sondern in alledem, was sich hier entfaltet, im Lauf, im Sprung, im Sattel, im Boot, im Bad, im Spiel, in ihrer wunderbaren, wohltemperierten Kraft. Und der Hydepark hat ihr ganzes Leben, soweit es sich nicht innerhalb der vier Wände abspielt. Denn die Straße ist in London ganz vom Geschäft beschlagnahmt, sie hat nicht Raum für die Schaustellungen der Flaneurs, für die abenteuernde Faulenzerei der gelassenen Selbstgefälligkeit. Darum flüchtet alles, was Genuß im Anblick oder in der Bewegung selbst begehrt, in den Park, der, seine grünen Arme unendlich ausgebreitet, alle aufnimmt. So strömt Abwechslung in seine träumerische Ruhe, und doch ist wieder Gleichtakt in diesen Schauspielen: er hat sie regelmäßig wie Geschäftsstunden von Tag zu Tag, als wären sie sein »business«, seine Beschäftigung.

Früh beginnt dieses Leben. Ganz früh. Oft schweben noch Dunstwolken über den Himmel und die Bäume sind wie mit Watte geflockt. Da sausen ein paar Bicycles zum Teich hin, der glatt und unbewegt zu warten scheint, und Burschen, Arbeiter, Schuljungen sammeln sich am Ufer. Flink sind die Kleider abgestreift und in den Sand geworfen, und die nackten Körper stoßen sich durch die Flut mit kräftigen Stößen vorwärts. Und dann stürmen sie über das Gras hin, turnen, boxen, lassen Sonne über die tauglänzenden nackten Körper rinnen, all dies ohne Aufsicht, ohne Taxen, ganz in einer freien Natur, die in die Ferne verhangen ist wie ein Märchenwald. Ein wunderbarer Augenblick Natur innerhalb einer Großstadt, wie man ihn anderswo kaum noch findet, ein helles, unvergeßliches Bild ist das, eines der schönsten Erlebnisse in London. Und dann – um 8 Uhr ist alles vorbei und das freie Baden wieder bis zum Abend verboten. Aber andere schön bewegte Bilder stellen sich rasch in den Rahmen des erwachenden Parkes. Ruderer schnellen, den Körper in raschem Rhythmus gebeugt und wieder gestreckt, schmale Boote über den See, daß sie wie flirrend fliegen, ein lautloser Pfeil, nur das Ruder knattert im regelmäßigen Rückglätten über das Wasser. Und dann die ersten Reiter auf diesen prachtvollen englischen Pferden, die im Galopp durch die Alleen sprengen, die Menschengestalten von der gleichen stählernen Rasse wie die Pferde, die hier, wollüstig und von der eigenen Kraft berauscht, hinwettern, von Schaum bis an die Kruppe besprengt. So geht der Vormittag rasch hin, bis die Sonne wärmer über den Blättern zittert, ein schillernder Dunst über die Heide quillt. Dann kommt noch jene eine Stunde der Ruhe, die über allen Gärten zu Mittag liegt, jener Augenblick, wo er nur selbst zu atmen scheint mit seinen Blumen und Gräsern, die gierig sich aufspreizen, um Sonne zu trinken. Die Menschen, die diese Stunde beherbergt, sind stumm: Faulenzer liegen im Gras, wie von den Bäumen gefallene schwere Frucht, auf den Bänken räkeln sich zeitunglesend ein paar überflüssige Leute. Alles scheint auf einen großen Augenblick zu warten. Und der kommt bald. Die Kinder, die die Wiesen nach Tisch durchstürmen, die Mädchen, die mit ganz jugendlicher Kraft einander aus schmalen Gelenken den Ball zuschleudern, die Burschen, die wild über die Flächen rennen, die Nachmittagswanderer mit Büchern und Blättern, das ist alles nur Vorspiel. Aber gegen vier Uhr beginnt, von Piccadilly her kommend, beim Hydepark-Corner jener lange Wagenzug, jene Schaustellung von Londons Reichtum, Eleganz und Schönheit, eines jener Schauspiele, wie sie nur die Städte mit alter eingewurzelter Kultur haben, vielleicht Wien allein an den Maitagen im Prater und Madrid im Buen-Retiro. Was einen hier so überrascht, ist die Fülle und Verschiedenheit der Wagentypen. Während in Wien der leichtfedernde Fiaker vorherrscht und in Madrid der schwere Ochsentrott der gravitätischen Staatskarossen, fließen hier alle möglichen Formen zusammen, schon dem Laien ein äußerst anziehender Anblick. Da gibt es schwere Equipagen, die aus alten Stahlstichen geschnitten zu sein scheinen, so ungelenk und feierlich sind sie mit ihren gepuderten Lakaien, und dann flirren wieder ganz leichte Zweiräder vorbei, Automobile surren dazwischen: alle Takte klingen zusammen, vom verhaltenen Schritt, in dem die feurigen Pferde zu fiebern scheinen, bis zu dem alle anderen Wagen heftig überkreuzenden Eiltempo, mit dem ein geschulter Sportsmann seine Traber durch die Masse jagt. Besonders aber fesselt einen das merkwürdige Format der spezifisch Londoner »Handsoms«, die durch die leise, geräuschlos gleitende Bewegung und die dem schwarzen Kasten übergebeugte Gestalt des Lenkers irgendwie an den Wiegegang der Gondeln Venedigs erinnern. Und dann diese Fülle schöner und schön gerahmter Menschenbilder in Ruhe und Bewegung, die betrachtend zurückgelehnten Frauen, die kerzengrad aufrechten Lenker, die wie erfrorenen Gestalten der Diener, die neugierigen Kinder und rings – in einem ungeheuren Umkreis auf Stühlen – das wohlwollende Publikum, für das dieses Schauspiel gespielt zu werden scheint. Eine wandelnde Fülle von Glanz, Farbe und rascher Bewegung, ungeordnet und doch nicht unruhig, unablässig erregt und doch nicht laut. Denn das ist jene eigene Energie des Landes, daß sie selbst die lebhaftesten Anspannungen leise macht, daß jenes Riesengetriebe der Stadt auf den Schienen der Ordnung läuft, daß jene Stille atmet wie in den ganz großen Maschinenhäusern, die Umwechslung ungeheuerster Kraft auf geölten Rädern lautlos geschehen lassen. Und diese Bezwungenheit scheint hier schon vererbt zu werden, denn selbst die Kinder – diese entzückend altklug-stillen Kinder – haben nur stummes Interesse für das bunte Spiel, das da durch Stunden auf und nieder rinnt bis in den Abend hinein. Aber noch ruht der Park nicht. Während hier die Flut langsam versickert, stauen sich am anderen Ende bei Marble-Arch gänzlich anders geartete Massen. Improvisierte Rednertribünen sind dort errichtet – jeder hat das Recht, über ein beliebiges Thema zu sprechen –, und da es in England an Sektierern nie fehlte, sieht man dort seltsame Gestalten, oft verlottert und schmutzig, ihre Ansichten unter freiem Himmel vor den willigen Zuhörern entwickeln. Ungewählte Volkstribunen, Agitatoren der verschiedensten Ideen, sprechen sie im flackernden Licht einer Kerze, auf irgendeinen Schemel gestellt, fanatisch auf die Leute und über sie hinaus ins Dunkel hinein, das schon drohend aus den Baumkronen zu sinken scheint. Religiöse Vereine sammeln Gläubige um sich und intonieren fromme Gesänge, die machtvoll über die erlöschende Heide wehen. Noch einmal reckt sich hier das von der Arbeit erlöste Leben empor, um Glut von seiner überhitzten Wärme zu entzünden, und wilde Worte flattern auf, wie drüben die pfeilgeschwinden Wagen durch das Getümmel liefen, vorbei und schon wieder verloren. Und dann, wenn über die Heide das Gespinst von Nebel und Mondlicht hängt, dann summt noch eines auf, das abendliche Finale aller Parke: die Liebe. Verschlungene Paare gleiten ins Dunkel hinein, Flüstern zittert aus tausend Verstecken, der Schatten scheint sich zu beleben und im Vorüberschreiten sieht man das oft verwegene Spiel der »ombres chinoises«. In einem Mollakkord schließt die verschlungene Melodie.

So lebt der Park Tag für Tag regelmäßig wie ein englischer Geschäftsmann, der seine Stunden besonnen zählt und wertet. Und wie jeder Engländer hat er seinen Sonntag, an welchem er sich das reichbestickte Feiertagskleid vieler Menschen anlegt. Da promeniert nach der Frühmesse in der »churchparade« Englands vornehme Gesellschaft in der großen Allee, wo sonst die Wagen sausen, und wer es liebt, auch ein gleichgültiges Gesicht in die Hülse eines Namens gesteckt zu wissen, kann sich von einem gütigen Freund alle möglichen Earls und Counts zeigen lassen, die da in unheimlicher Korrektheit mit Kind und Kegel auf- und abschreiten. Und nachmittags beherbergt Hydepark die Massen, lockt sie mit blühendem Grün und heiterer Musik in seine Tore. Aber was so eigen ist in diesem Parke: er schluckt alle Massen restlos auf. Es wird keine Fülle, nicht wie in Berlin der Grunewald ein einziger Vespertisch, nicht wie in Wien beim Heimgang aus dem Prater ein flutendes Menschenheer, gehüllt in eine fast alttestamentarische Staubsäule. Hydepark zerbricht, zerschlägt irgendwie alle Massen. Ich habe das bei der großen Arbeiterdemonstration so ganz gefühlt. In den Straßen war es ein endloser Gang, ein flatterndes Heer von Fahnen, ein Qualm von rotem Licht, ein rastloses Gehen, unendliche Flut. Und dann im Parke, da schmolz alles in einen runden Kreis, und rings lagen weite Flächen, die von all dem nichts wußten, und wo die eingehürdeten Lämmer friedlich weideten. Denn das ist das Seltsame an diesem Parke, daß er unübersichtlich ist. Ein Teil weiß vom andern nichts.

Selbst die große »Rotten Row« biegt mehrmals um und läuft nicht wie unsere Praterallee, ein eleganter scharfer Kreidestrich, klar durch das Grün. Nie hat man den Hydepark ganz – nie, wie London selbst. Man kann nicht wie in Paris, wenn man von Sacré-Coeur den Montmartre hinab, an den großen Boulevards vorbei über den Boulevard d'Opéra und über die Seine zum Panthéon oder Luxembourg fährt, sagen, daß man eigentlich schon alles gesehen hat. Nie hat man hier auf einmal die Essenz, nicht in London, nicht im Hydepark. Nach und nach muß man sich an die Dimensionen und die entlegene Fülle gewöhnen, wie Gulliver in der Riesen Land an die ungefüge Größe. Er gibt zu viel an alle und an den einzelnen zu wenig.

Und vor allem: der Hydepark gibt eigentlich nichts, man muß ihm alles bringen. Er ist kein Park, wo Träume aufwachen und in den Hecken unvergeßliche Erinnerungen wie geheimnisvolle Prinzessinnen warten. Kein Dichter hat ihn, glaube ich, je besungen, denn keinem hat er mit all seiner Fülle etwas gegeben. Er ist nicht wie jene kleinen Parke, in denen sich jede Stunde unvergeßlich in das Buch der Erinnerungen einschreibt, nicht wie jener schmucke Park Monceau, den die Pariser so gern den »parc des amoureux« nennen, wo die weißen Statuetten der Dichter dankbar aus dem tiefen, wohlgepflegten Grün glänzen, nicht wie jener kleine »giardino Giusti« in Verona, wo schwarze Zypressen riesenhaft wie finstere Gedanken den Sinn umfassen, nicht wie jener helle kleine Garten der Päpste hoch auf der Burg in Avignon, wo wilde Schwäne auf einem blauen Teich zittern und unvergeßlicher Ausblick ins provençalische Land einen erwartet. Er schenkt keine Erinnerung, wie jener wunderbare Ulmengang, der zur Alhambra führt, nicht die exotischen Träume, wie in den königlichen Gärten in Sevilla, und nicht wie Schönbrunn an einem sonnigen Septembertag, wenn es goldenes Laub über die Wege schüttet und irgendwie an eine leise Heiterkeit des Lebens noch im Sterben mahnt. Nein – Hydepark lockt nicht zu Träumen, er lockt zum Leben, zu Sport, Eleganz, freier Bewegung. Wäre er nur zu diesen sanften, hindämmernden Träumen und nicht auch nützlich, längst hätte man ihn hierzulande mit Häusern bespickt, mit Bahnen durchschnürt, mit Lärm durchschüttert. Hier liebt man nur Träume, die bald Wirklichkeit werden. Und Englands wahrer Traum heißt nicht Hydepark, sondern immer noch Italien.

Brasilien: Zuerst ein Nachhilfekurs für Europäer

Wenn ich, liebe europäische Leser, mit einem kleinen Nachhilfekurs beginne, so geschieht dies aus der Überzeugung, daß wir [1936] von Brasilien erstaunlich wenig wissen; dies war ja auch der erste beschämende Eindruck, den ich selber erfuhr. Was wir auf der Schule lernten, haben wir größtenteils schon vergessen, und selbst, was wir uns merkten, hat wenig Belang, denn die Zahlen und Daten stimmen längst nicht mehr, die Wirklichkeit hat sie im Eiltempo überrannt; außerdem müssen wir uns endlich (es ist Zeit, höchste Zeit) daran gewöhnen, unsere europäische Optik umzustellen und zu erkennen, daß die andern Kontinente in ganz andern Dimensionen sich entwickeln und das Schwergewicht sich von unserer »kleinen Halbinsel Asiens« (wie Nietzsche sie nannte) bedenklich wegverschiebt. Es bleibt ein typischer psychologischer Fehler von Eltern, immer als die letzten zu bemerken, daß ihre Kinder längst schon geistig selbständige und erwachsene Menschen sind; so können sich bei uns viele noch immer nicht an den Gedanken gewöhnen, daß die einstigen Kolonien Europas längst sowohl geistig als wirtschaftlich organische Staaten und sogar Welten geworden sind.

Die durchschnittliche Vorstellung des gebildeten Europäers von Brasilien dürfte etwa folgende sein: eine der südamerikanischen Republiken (die man weiter nicht genau voneinander unterscheidet), in heißem, ungesundem Klima, mit unruhigen politischen Verhältnissen, unordentlich verwaltet und im kulturellen Sinne arg zurückgeblieben, aber landschaftlich schön und mit vielen ungenützten Rohstoffen, ein Land also für verwegene, verzweifelte Auswanderer und Siedler. An dieser überlieferten Vorstellung unseres europäischen Hochmutes ist zunächst zu korrigieren, daß Brasilien nicht irgendeine der südamerikanischen Republiken ist, sondern ein durch eine eigene, sehr persönliche und sehr wertvolle Kultur ausgeprägtes Land, abgesondert von all den andern schon durch die portugiesische Sprache, und daß man, um richtiger seine

Dimensionen und seine weltpolitische Bedeutung zu erfassen, sich immer daran erinnern soll, daß dieses »Land«, diese »südamerikanische Republik« allein den Umfang eines Erdteiles hat. Daß Brasilien ungefähr soviel Einwohner zählt wie Frankreich oder Italien und seine Fläche soviel Erde umspannt wie ganz Europa, soviel wie Frankreich, Deutschland, Spanien, Italien, die Schweiz und Holland und Polen und all die anderen Staaten zusammenaddiert, daß diese »südamerikanische Republik« auf ihrem reichen Boden also noch Raum hat für Hunderte Millionen Menschen und nicht viel Statistik und Witz notwendig ist, um zu errechnen, daß sie in wenigen Jahrzehnten eines der mächtigsten und wichtigsten Länder unseres Weltalls sein wird.

Man mißtraue darum jedem Reisenden, der behauptet, Brasilien genau zu kennen. Dieses Land, diese Welt ist so weiträumig und die Verbindung in das Innere großteils so schwierig, daß selbst der Brasilianer nur winzige Teile seiner Heimat kennt: erst jetzt beginnt der Flugzeugverkehr die Möglichkeit zu schaffen, wenigstens einige der inneren Zentren zu verbinden. Immer und immer wieder muß man die riesigen Maße besinnen, um Brasilien halbwegs richtig zu sehen, und auch wenn man in den kühnsten Dimensionen denkt, rechnet man noch immer zu kurz. Den Amazonenstrom, den mächtigsten der Welt, von Anfang bis zum Ende zu durchfahren, forderte Wochen; reist man mit dem schnellsten Schnellzug von der Küste zwölf Stunden hinein ins Land und glaubt dann als unbelehrter Europäer, schon im Inneren zu sein, so zeigt einem ein Blick auf die Karte, daß man gerade nur unter die Haut gekommen ist und noch unendlich weit vom eigentlichen Herzpunkt. Aber immerhin bleibt es möglich, auch von dieser Außenperspektive bescheidene Einsicht zu gewinnen, denn Brasilien ist noch nicht nach innen zentriert; noch immer liegen – wie in Nordamerika vor hundert Jahren – die Schwerpunkte der Wirtschaft und des geistigen Lebens in den Küstenstädten oder nahe der Küste, und da diese Städte – Santos und São Paulo und Rio und Baía und Pará – in ihrer äußeren Raumspanne so weit voneinander entfernt sind wie Stockholm von Sizilien, so gewinnt man wenigstens eine Ahnung von der Vielfalt und den erstaunlichen Möglichkeiten dieses Landes. Freilich eine Ahnung nur; noch kennt man längst nicht das Zehnteil seiner Bodenschätze, noch liegt der Großteil der potentiellen Kraft unerschlossen; hier ist die Erde noch unausgelaugt und bedarf keiner Stimulierung mit Dünger und Chemikalien. Es bleibt gleich, ob man sie mit Kaffee, mit Kakao, mit Getreide, mit Baumwolle, mit Orangen, mit Bananen bepflanzt, überall füllt sich ihre Fläche mit Frucht und in der Tiefe schlummern Erze und Edelsteine; kein Fachmann weiß, was die Zukunft in diesem Weltreich noch erschließen wird, dem heute von Rohstoffen nur mehr wenige fehlen und das dringlich nur einen von allen braucht, um sich gemäß seinen natürlichen Möglichkeiten zu entfalten: Menschen, mehr Menschen – diesen einzigen Rohstoff, den wir im Überfluß haben, in einem Überfluß, der uns erdrückt und erstickt. Erst mit hundert, mit zweihundert, mit dreihundert Millionen wird dieses Land seiner eigenen Fülle richtig proportioniert sein, und dieses Gefühl, im Anfang, im Aufstieg, im Werden und unaufhaltsamen Wachstum zu sein, schafft hier eine Atmosphäre optimistischer Zuversicht, die – nach unserer abendländischen Krisenluft – wie Ozon die Nerven tonisch belebt; für mich persönlich war diese Reise nach Brasilien geradezu eine Seelenkur. Denn ein Gemeinschaftsgefühl von Vertrauen – selbst das einer fremden Gemeinschaft – hebt immer die eigene Seele mit und wunderbar tröstete mich die Gewißheit, daß, selbst wenn Europa sich weiter vernichtet, in den Schößlingen, die es vor Jahrhunderten gepflanzt, seine geistige und kulturelle Blüte unzerstörbar weiterwirkt.

Wie diese neue Gemeinschaft, wie dieses riesige Reich Brasilien entstanden ist, vermag ich mir selbst nicht vorzustellen. Gewiß, ich habe sorgsam die Geschichte seiner Entdeckung, seiner Kolonisierung gelesen, aber sie bleibt mir heute wie jedesmal von neuem unfaßbar. Alle nachbildende Phantasie wird das historische Wunder nicht rekonstruieren können, daß eine winzige Nation, das Portugal des fünfzehnten und sechzehnten Jahrhunderts, mit einer Handvoll kläglicher Schiffe erst ganz Indien, halb Afrika und dieses unabsehbare Brasilien sich eroberte, und mit Bewunderung träumt man diesen kühnen Konquistadoren nach, die nach wochenlanger Seefahrt ins Unbekannte hier in einer Terra incognita, einem völlig unwegsamen Lande ihre Kolonien errichteten und allmählich vordringend – immer nur ein paar hundert Menschen, deren Hälfte dem Klima zum Opfer fiel – ein Reich eroberten, das tausendmal größer war als ihre eigene Heimat: nur die

Eroberung ganz Asiens und Indiens und Rußlands durch Dschingis Khan scheint mir in der Geschichte dieser beispiellosen Expansion menschlichen Willens vergleichbar. Und zweites Wunder: daß dieses Reich sich dann alle die Jahrhunderte seitdem fast ohne Kriege bewahrte, erst als portugiesische Kolonie, dann als Kaisertum, dann als freie selbständige Republik, immer eine Einheit, ein geschlossenes organisches Gebilde, in fortwährender Durchmischung der eingewanderten und einheimischen Elemente sich von Jahrzehnt zu Jahrzehnt sichtbarer zu eigener Individualität formend; auch diese Geschichte wird erst geschrieben werden müssen, damit uns dies Unfaßbare erfaßbar wird.

Ihr seht, liebe europäische Leser, daß ich ehrlich zu euch spreche. Ich habe euch einbekannt, wie viel mir (und jedem) zu einer totalen geographischen Kenntnis des Landes fehlt, wie unbegreiflich mir das Wunder der Verwandlung einer einstigen portugiesischen Kolonie in ein selbständiges Weltreich geblieben ist; ich war auch, ihr werdet es mir zuerkennen, sparsam in prophetischen Behauptungen; so glaube ich nun, euer Vertrauen fordern zu können, wenn ich von diesem Lande zwei Dinge berichte, die im Europa von 1936 zunächst völlig unglaubhaft und unzeitgemäß erscheinen werden. Die erste dieser Tatsachen, die euch wie ein Märchen anmuten wird, ist, daß Brasilien trotz seinem imposanten Umfang ein völlig friedliches Land ist, das mit seinen vierzig Millionen Menschen weniger Militär einberuft als bei uns der kleinste Kleinstaat, daß es nur eine winzige Kriegsflotte besitzt, trotz einer Küstenausdehnung von Dutzenden von Breitegraden, und wahrscheinlich nicht einmal Giftgase und Tanks zur Förderung der Humanität bereithält. Das Leben ist hier noch nicht beschattet von der ständigen Kriegsfurcht, wie bei uns, und die wirtschaftlichen Erwägungen werden nicht einzig aus diesem Gesichtswinkel gestellt: die Ideologie der restlosen Autarkie errichtet hier noch nicht chinesische Mauern, und erfreulicherweise steht die Technik nicht im Dienste einer geplanten Feindvernichtung, sondern fast ausschließlich in der Arbeit des Aufbaues und der Förderung. Jede imperialistische Tendenz fehlt diesem riesigen Lande, das in sich selbst genug Raum hat, um nicht einen Zoll den andern zu neiden, und das den Frieden liebt und braucht als die notwendige Grundlage seiner kulturellen Gestaltung; nichts schien mir für diese Überzeugung charakteristischer, als daß der Nationalheld Brasiliens, nach dem die schönsten Straßen benannt sind und dessen Denkmal man immer wieder respektvoll grüßt, nicht ein General oder ein Staatsmann ist, der siegreiche Kriege geführt hat, sondern Rio Branco, der wahre Staatsmann, der sie zu vermeiden wußte und statt mit Waffen durch gütliche Verträge mit den Nachbarn die Grenzen seines Vaterlandes gesichert hat. Wann und wem werden wir in Europa ein solches Denkmal bauen können?!

Und zweite erstaunliche Anomalie gegenüber Europa von 1936 – Brasilien hat noch nicht die Rassenfrage entdeckt, sondern hat längst dieses Problem auf die einfachste und glücklichste Art gelöst, indem es seit Jahrzehnten den Unterschied von Rassen, Hautfarben, Nationen und Religionen bei seinen Bürgern völlig ignoriert. In diesem riesigen Tiegel mischt sich seit undenklichen Zeiten alles zusammen, Weiße und Indios und Neger und Portugiesen und Deutsche und Italiener und Slawen und Japaner, Christen und Juden und Buddhisten und Heiden, es wird kein Unterschied gemacht und es herrscht keinerlei Streit; nicht wie in Nordamerika wird hier eine Farbengrenze gezogen, und es sind auch nicht allzuviele im Lande, die sie sicher passieren könnten und verläßlich sich zu irgendeiner Herkunft bekennen. Mit Rührung sieht man die Kinder aller Schattierungen, schwarzer Kaffee und Kaffee mit Milch (wie man hier sagt), miteinander spielen und ebenso die Erwachsenen friedlich Tür an Tür zusammenwohnen; der Weiße arbeitet in der Fabrik neben dem Neger und dem Kreolen, in den Tanzlokalen nicht und nirgends merkt man die mindeste Absonderung; mit einer völligen Selbstverständlichkeit setzt sich diese Rassen- und Farbenmischung nun schon seit Jahrzehnten und Jahrhunderten fort.

Und die Folgen, die entsetzlichen Folgen? – fragt vielleicht mancher Europäer erschrocken. Sie sind ausgezeichnete, diese Folgen. Selten kann man irgendwo in der Welt schönere Frauen und schönere Kinder sehen als bei diesen Mischlingen, zart im Wuchs, sanft im Gehaben, mit Freude sieht man in den halbdunklen Gesichtern mancher Studenten Intelligenz gepaart mit einer stillen Bescheidenheit und Höflichkeit; nein, Mischung »zersetzt« nicht, sondern belebt und gestaltet: eine gewisse Weichheit, eine linde Melancholie formt hier einen neuartigen und sehr glücklichen Gegensatz heraus zu dem schärferen, überaktiven und realistischeren Typus des Nord-amerikaners. Und wieviel Verschiedenheiten, welches indivi-duelle Leben in diesen Mischungen! Wunderbar, auf der Straße in die Menge zu sehen, jeder anders, jeder persönlich, und zugleich die Zartheit des Umganges zu beobachten, die Abwesenheit jener Gereiztheit und Gespanntheit, die heute in den meisten Ländern Europas zwischen den Menschen des gleichen Landes waltet. Aber auch im staatsbildenden Sinne bewährt sich diese Liberalität ausgezeichnet. Denn indem keiner sich zurückgesetzt oder in eine zweite geringere Bürger-klasse gedrängt fühlt, empfindet jeder sich wahrhaft als Bürger Brasiliens, und sichtbar entsteht hier ein ausgeprägtes Natio-nalbewußtsein – glücklicherweise noch kein imperialistischer Nationalismus. Die zweite Generation der Eingewanderten, aus welchem Lande sie kommen mögen, und sogar die sonst widerstrebendsten, die Japaner, empfinden sich vollkommen als »brasileros«, sie passen sich dem tropischen Klima und seinen Lebensbedingungen vollkommen an, und auch bei den Neuangekommenen, von der gegenwärtigen ersten Genera-tion, ist nach der ersten schweren Übergangszeit eine erstaun-lich rasche Einwurzelung zu verzeichnen. Das Phänomen, das sich in Nordamerika im zweiten Teile des neunzehnten Jahr-hunderts abzuzeichnen begann, die Formung eines neuen, in der Weltgeschichte vordem noch nicht sichtbaren Volkscha-rakters, einer neuen Nation, wiederholt sich eben in diesem Augenblick in Brasilien: wer Augen hat, um Werdendes zu sehen, und Nerven, um Schwingungen aufzufangen, spürt hier das Wachwerden eines neuen Typus, einer neuen Gemein-schaft; eine Literatur ist hier gerade an dem Punkte, die Grenzen der bloß nationalen Wirkung zu überschreiten, und bald wird diese Nation (man fühlt es) sich selbst aussprechen und sich selbst darzustellen beginnen. Jedenfalls, wer das Brasilien von heute erlebt, hat einen Blick in die Zukunft getan und sich – beschwingendes Gefühl! – für eine gewisse Spanne losgelöst von unserer bedrückenden Gegenwart und der ewi-gen, der unzerstörbaren Jugend unserer Welt verbunden; und von all dem Schönen, das man an Landschaft, an geistiger Kultur und exotischen Lebensformen dort erleben durfte, bringt man dieses Gefühl einer höheren Zuversicht als das kostbarste und beglückendste in die Heimat zurück.

Freundliche Sitte wie jedwede in diesem gastfreien Land: besucht man in Brasilien ein Haus, so wird einem zu jeder Stunde des Tages Kaffee angeboten, köstlicher schwarzer Kaffee in kleinen Tassen, es ist hier eine Selbstverständlichkeit. Man trinkt ihn auf andere Art als bei uns – oder vielmehr, man trinkt ihn eigentlich gar nicht, sondern stülpt ihn mit einem einzigen scharfen Ruck hinunter wie einen Likör, ganz heiß, so heiß, daß, wie man hierzulande sagt, ein Hund heulend davonlaufen würde, wenn man ein paar Tropfen auf ihn schüttete. Wieviele solcher schwarzduftender, glühender Tassen ein Brasilianer durchschnittlich im Tage konsumiert, dürfte statistisch kaum festzustellen sein – ich nehme an, zwischen zehn und zwanzig –, und ebenso schwer wäre es, apodiktisch zu entscheiden, in welcher Stadt er am besten mundet. Mit homerischem Eifer fordern hier alle Orte den Ruhm der vorzüglichsten, der richtigsten Zubereitung für sich und so habe ich ihn unparteilich mit gleicher Begeisterung getrunken in den kleinen Kaffeehäusern von Rio, wo die Tasse zweihundert Reis kostet (einen in unseren Währungen kaum münzbaren Betrag), und in der Facenda selbst und in Santos, der Kaffeestadt, und sogar im Instituto de Café in São Paulo, wo seine richtige Zubereitung geradezu zur Wissenschaft erhoben wird und ich nach genommenem Kurs einen Sack Kaffee und die richtigste Kaffeemaschine zur weiteren Ausübung mitbekam – überall, an allen Stellen war er gleich zauberhaft würzig, stark und nervenbelebend, ein schwarzes Feuer, das die Sinne heller und die Gedanken leuchtkräftiger macht.

König Kaffee, so möchte man diesen schwarzen Potentaten hier nennen, denn er beherrscht noch immer ökonomisch dieses riesige Land und regiert von seinem Hafen in Santos aus mehr oder minder sämtliche Märkte und Börsen der Welt; sechzehn Millionen von den vierundzwanzig, welche unsere runde Erde konsumiert, werden hierzulande gepflanzt und verschifft: im letzten sind diese winzigen perlgrauen oder rehfarbenen Körner die eigentliche Münze und Währung des Landes. Mit Kaffee kauft und bezahlt Brasilien die wenigen Rohstoffe, die ihm fehlen, Öl vor allem und Getreide, mit Kaffeekörnern (mit Milliarden Kaffeekörnern allerdings) die

Maschinen und technischen Behelfe. Darum ist der Welt-marktpreis des Kaffees das eigentliche Thermometer der brasilianischen Wirtschaft; steigt sein Wert, so blüht das ganze Land, droht er zu sinken, so verbrennt die Regierung die überschüssigen Säcke oder wirft die kostbaren Körner ins Meer den unverständigen Fischen vor. Kaffee bedeutet hier im letzten Gold und Reichtum, Gewinn und Gefahr; von seinem Wert und Walten hängt eigentlich jedes einzelne Schicksal und Wohlergehen ab.

Einem so mächtigen Herrn und einem zumal, der so oft meine Arbeit gefördert und mir in ungezählten Stunden die Freude der Geselligkeit erhöht, einen respektvollen Besuch abzustatten, hielt ich für meine gebotene Pflicht. Freilich, um diesen Herrn und König in seiner Residenz aufzusuchen, muß man heute schon tiefer ins Land reisen als ehedem. Ursprünglich, als der Kaffee von den Portugiesen aus Afrika herübergebracht wurde – Eduard Heinrich Jacob hat die Saga dieser Weltwanderung in seinem Buche bezaubernd erzählt –, lagen die Pflanzungen noch hart an der Küste. Die Täler um Santos und manche der herrlichen Parke von Tijuca, unmittelbar neben Rio de Janeiro, waren durch Jahrhunderte Kaffeeplantagen; von den Feldern wurden die Säcke auf dem Rücken der Neger geradewegs zu den Schiffen gebracht. Aber in Jahrzehnten und Jahrhunderten, nachdem sie Milliarden und aber Milliarden dieser magischen Bohnen gezeugt und genährt, wurde die Erde dort allmählich müde, die Körner verloren an Größe, Kraft und Aroma. So verlegte man – an ungenütztem Boden hat Brasilien niemals Mangel gehabt – die Pflanzungen jeweils tiefer und tiefer hinein in das Land, von Santos nach São Paulo, von São Paulo nach Campinas, weiter und weiter und immer tiefer hinein. Also nun nach dem Kaffee, dorthin, wo er jetzt seine Heimat hat! Ihm nach von Rio de Janeiro eine zwölfstündige Nachtfahrt nach São Paulo, von dort wieder drei nach Campinas, dieser alten Kolonie der Jesuiten, und nun genügt ein Auto und man ist mitten im Kaffeeland und endlich auf einer Facenda.

Facenda oder Hacienda auf spanisch – woher ist einem das Wort so geläufig? Warum rührt es einen so merkwürdig romantisch an und vertraut, warum weckt es in einem so vergessen starke und mitschwingende Gefühle? Ach, man erkennt es wieder, nichts bleibt so innerlich verhaftet wie die

Bücher, die man leidenschaftlich in seiner Knabenzeit gelesen; wie hatte man diese Facendas oder Haciendas Brasiliens und Argentiniens in den Romanen Gerstäckers, Sealsfields, diese kleinen Gutshäuser mitten in tropischer Wildnis oder auf den unendlichen Pampas, mit der Phantasie der Kindheit sinnlich gesehen, diese exotischen Fernen, immer umringt von Gefahren und unerhörten Abenteuern. Wie hatte man als Knabe geträumt, dies einmal zu erleben! Und nun ist man da; freilich nicht auf feurigem Mustang trabt man heran, sondern das Automobil steuert einen sacht durch die blumenüberhangene Einfahrt in den Hof; aber doch, genau wie auf den alten Stichen und in den Darstellungen der verschollenen Kindheitsromane sieht sie aus, die Facenda, ein einstöckiges, flaches Haus inmitten des unübersehbaren Besitzes, nach allen vier Seiten von einer breiten, schattigen Veranda umrahmt. Siehe, und nahe davon stehen um einen viereckigen kleinen Platz die Häuser der Arbeiter, und man erinnert sich aus den Büchern, hier wohnten – es ist ja erst fünfzig Jahre her – die Sklaven, und abends saßen sie dann auf diesem Platze und sangen ihre melancholischen Lieder; vielleicht gedenkt noch einer oder der andere der weißhaarigen Neger, die hier still, zufrieden umgehen, der verschollenen Zeit. Allerdings, tritt man ein in das gastliche Haus, so springt die Weltuhr sofort in die heutige Stunde, man sieht zwar noch die altgetäfelten Decken, den ererbten schönen Hausrat aus dem kostbaren, steinharten Acajandaholz, die silbernen Schalen und Hausaltäre aus der portugiesischen Zeit pietätvoll bewahrt, aber längst sind diese Facendas keine Einsamkeiten mehr, zu denen in gefahrvoller Reise nur manchmal ein Wanderer vordrang, sondern behaglich moderne Landhäuser mit allem Komfort, mit Schwimmbassins und Spielplätzen, mit Radio und Grammophon und Büchern (unter denen man – dies hast du, Knabe, zu träumen vergessen! – seine eigenen reichlich findet). Heiterkeit und Freundlichkeit waltet hier statt der einstigen Gefahr: selbst die tropischeste Welt und die ödeste Einsamkeit hat das technische Jahrhundert wohnsam zu machen gewußt.

Um die Facenda dehnt sich in weiten, weichen, immer von neuem wiederholten Hügelwellen die eigentliche Pflanzung; wie eine Insel liegt jedes dieser Häuser in einem unabsehbaren Meer von Grün. Aber dieses Grün ist – adieu Romantik! –

eigentlich recht monoton, und man darf es sich nicht verschweigen, daß Kaffeepflanzungen oder gar die Teehügelungen, die man von Ceylon kennt, im Grunde ungeheuer langweilig wirken. Die Kaffeesträucher, jeder gleich hoch und gleich breit und von dem gleichen kalten Grün, sind in ganz gleichen Abständen voneinander gepflanzt, man hat das Gefühl einer militärischen Kolonne in Blattgrün statt in Feldgrau, die ohne Schwung und Farbenfreude in die Ferne marschiert; bald ermüdet das Auge, diese gekämmten grünen Hügel anzusehen, und man freut sich, wenn man auf eine Bananenpflanzung stößt, die mit ihren wirren Büscheln, mit ihren wiegenden Kronen doch Baum zu Baum individueller wirken und nicht so trostlos monoton. Aber der Sinn dieses Strauches ist ja nicht seine Schönheit, sondern seine Fruchtbarkeit; jeder einzelne dieser nicht einmal mannshohen Büsche bringt zweitausend Beeren mindestens im Jahr (man erntet bei diesen Qualitätspflanzungen nur ein einziges Mal), und da auf diesen Facendas oft Hunderttausende solcher Sträucher abgeerntet werden, kann man das Geheimnis dieser tiefen, dunklen Erde begreifen, die solche unvorstellbaren Mengen mit Saft und Süße bis in den letzten Bohnenkern erfüllt.

Die eigentliche Ablesearbeit ist so einfach als nur denkbar. Hier allein hat die Technik noch nichts erfunden, um den Menschen überflüssig zu machen; wie vor Hunderten Jahren werden von der Hand der Pflücker die Beeren vom Strauche genommen, und vielleicht singen die Arbeiter dieselben monotonen Lieder zu denselben monotonen Bewegungen wie einst die schwarzen Sklaven. Dann werden die Bohnen, als wäre es Sand, auf Wagen und Lastautomobile gekarrt, in die Facenda gebracht und hier dem König Kaffee einige vorgeschriebene Zeremonien erwiesen, die da sind eine gründliche Waschung und darauf eine Trocknung in der prallen Sonne; nun erst werden mit Schüttelmaschinen die Hülsen von dem eigentlichen Kern gelöst und die entschälten, gereinigten Bohnen dann über Leitungen und Siebe in Säcke verstaut.

Damit ist (oder scheint) die Arbeit zu Ende. Es ist kein romantischer Prozeß, nicht anders etwa, als wenn man Erbsen aus der Schote nimmt und trocknen läßt, und nur eines war mir bei allen diesen Prozeduren auf dem Felde und der Facenda und in der Fabrik überraschend – die totale Abwesenheit jedes Aromas. Ich hatte gemeint, wenn man eine Kaffeepflanzung mit Tausenden Büschen durchschreitet, müßte man einen Duft von diesem aromatischesten aller Getränke spüren, einen feinen Duft, der dies weite Grünen umwebt und überschwebt, einen Duft, wie man ihn doch selbst bei einem Getreidefelde spürt oder in jedem Wald und Holzschlag. Aber sonderbar: der Kaffee ist vollkommen stumm, er verbirgt hartnäckig sein Arom im innersten Kerne. All die geheimnisvollen Salze und Öle und Ingredienzien, die sich, sobald die Körner geröstet sind, so stark und würzig lösen, bleiben vordem völlig tot und stumm; man kann in den Magazinen bis zu den Knöcheln in Kaffeebohnen waten, und es duftet so wenig, wie wenn man trockenen Sand stapfte, nicht einen Augenblick wüßte man mit verbundenen Augen auf einer solchen Facenda, ob die verschnürten Bündel und Säcke Baumwolle enthalten oder Kaffee oder Kakao: es war eine kleine Enttäuschung für mich, der ich hier von einem süßen, narkotischen Brodem träumte, zu sehen, wie die Tausende Säcke dieser köstlichen Nervenwürze tot und stumm und duftlos übereinandergeschichtet lagen, als wären sie Zement.

Und die zweite Überraschung dann in Santos, dem großen Verladehafen Brasiliens: ich hatte gemeint, daß die ganze Prozedur mit der Einfüllung des Kaffees in Säcke schon beendet sei. Nun sah ich dort in den großen Betrieben, daß die Arbeit noch einmal beginnt. Denn die Welt will nicht da und dort den gleichen Kaffee, die einen bevorzugen die großen, die anderen die kleineren Körner, so wie man auch in den Schlachthäusern Argentiniens sieht, daß die Fleischsorten nach dem verschiedenen Geschmack der einzelnen Länder fett oder mager, Großvieh oder Kleinvieh, gleich an der Exportstelle sortiert werden. Noch einmal muß in Santos, diesem großen, glühenden Backofen am Meer, jede einzelne Kaffeebohne heraus aus ihrem Sack. Noch einmal werden sie zusammengeschüttet zu riesigen Massen, die dann ein Rohr – der fleißigste Kaffeetrinker der Welt – mächtig ansaugt, die Masse wird Strom und läuft aufwärts und abwärts durch ein Gefäll von Sieben, so daß die größeren Sorten von den kleineren Körnern getrennt werden, an laufenden Bändern picken gleichzeitig flinke braune Frauenhände während des Vorbeiströmens die wertlosen, verkümmerten Körner heraus; so wird die Qualität in einzelne Qualitäten gesondert, die Kaffeevölker werden uniformiert und mit einzelnen Sortennamen bedacht, immer genau fünfzig

Kilogramm einer und derselben Art schüttet die selbsttätig wägende und zählende Maschine in einen neuen Sack, der schon Nummer und Qualitätsmarke trägt, und während der eben noch offene und blitzschnell angefüllte Sack weitergestoßen wird auf dem rollenden Band, vernäht eine andere Maschine das obere Ende des Sackes. Nun erst nach diesen raffinierten und supertechnischen Verteilungen ist der Kaffee wirklich reisefertig und kann auf den wartenden Schiffen in alle Zonen der Erde fahren.

Aber auch diese letzte Etappe der Reise vom Lagerhaus in das Schiff ist noch erstaunlich anzusehen. Denn nicht mehr wie in verschollenen Zeiten wird Sack für Sack auf einen sonngebräunten Menschenrücken geschwungen und über das Laufbrett an Deck getragen. Nicht, wie wir es sonst in Häfen gewohnt sind, reichen Krane in elegant leichter Drehung vom Kai die gehäufte Ware in den Frachtraum des Schiffes hinab, sondern hier wird auf Schienen eine Brücke aus Stahl herangeführt und der Höhe des Bordes angepaßt. Diese Brücke trägt ein Paternosterwerk, einen fließenden Teppich, auf dem nun direkt aus der Tiefe ihres Lagerhauses die Säcke (weit bequemer als die Passagiere) an Bord befördert werden. Es ist schön anzusehen, dieses lautlose, stille, mechanische Fließen: wie eine Lämmerherde auf einem schmalen Pfad Rücken hinter Rücken zu wandern genötigt ist, so zieht hintereinander stundenlang ein weißer Sack nach dem andern erst vom Lagerhaus empor und dann sacht wieder ins Schiff hinein, wobei man eigentlich erst erkennt (denn Zahlen selbst bleiben immer abstrakt), welche phantastische Quantitäten an Ware ein Schiffsbauch für eine zweiwöchentliche Reise in sich einzuschlucken vermag; und da hier Schiff an Schiff täglich wartend steht, ahnt man auch, welche ungeheuren Massen unsere kaffeetrinkerische Menschheit in jeder Stunde verbraucht.

Endlich hat das gefräßige Schiff genug Kaffee in sich geschluckt. Ein Pfiff und das flirrende Laufband stoppt, ein, zwei Säcke gleiten, von der Geschwindigkeit noch weitergestoßen, saumselig den andern nach. Dann schrillt das Zeichen des Dampfers, die Turbinen wettern los, langsam löst man sich von dem Kaffeestrand. Noch leuchten die Häuser in der Sonne, noch heben sich schlank die Palmen, aber immer ferner schimmert das große Grün dieser tropischen Welt, und bald sieht man nur ungewiß die Hügel mehr und schon ist auch dieses letzte Grüßen entschwunden aus dem Königreich des Kaffees. Vorüber! Vorbei und schon Erinnerung! Aber doch, wenn man daheim eine Tasse trinkt dieses köstlichsten und kunstfreundlichsten aller Getränke, wird man in dem zarten Duft jedesmal wieder all das besinnen, die tropische Sonne, die ihm das heimliche Feuer in den innersten Kern getrieben, das lodernde Licht, in dem hier alle Dinge des Daseins glühen, und jeden Baum und jede Bucht dieser fremden Landschaft, die, solange man in ihr weilt, unwiderstehlich den Sinn zum Träumen erzieht und in der Ferne ein Heimweh weckt nach diesen Zonen der frei und mächtig und unerschöpflich schaffenden Natur.

Spaziergang durch São Paulo

Das Reisehandbuch, das mir bei der Überfahrt in die Hand kam, dürfte nicht die neueste Auflage gewesen sein. Denn es stand darin zu lesen, São Paulo, die zweitgrößte Stadt Brasiliens und Hauptstadt der Provinz São Paulo, habe etwa dreihunderttausend Einwohner. So nahm ich, argloser Europäer und noch nicht vertraut mit den tropischen Wachstumsverhältnissen der südamerikanischen Städte, vorsichtig an, es dürften heute schon fünfhunderttausend sein, und war dann nicht wenig erstaunt zu hören, daß sie heute (oder während ich diese Zeilen schreibe vielmehr, denn sie wächst von Stunde zu Stunde) bereits eine Million dreihunderttausend zählt, also mehr als Rom oder Madrid oder Mailand oder Stockholm. In ein, in zwei Jahrzehnten hat diese Stadt, deren Namen wir doch in Europa kaum kennen und nennen und mit deren Existenz wir nicht die leiseste geographische Vorstellung verbinden, unsere jahrtausendalten Großstädte übersprungen, und wer weiß, ein Jahrzehnt nur noch, und sie wird unsern allergrößten nachgewachsen sein. In jeder Stunde jedes Tages, hat man hier errechnet, wird in São Paulo ein neues Haus fertig, und es sind nicht etwa kleine und flüchtig hingekellerte, sondern amerikanische Wolkenkratzer und prachtvolle Villen werden hier mit der gleichen fiebrigen Eile gebaut; so wild, so wirr, so überschwenglich, so gleichzeitig nach allen Seiten, nach außen und nach innen, wächst und verwandelt sich diese Stadt, daß jemand, der vor vier oder fünf Jahren hier gewesen ist, sich bereits wieder halb fremd fühlt und von neuem zurechtfinden muß.

Freunde warnten mich, zu viel von São Paulo zu erwarten; es sei keine künstlerische, keine pittoreske, keine eigenartige und nicht einmal eine schöne Stadt. In der Tat hat São Paulo alle seine Vergangenheit abgeräumt, kaum an einer einzigen Stelle wird man gewahr, daß diese Siedlung vor mehr als dreihundert Jahren begründet wurde, und wem Städte nur interessant sind in dem Maße als sie Antiquitäten und Historica zur Schau stellen, wird hier vergeblich seinen Blick bemühen. Aber dafür bietet São Paulo in vortrefflicher Weise den Einblick in das Werden und Sichumformen einer Kolonistenstadt. Nicht wie bei uns in Europa sind diese Städte langsam Ring um Ring um ein Zentrum gewachsen, sondern improvisatorisch, hastig, aufs Geratewohl. Irgendeiner hatte, herübergekommen, ein wenig Geld verdient, Zinshäuser waren keine zur Stelle, so baute er rasch (der Grund kostete nicht viel und ebensowenig die Arbeit) irgendwohin ein Haus, eines dieser kleinen, kunstlosen Häuser, wie man sie hier überall sieht, die ganze Küste, das ganze Land entlang; jedes nur immer ein offener Laden und darüber ein Stockwerk mit zwei, drei Zimmern, und wenn der Besitzer ein Italiener war, so strich er noch mit scharfen Farben, ockergelb oder ziegelrot oder meerblau, die Fassade an; ein Haus klebte sich an das andere und dann war eine Straße da und noch eine und noch eine und allmählich eine Stadt. Keiner war gewiß, in diesem Hause dauernd zu leben; vielleicht zog man weiter in eine andere Stadt, vielleicht kehrte man mit seinen Ersparnissen heim, vielleicht wurde man reich: dann baute man sich eben ein schöneres, eine jener überladenen Prunkvillen in Pseudobarock oder orientalischem Stil, wie sie vor dreißig Jahren hier überall als vornehm galten. Der Begriff der Dauer, der Sässigkeit, der Stätigkeit, der Ständigkeit, der restlosen bürgerlichen Einordnung in das Stadtwesen mußte notwendigerweise diesen noch nomadischen Einwanderern völlig fehlen und darum konnten von vornherein diese Städte im architektonischen Sinn nur Provisorien werden, nur ein zufälliges Nebeneinander vieler Wohnstätten, etwas wild und planlos Gewachsenes aus Ziegel und Lehm, das man ebenso leicht umzureißen sich entschließt, wie man es gebaut hatte.

Erst seit hier die Industrie, der Handel und der Reichtum

sich so sprunghaft entfalten, scheint São Paulo entdeckt zu haben, daß es längst eine Großstadt ist und die repräsentativen Pflichten einer Großstadt hat. Alles ist hier mit einemmal zu eng, zu klein geworden, die Straßen, die Plätze, die Kirchen, die Verwaltungsgebäude, die Bankgebäude, die Spitäler, und mit einem entschlossenen Willen ist nun die Stadt an der Arbeit, sich ein Zentrum, eine Form zu schaffen: wer heute hieherkommt, erlebt einen interessantesten Augenblick. Er kann sehen, mit welcher Energie hier ein Nebeneinander in ein Ineinander, ein Provisorium in ein Definitivum umgestaltet wird. Überall wird gearbeitet, Brücken werden unterfahren, Parke und Promenaden angelegt, Avenuen durch die engen Stadtteile geführt, große staatliche Gebäude errichtet, und all dies planhaft, freilich nach Plänen, die, wie man mir sagt, jedesmal von dem rasenden Wachstumstempo der Stadt noch während des Baues schon überholt werden. Schulter an Schulter stemmen sich im Zentrum die Wolkenkratzer empor, um die Raummenge zu bewältigen, während gleichzeitig hügelauf und hügelab in immer weiterem Kreise die Villenvorstädte sich radial verbreitern. Und auch ethnographisch schichtet sich die Stadt völlig um. Während sie vordem einzig gegliedert war nach den Nationen der Einwanderer, in ein italienisches Viertel (São Paulo ist zugleich eine der größten italienischen Städte der Welt), ein armenisches, ein syrisches, ein japanisches, ein deutsches, schmilzt dies alles jetzt ineinander, und nach rein repräsentativen Formen scheidet sich die Stadt, innen eine City mit stark nordamerikanischen Architekturformen und außen eine Wohn- und Gartenstadt, beide befähigt, in einigen Jahren und Jahrzehnten in einem neuen Sinne schön zu werden. Schon jetzt, wenn man von einem der Hochhäuser die leichtgewellte, weite Fläche überblickt, gewinnt man allerhand erfreuliche Ausblicke; aber das Wesentliche ist in São Paulo, dieser typischen Entwicklungsstadt, das Werdende und nicht das schon Vollendete: stärker als selbst in Nordamerika und hier unten nur ähnlich in Montevideo habe ich das Phänomen einer Stadt gesehen, die sich gewissermaßen umstülpt und völlig peau neuve macht. Wenn man also auf dem Begriff der Schönheit durchaus beharren will, so kann man die São Paulos nicht eine vorhandene, sondern eine werdende nennen, eine nicht so sehr optische als energetische und dynamische, eine Schönheit und Form von morgen, die man durch das Heute eben jetzt mit einer ungeduldigen Gewalt durchbrechen fühlt.

Den Sinn und die Prägung gibt zunächst dieser Stadt noch die Arbeit. São Paulo ist keine Genießerstadt und nicht auf Repräsentation eingestellt, sie hat wenig Promenaden und keine Korsos, wenig Ausblicke und Vergnügungsstätten, und auf der Straße sieht man fast nur Männer, hastige, eilende, tätige Männer. Unwillkürlich ist man an Liverpool, an Manchester erinnert, an diese Nurarbeitsstädte, und in der Tat verhält sich São Paulo zu Rio de Janeiro wie Mailand zu Rom, wie Barcelona zu Madrid, beides nicht die Hauptstädte, nicht der Sitz der Verwaltung, nicht die Hüter der Kunstwerte des Landes, aber den Residenzen überlegen durch werktätige Energie. Die eine Provinz São Paulo leistet – auch dank des kühleren Klimas, das den eingewanderten Europäern nichts von ihrer Aktivität nimmt – allein industriell und kaufmännisch mehr als der Großteil des übrigen Landes, sie ist moderner, fortschrittlicher als alle andern und deshalb nordamerikanischen oder europäischen Städten ähnlicher durch ihre intensive Organisation. Nichts von der wundervollen Weiche Rios, von dieser Atmosphäre, die ständig zum Schauen und zu schönem Müßiggang verlockt; die Musikalität, die jene helle Stadt und die ganze Bucht von Guanabara umschwebt, ist hier ersetzt durch Rhythmus, einen starken, heftigen Rhythmus, den Herzschlag eines Läufers, der vorwärts, vorwärts rennt und sich an der eigenen Geschwindigkeit berauscht. Was ihr an Schönheit noch fehlt, ist aufgewogen durch Energie, die hier in diesen tropischen Zonen viel auffälliger und wertvoller wird, und was noch wesentlicher ist: diese Stadt weiß, daß sie sich ihre Form erst erobern muß, und da die Paulisten eine starke Rivalität gegen Rio de Janeiro beseelt, ein Wille, nicht inferiorer, nicht unkünstlerischer zu wirken, so kann man hier in den nächsten Jahren auf allerhand Überraschungen gefaßt sein.

An eigentlichen Sehenswürdigkeiten – ein unangenehmes, hochmütiges Wort – hat heute São Paulo noch nicht viel, und alle drei haben bei ihrer Großartigkeit einen fatalen Beigeschmack. Das ist das Ypirangamuseum, das die ganzen ethnographischen Verschiedenheiten der brasilianischen Fauna, Flora und Kultur in ausgezeichneter Weise und durchdachter Übersicht zeigt; aber was man im Durchwandern der Säle fühlt, ist eher Sehnsucht als Erfüllung, denn diese tausend verschiedenfarbigen Kolibris und Papageien möchte man doch in ihrer Urwelt sehen, frei und unbekümmert statt ausgestopft, und man weiß, ein paar Stunden weit, da beginnen schon der Wald und die Dschungel, und während man noch vor den Schaukästen steht, träumt man von diesen phantastischen Regionen. Alles Exotische hört sofort auf, exotisch zu wirken, sobald es schaumäßig aufgestellt und schematisiert ist: sofort wird es trocken wie ein Lehrgegenstand, wie eine starre Kategorie, und deshalb empfindet man (gegen die eigene Vernunft, welche ein solches Museum bewundert und seine Leistung nicht genug schätzen kann) festgehaltene Natur inmitten einer so wild und üppig blühenden Natur ein wenig als Widersinn. Einer dieser entzückenden kleinen Affen, von Palme zu Palme frei sich schwingend, begeisterte uns gewiß als eine Gnade der Natur, aber eingereiht und mumifiziert in allen Varianten an eine Wand gereiht, löst der Anblick von hundert Affenarten nur eine technische Neugier aus. Schon Menagerien wirken nicht ganz wirklich, um wieviel weniger Museen, selbst wenn sie wie dieses mit der äußersten Sorgfalt geleitet und zu einem großartigen Ganzen vereinigt sind. Alles Eingeschlossene bedrückt – und so ward mir das Herz auch nicht frei, als ich hier die andere Sehenswürdigkeit sah, den »penitenciero«, das berühmte Gefangenenhaus von São Paulo, eine Musteranstalt, die der Stadt, dem Lande und seinen Leitern hohe Ehre macht. Hier ist das Problem der Strafanstalt – das moralisch nie ganz lösbare – im humansten Sinne angefaßt, und das Land, das die Todesstrafe nicht kennt, hat sich bemüht, für seine Verbrecher nach den durchdachtesten und neuesten Prinzipien zu sorgen. Hier ist die Humanität in der Behandlung der Zuchthäusler nicht wie in anderen Ländern als eine Rückständigkeit abgeschafft, sondern bewußt entwickelt und nach der Idee gefördert, daß jeder Gefangene die ihm gemäßeste Arbeit leisten und das ganze Haus gleichsam eine autarke Gemeinschaft bilden solle, wo alles durch die Insassen geschieht. Man sieht in diesem großen und großartig reinen und hygienisch gebauten Häuserkomplex den ganzen Betrieb einzig von den Insassen in Bewegung gehalten, das Brot wird von ihnen gebacken, die Medikamente verfertigt, die Klinik geführt und das Spital, die Gemüse gepflanzt und die Wäsche gewaschen, kaum irgendwann muß von außen jemand zur Hilfe gerufen werden; jede Bestrebung zu künstlerischer Tätigkeit wird von den Leitern gefördert, ein ganzes Orchester hat sich geformt, in Sälen sieht man ihre Zeichnungen, und so gibt sogar in einem Lande, das noch in den schwerer erfaßbaren Zonen ziemlich viel Analphabeten zählt, das Gefangenenhaus Gelegenheit nachzuholen, was die Schule versäumte. Nichts Musterhafteres kann man sich erdenken als diese Anstalt, die für sich allein schon den europäischen Hochmut korrigieren könnte, bei uns seien alle Einrichtungen die perfektioniertesten der Welt, und doch – mit entlastetem Atemzug saugt man die Luft ein, sobald endlich die letzte von den vielen schweren Eisentüren, die man durchschritten, hinter einem zufällt und man wieder Freiheit atmet und freie Menschen sieht.

Mit einem ähnlichen Atemzug der Entlastung verläßt man auch die Schlangenfarm zu Butantan, obwohl man Großartiges dort gesehen und Wesentliches gelernt. Was dort das große Publikumsschauspiel ist – nichts lieben ja die Menschen mehr, als sich zu graulen, wenn es gleichzeitig nicht gefährlich ist –, hatte mir wenig zu sagen: wie man die Giftschlangen dort aus ihren Höhlen holt, mit Stangengriffen faßt und den Wehrlosen das Gift auszieht. Dies hatte ich vor Jahren schon in Indien gesehen, und jedesmal ist es mir gräßlich, wenn der Mensch aus der Wehrlosigkeit eines überwältigten Tieres ein Schaustück oder eine Unterhaltung formt. Aber längst ist die Anstalt von Butantan über die ursprüngliche Absicht hinausgewachsen, einzig der Beobachtung der Schlangen und der Erzeugung von Heilserum gegen die vielen Giftbisse zu dienen; sie hat sich in den letzten Jahren zu einem Forschungsinstitut größten Stils entwickelt, in dem mit den modernen Apparaten die hervorragendsten Fachleute arbeiten; ich habe in dieser einen Stunde, da mir die verschiedenen Versuche der Umpflanzungen, der chemischen Zerlegungen erklärt wurden, mehr gelernt als in Jahren durch Bücher: immer ist für uns Laien die sinnlich optische Arbeit an dem Objekt die einzige, die uns den abstrakten Problemen am ehesten begrifflich entgegenführt. Und weil es eben das Sinnliche, das Optische ist, das immer mir am stärksten die Phantasie in Erregung versetzt, so hat mich nichts dort so beeindruckt wie eine einzige mittelgroße Flasche, mit kleinen weißlichen Kristallen gefüllt: es ist das Gift von achtzigtausend Schlangen, das da in konzentriertester kristallisierter Form in dieser Flasche bewahrt ist und das furchtbarste aller Gifte. Jedes einzige dieser kaum wahrnehmbaren Körnchen, deren jedes unter dem Fingernagel spurlos verschwinden würde, kann leicht in einer Sekunde einen Menschen töten. Tausendfacher als in den riesigsten Granaten ist die Vernichtung in dieser einzigartigen, furchtbaren, dieser unersetzbaren Flasche zusammengedrückt, ein Wunder, größer als in jenem berühmten Märchen aus ›Tausendundeine Nacht‹ – nie hatte ich den Tod in so konzentrierter Form gesehen und hunderttausendfach in Händen gehabt wie in der Minute, da ich dieses kühle und zerbrechliche Glas umspannte. Dieses Unfaßbare der möglichen Zerstörung eines ganzen atmenden Menschenwesens in einer Sekunde mit allen seinen Gedanken und Erfahrungen, das plötzliche Stocken eines Herzens und aller Muskeln, nur weil ein Körnchen, viel winziger als ein Salzkorn, ihm ins Innere dringt, und diese Möglichkeit – bei einem einzigen Lebewesen schon unerfaßbar – nun verhunderttausendfach nebeneinander zu sehen, hatte etwas Erschütterndes und zugleich Großartiges. Alle die Apparate dieses Laboratoriums wurden mir mit einemmal zu Kräften, die der Natur das Gefährlichste wie im Spiel entwinden, um es nun in einem neuen, einem eigenen schöpferischen Sinn der Natur zu nützen, und mit Ehrfurcht sah ich plötzlich auf dies kleine Haus, das vom Wind umflogen einsam in der Grüne eines Hügels ruht, umfaßt von Natur und sie doch noch gewaltiger umfassend durch den menschlich unermüdlichen Geist.

Rio de Janeiro: Einfahrt

Frühmorgens warten schon alle Passagiere ungeduldig an Bord, mit Ferngläsern und Kameras bewaffnet, keiner will, sooft er sie auch schon bewundernd gesehen, die berühmte Einfahrt in Rio de Janeiro versäumen. Aber noch glänzt das Meer blau und metallen wie seit Tagen und Tagen, beruhigende und zugleich ermüdende Monotonie. Und doch, man fühlt es, daß man sich dem Lande nähert, man atmet die nahe Erde, noch ehe man sie sieht, denn feucht und süß wird mit einmal die Luft, weicher fühlt man sie an Mund und Händen, ein dunkler Duft schwebt unmerklich her, gebraut in den Tiefen der riesigen Wälder aus Pflanzenatem und Feuchte der Kelche, jener unbeschreibbare, warme, schwüle und gärende Brodem der Tropen, der auf süße Art einen trunken und müde zugleich macht.

Jetzt endlich in der Ferne ein Umriß: eine Bergkette zeichnet sich unsicher-wolkenhaft in den leeren Himmel hinein, und in dem Maße, als das Schiff näher stampft, festigen sich ihre Konturen: es ist die Bergkette, die mit ausgespannten Armen die Bucht von Guanabara beschirmt, eine der größten der Erde. Alle Schiffe aller Nationen fänden darin gleichzeitig Raum, so weit und schwunghaft wölbt sie sich mit ihren vielen einzelnen Baien und Vorgebirgen aus, und innerhalb dieser aufgebrochenen Riesenmuschel liegen wie Perlen verstreut eine Unzahl Inseln, jede anders in Form und Farbe. Manche tauchen nur grau und gleichtönig aus der amethystenen See; für Walfische könnte man sie aus der Ferne halten, so nackt und kahl ist ihr Rücken. Manche wieder sind länglich und steinig gerippt wie Krokodile, manche mit Häusern bestanden, manche als Festungen bewehrt, manche scheinen schwimmende Gärten mit Palmen und Gartengeländen, und während man neugierig ihre unvermutete Vielfalt der Formen mit dem Fernglase bewundert, treten nun gleichzeitig die Berge des Hintergrundes plastisch hervor, auch sie jeder anders und eigenwillig. Nackt steht der eine und der andere ins grüne Palmenkleid gehüllt, felsig dieser und der andere einen schimmernden Gürtel von Häusern und Gärten umgelegt; es ist, als hätte die Natur als verwegene Plastikerin alle irdischen Formen nebeneinander zu stellen versucht, und irdische Namen hat darum auch die Volksphantasie jeder einzelnen dieser bergigen Steingestalten gegeben: die Witwe, der Bucklige, der Hund, die Finger Gottes und dem allersichtbarsten, dem Pão d'Assucar, den Namen Zuckerhut, der, knapp vor der Stadt aufsteigend, mit seiner steilen Plötzlichkeit vor dem Eingang steht wie die Freiheitsstatue in New York, als das uralte und unverrückbare Symbol dieser Stadt. Aber noch über allen diesen einzelnen Monolithen und Bergen erhebt sich der Häuptling dieses Riesengeschlechtes, der Corcovado, und hält ein gewaltiges Kreuz (das nachts elektrisch erglüht) über Rio de Janeiro segnend erhoben wie ein Priester die Monstranz über einer hingeknieten Schar.

Jetzt endlich gewahrt man, nachdem man das Gewirr der Inseln durchfahren, die Stadt. Aber nicht auf einmal gewahrt man sie. Nicht wie etwa in Neapel, in Algier, in Marseille tut sich dies Häuserpanorama wie eine offene Arena mit steigenden Steinstufen einem einzigen Blick auf; Bild um Bild, Teil um Teil, Prospekt nach Prospekt blättert sich Rio de Janeiro auf

wie ein Fächer, und gerade dies macht die Einfahrt so drama-
tisch, so unablässig überraschend. Denn jede der einzelnen
besiedelten Buchten, deren Summe erst ihren Strand ergeben,
ist durch Bergketten getrennt – es sind gleichsam die Rippen
des Fächers, die hier jedes Bild vereinzeln und doch zusammen-
halten. Endlich zeigt sich der geschwungene Strand, bezau-
bernder Anblick: eine weite Strandpromenade, von den Wogen
ständig beschäumt, mit Häusern und Villen und Gärten,
deutlich unterscheidet man schon das Luxushotel und anstei-
gend die Hügel empor die waldumrandeten Villen – aber
Irrtum! Es ist nur der Strand von Copacabana gewesen, einer
der schönsten der Welt, nur eine neue Vorstadt, nicht die
eigentliche Stadt. Noch muß man den Pão d'Assucar, den
Zuckerhut, umsteuern, der den Blick sperrt, dann erst sieht
man die Stadt in der Bucht, dicht und weiß vorblickend zum
Strand und wirr sich auflösend in die begrünten Höhen. Man
sieht die neuangelegten Strandgärten und den Flugplatz, der
eben dem Meer abgewonnen war: gleich wird man landen und
seiner Ungeduld Genüge tun. Aber nein! Es war wiederum ein
Irrtum und dies nur die Bucht von Botafogo und Flamengo,
nochmals muß das Schiff weiter steuern, noch ein anderes Blatt
dieses göttlichen, in allen Farben leuchtenden Fächers aufge-
blättert werden, noch muß man vorbei an der Marineinsel und
jener kleinen mit dem gotischen Palast, wo Kaiser Pedro zwei
Tage vor seiner Absetzung ahnungslos den letzten Ball gegeben. Und jetzt erst grüßen die Turmhäuser, eine einzige
vertikale Masse, jetzt erst zeigen sich die Docks, jetzt erst kann
das Schiff anlegen und man ist in Südamerika, ist in Brasilien,
ist in der schönsten Stadt der Welt!

Diese einstündige Einfahrt in Rio ist ein Erlebnis einziger
Art und in ihrem unwiderstehlichen Eindruck nur jener in New
York zu vergleichen. Aber New York grüßt härter, energi-
scher: wie ein nordischer Fjord wirkt es mit seinen aufgetürmten eisweißen Kuben. Manhattan ist ein männlicher, heroischer Gruß, der steil aufgestoßene menschliche Wille Ameri-
kas, ein einziger Ausbruch zusammengefaßter Kraft. Rio de
Janeiro aber bäumt sich nicht einem entgegen – es breitet sich
auf mit weichen, weiblichen Armen, es empfängt, es zieht an
sich heran, es gibt sich mit einer gewissen Wollust dem Blicke
hin. Alles ist hier Harmonie, die Stadt und das Meer und das
Grün und die Berge, all das fließt gewissermaßen klingend

ineinander, selbst die Hochhäuser, die Schiffe, die bunten Lichtplakate stören nicht; und diese Harmonie wiederholt sich in immer andern Akkorden: anders ist diese Stadt von den Hügeln gesehen und anders vom Meer, aber überall Harmonie, gelöste Vielfalt in immer wieder völliger Einheit, Natur, die Stadt geworden ist, und eine Stadt, die wie die Natur wirkt. Und vieldeutig und unerschöpflich, großartig und großmütig, wie sie einen empfängt, weiß sie einen zu halten; von der Stunde der Einfahrt an weiß man schon, das Auge wird nicht müde werden und der Sinn nicht satt an dieser einzigen Stadt.

Harmonische Vielfalt

Dieser erste Eindruck einer harmonisch gelösten Vielfalt wiederholt und verstärkt sich ständig von Tag zu Tag; man wird nicht fertig mit dieser Stadt, weil sie immer aus einem anderen Versteck eine neue Bezauberung holt: vielleicht gibt es keine andere, die so erfinderisch ist in unvermuteten Durchblicken und Panoramen, keine auch, die so viele verschiedenartige kulturelle Schichten hat. Spazierengehen und Spazierenfahren heißt hier: sich Unvermutetes entdecken, aber die stärkste, die immer wieder neu verblüffende Überraschung ist die Ausdehnung Rio de Janeiros. Immer glaubt man nach dreißig, nach vierzig Minuten Autofahrt schon an einem Ende der Stadt zu sein, und wirklich, schon erhebt sich ein Hügel und die Straße verliert sich im Grün, aber da plötzlich fängt sie wieder von neuem an, eine andere Villenstadt oder Vorstadt, und dieses Wachstum scheint unvermindert anzuhalten. In dieser Riesendimension aber welche Vielfalt, wieviel verschiedene Städte in dieser einen Stadt! Da ist eine Luxusstadt vorerst; mit weiser Technik hat man dem Meere ein breites Stück längs aller Buchten abgewonnen – es wirkt wie der weiße Rand eines Buches um den gedruckten Text –, und dieses Stück ist in Rasen und Promenaden wie in einem luxuriösen Kurort verwandelt; ein ewiger Sommerstrand ist hier geschaffen und in viel gewaltigeren Proportionen als anderswo auf Erden. In dieser Hauptstadt können Hunderttausende Menschen gleichzeitig baden und den Strand bevölkern, und es ist mir leid, dies nicht im Sommer gesehen zu haben, wenn die ganze Stadt halbnackt hier an dieser einzigartigen Beach lebt: man wirft den Bademantel um und geht so durch die Straßen oder kommt im Automobil und kehrt so wieder ins Haus, ins Bureau zurück oder in eines der vornehmen Hotels, die mit den besten Europas rivalisieren können. Neben dieser Badestadt aber steht gleich eine Villenstadt, oder vielmehr eine ganze Reihe solcher Villengruppen, manche dem Meere zugewandt, manche in die Falten der Hügel geschmiegt, um sich vor der sommerlichen Hitze zu ducken. Und wieder ein paar Kilometer weit, und die Geschäftsstadt beginnt, aus Ostende oder Cannes oder Deauville meint man nach New York, in den Engpaß des Broadway geraten zu sein, denn in hastigem Wettbewerb klettern die Hochhäuser hier auf und die Lichtreklamen verkünden die Sterne Hollywoods und die Pictures von Metro-Goldwyn. Und wieder einen Kilometer zur avenida Rio Branco, dem Boulevard Haussmann von Rio, der quer durch die Stadt geschlagenen Verkehrsbrücke, und man glaubt auf der Cannebière Marseilles zu sein oder in Neapel oder Barcelona: die Kaffeehaustische auf der Straße, die Straße selbst ständig verstopft von Automobilen, die gleichen Geschäfte wie in London, Wien und Amsterdam, die große europäische Straße also im Gegensatz zur amerikanischen. Aber glücklicherweise braucht man nur rechts oder links um die Ecke zu biegen und man ist dem Europäischen und Amerikanischen ins Brasilianische entronnen; diese alten Hauptstraßen Rios (heute viel zu eng, um mehr als in einer Richtung durchfahren zu werden), die rua Ouvidor, die rua Buenos Aires und wie sie alle heißen, haben persönliches Cachet. Sie erinnern noch an ihre Herkunft, an die Straßen von Lissabon und Südspanien, durch ihre Enge (man wollte möglichst wenig Sonne hereinlassen), und durch das lebendige Getriebe, das hier tagsüber durch die überfüllten Adern strömt; sie sind nur wie alle Straßen Rios (dies eine der großen Überraschungen Brasiliens) bedeutend sauberer, reinlicher, freundlicher als die der europäischen Südstädte und weniger lärmend: die stille, höfliche Art der Brasilianer gibt der ganzen Stadt eine leisere Tönung, als es das südliche Klima und die Überfülltheit vermuten lassen würden. Und wieder weiter: vorbei an den Märkten, die in ihrer Üppigkeit an alte holländische Bilder und in ihrer Blumengrelle an Van Gogh und Cézanne gemahnen, zu stilleren Winkeln, wo man noch ein paar alte Paläste aus portugiesischer oder kaiserlicher Zeit findet. Dann wieder weite Teile mit ganz gleichgültigen Häusern oder kaum Häusern, sondern eigentlich Läden und Geschäften, denen ein Stockwerk billig aufgestülpt ist, architektonisch das Einförmigste, Kunstloseste, was man sich erdenken kann, aber dem Spaziergänger doch interessant, denn alle Läden stehen hier offen, man kann dem Schlosser, dem Metzger, dem Schreiner genau wie in Algier und Kairo bei der Arbeit zublicken, und nur wo man ein Volk an der Arbeit sieht (oder einen Menschen), sieht man in sein wirkliches Leben hinein. Und wieder ein paar Schritte weiter, und man ist im Armenviertel, wo die Häuser kaum mehr Häuser zu nennen sind, aber gleich tritt man heraus, auf weite moderne Plätze, in einen neuen Stadtteil, der mitten in dies Konglomerat eingesprengt ist, und nun weiß man: alle diese Viertel im engeren Kreise der Stadt, die vierzig und fünfzig Jahre alt sind, werden in ein, in zwei Jahrzehnten umgewandelt oder vernichtet sein – ich fürchte, auch die »Mange«, das berühmte Yoshiwara von Rio de Janeiro, der nächtliche Liebesmarkt, der in seiner Pittoreskheit tausendfach die berühmten Quartiere von Marseille übertrifft. Hier begegnen sich alle Rassen, Neger und Japaner und Indios und Französinnen und Brasilianerinnen, in beleuchteten Auslagen – erschreckend billig – den Kunden dargeboten: kaum anderswo kann man tausend Schicksale (denn welche Wege hat diese Russin und jene Provenzalin gegangen, ehe sie in der Mange strandete) auf so engem Raum zusammengedrängt sehen wie hier in diesen farbig funkelnden, von Sternen überglühten phantastischen Liebesmärkten, die einen Maler bezaubern müßten. Und wieder weiter und man ist bei den Docks, man sieht das Meer und die feuchte Gärung der aufgehäuften Waren, faul liegen die Dampfer an der Reede und nur die Ferryboats und Motorboote wandern von Insel zu Insel, von Bucht zu Bucht: wieder meint man in einer anderen Stadt zu sein als vor fünf Minuten, in Hamburg oder Genua, glänzte nicht so wundervoll geschwungen die Bucht einem entgegen. Ein Dutzend verschiedener Städte ist in Rio eingefaltet und ein Dutzend von Nationen und Rassen. Und doch – dies ist die einzigartige Kunst dieser Stadt – alles dies ist in zartesten und natürlichsten Übergängen gebunden. Man kann hier in Urzonen sein, im Negerhaft-Primitivsten und zehn Schritte weiter im Modernsten und Luxuriösesten, und es scheint einem hier selbstverständlich, und insbesondere nachts wird Rio zum Tausendundeine Nacht und man selbst zum Kalifen, der, froh, seinem Kulturpalast entronnen zu sein, diese ewig wanderhafte Welt durchwandert.

Kunst der Kontraste

Um spannend zu wirken, muß eine Stadt starke gegensätzliche Spannungen in sich haben. Eine bloß moderne Stadt wirkt monoton, eine rückständige wird auf die Dauer unbequem. Eine proletarische bedrückt, und von einem Luxusplatz wieder strömt nach kurzer Zeit eine mißmutige Langeweile aus. Je mehr Schichten eine Stadt besitzt und in je farbigerer Skala ihre Gegensätze sich abstufen, desto anziehender wird sie wirken: so Rio de Janeiro. Hier spannen sich die Enden weitestens auseinander und gehen doch mit einer besonderen Harmonie ineinander über. Der Reichtum wirkt hier nicht provokant: die feudalen Häuser, die mit einem erstaunlichen Geschmack eingerichtet sind, zeigen an sich keine auffälligen Fassaden. Sie liegen verstreut irgendwo im Grünen mit schönen Gärten und Teichen und einem gewählten, meist altbrasilianischen Mobiliar; dadurch, daß sie nicht städtisch prunkvoll sind, sondern ganz der Natur verbunden, wirken sie als etwas organisch Gewachsenes und nicht hochmütig vor das Auge Gestelltes; man muß sie eigentlich suchen, um sie zu finden, aber wenn man die Freude hat, in einem dieser Häuser zu Gaste zu sein, wird man des Bewunderns nicht müde; denn von jedem Innenraum geht hier durch die offenen Türen der Blick in die Landschaft hinein, und sogar die kostbarsten Gegenstände erscheinen bescheiden, neben eine Natur gestellt, die selbst wie das vollendetste Kunstwerk wirkt. Und sonderbar, gerade die ärmsten der Armenviertel, die Favellas, haben den gleichen Reiz. Mitten in der Stadt liegen, man erinnert sich, grüne oder felsige Berghänge und Hügel, zum Teil mit schönen Villen bestanden. Aber dort, wo der Grund noch nicht verbaut ist, siedeln die Ärmsten sich an. Sie haben kein Recht auf den Grund, auf dem sie ihre Häuser und Hütten, die Favellas, errichten. Sie können morgen vertrieben werden; aber solange niemand kommt und den Grund fordert, bauen sie sich an, und so entstehen Hunderte und Hunderte solcher Hausungen und Hütten gleichsam aus dem Nichts: vier Wände aus gepreßtem Lehm, ein Dach aus Stroh oder Bast oder Wellblech, ein paar verrostete Zinkplatten, irgendwo am Hafen aufgelesen, und darin haust dann die ganze Familie, meist Neger oder Mischlinge, und vielleicht auch ein paar Schweine oder Hühner – genau wie im Dschungel oder im Busch leben hier Hunderte und Tausende in der letzten Primitivität inmitten der Hauptstadt. Aber das Erstaunliche ist, daß diese Armutshäuser weder tragisch noch bedrückend wirken. Denn sie liegen frei, mit dem schönsten Blick der Welt, mitten im Grünen, genau auf der gleichen Höhe und an derselben Straße wie die Luxusvillen, und man kann verstehen, daß die Menschen sich hier in diesen Hütten und Lehmhäusern zufriedener fühlen als in einer modernen Mietskaserne, denn hier sind sie frei, können halbnackt gehen und tun, was ihnen gefällt; wird ihnen eines Tages der Grund genommen, so siedeln sie einfach ein Stück weiter, kein Gesetz hindert sie darin, das dünne Haus – fast möchte man sagen: auf dem Rücken – weiterzutragen. Ich habe von diesen Favellas Ausblicke über die Bucht gesehen, die so schön sind wie die von den schönsten Villen, es ist derselbe Wald und dieselbe Natur, die um die Strohhütte wie um die Villa wächst, und von der Ferne gesehen, wirken sie beide gleich zauberhaft: in gewissem Sinne ist hier durch die bindende Kraft der Natur der Gegensatz zwar nicht aufgehoben, aber doch gelöster gemacht, und dieses ständige weiche Ineinanderspielen der Kontraste will mir als das Charakteristische an Rio de Janeiro erscheinen. Wieviel Rassen auf der Straße, der schwarze Senegalneger und der Europäer in seinem schnittigen Anzug, die Indios mit ihrem schweren Blick und schwarzglattem Haar und dazwischen in hundert und tausend Schattierungen die Mischungen aller Völker und Nationen: aber all dies nicht wie in New York und anderen Städten in Viertel abgeteilt, hie schwarz, hie weiß, hie gemischt, hie Italiener, dort Brasilianer, dort Japaner, sondern all dies wogt ständig durcheinander, und die Straße wird durch die Fülle der Physiognomien ständig zur Schau. Welche Kunst hier, die Spannungen zu lösen, ohne sie darum zu zerstören! Die Vielfalt zu bewahren, ohne sie ordnen zu wollen und gewaltsam zu organisieren! Möge sie dieser Stadt bewahrt bleiben, möge sie nicht dem geometrischen Wahn der schnurgeraden Avenuen, der klaren Überschneidungen, diesem gräßlichen Schachbrettideal der modernen Geschwindigkeitsstädte verfallen, die dem Ebenmaß der Linie, der Monotonisierung der Formen gerade das aufopfern, was immer das Unvergleichliche jeder Stadt ist: ihre Überraschungen, ihre Eigenwilligkeiten und Winkligkeiten und vor allem ihre Kontraste – diese Kontraste von Alt und Neu, von Stadt und Natur, von Reich und Arm, von Arbeit und Schlenderei, die man hier in ihrer einzigartigen harmonischen Gelöstheit genießt.

Berge und Inseln

Nicht, daß man ihrer schon müde wäre nach einer Woche, dieser unerschöpflichen Stadt; aber es lockt hinaus, nach dem Bild auch den Rahmen auszumessen, sie zu sehen und zu kennen in ihrer Umgebung. Daß sie zwischen Bergen geborgen liegt und von Wäldern umschlossen, hat man gefühlt mit Atem und Blick; nun will man die Berge, die Wälder selber betrachten. Es ist nicht schwer und ist nicht weit. Eine halbe Stunde, eine Stunde nach Tijuca, zuerst das Meer entlang, das mit leidenschaftlicher Beharrlichkeit an die Felsen schlägt, vorbei an Grotten und Klüften auf einem schönen Weg, der durch den roten Felsen gesprengt ist, und schon rauschen die Wälder an die Straße heran, schon heben die Palmen ihr Haupt und wirren die Lianen, und dazwischen funkeln farbig die fliegenden Juwelen Brasiliens, die Schmetterlinge, in einer unglaublichen Buntheit. Immer dichter, immer dunkler schart sich das Gewirr der tropischen Gewächse durcheinander, es ist, als ob all diese Stämme und Lianen miteinander kämpften, um zuerst durch die grüne Kuppel nach oben ins Licht zu gelangen. Unheimliche Fruchtbarkeit dieser feuchten Erde, ständig überquellend in Büschen und Blumen und fremdartigen Formen – hierzulande einen Garten bestellen, heißt nicht, wie bei uns, ihn nähren und pflegen, damit er Frucht und Blüte bringt. Hier bedeutet Gartenkunst eine ständige Abwehr und Gegenwehr gegen den unbändigen Überwuchs der Natur, die alles überfluten will, ein unablässiges Zurückdrängen dieses unerschöflichen Zuviel, das jedes Stück freie Erde in üppige Wildnis verwandeln möchte. Endlich ist man an einem solchen Garteneiland, das sich mit kunstvollem Eifer dieses Andranges erwehrt hat, in einer jener Villen von vielen, die sich hier im Grünen verbergen, und nun atmet man erst das reiche, schwüle, mit Fäulnis und Feuchte durchsetzte Arom der

Tropen; in den Wald sind hier weite Lichtungen geschlagen, kleine Teiche und Bäche durchfiltern die Luft, und vom offenen steinernen Altan fühlt man über dieser dumpfen Sattheit des Brodems zugleich den stärkeren Atem des Meeres, eine wunderbare Mischung von Weichheit und Kraft; von jedem der Fenster geht der Blick nach anderen Prospekten, düster der eine, verschlossener Wald, heiter der andere, beglänztes Meer; aber nicht den Wald hört man atmen und nicht das Meer; eine vollkommene Stille ist hier geschaffen: wie in einer Taucherglocke unterhalb der lärmenden Wellen ist man hier in der Tiefe der Natur.

Dann ein andermal empor in die höheren Zonen; man kann in einer halben Stunde den Corcovado hinauf, von dem sich das ganze Panorama der Bucht von Guanabara mit all ihren Häusern und Inseln und Schiffen großartig auftut. Aber noch immer ist man im Bereiche der gedrängten, übersättigten, dieser übererfüllten Luft, und im Sommer flüchten die Einwohner gern nach Petrópolis und Theresiópolis, den einstmals kaiserlichen Residenzen, wo auch die ganze ausländische Diplomatie dann ihren Aufenthalt nahm. Es ist eine fast aufregende Fahrt mit ihren scharfen Kurven, die ungeduldig die achthundert und tausend Meter über dem Meere sich hinaufschrauben, an den Wendungen aber mit überraschenden Ausblicken auf die Stadt und die Bucht, zum erstenmal sieht man das Land, aus sumpfigen Niederungen beschwingt sich erhebend und in immer heftigeren Wellen zu Bergen aufflutend. Petrópolis selbst ist ein Kurörtchen, ein Sommerresidenzchen, ein Klein-Baden, sauber, altväterisch und ein wenig naiv wirkend mit seinen kleinen roten Brückchen und kleinen Häuschen, die – Kaiser Pedro hatte deutsche Ansiedler hieher bestellt – in Bezirke eingeteilt sind, die noch heute die Namen der deutschen Provinzen tragen. Es wirkt anmutig provinzial, man denkt an verschollene Romane, die in deutschen Duodezherzogtümern spielen, und gerade weil so künstlich dieses Hofstädtchen mitten auf einem Berg in Brasilien hingesiedelt ist, überrascht es wie ein Spielzeug mit seinem hübschen Format, nicht eigentlich hieher passend und doch durch die Zeit nun ganz in diese fremde Welt eingepaßt.

Einen Tag also den Bergen, die Rio beschatten, der nächste gilt den Inseln, die sie beschirmen. Ein Boot der Kriegsmarine steuert einen gefällig hinaus über das diesmal ungefällig aufgeregte Meer. Vorbei an den Inseln knapp vor der Stadt, die Nutzzwecken dienen, der Marine, einem Petroleumlager, zu denen, die am äußeren Rande der Bucht liegen, scheinbar zwecklos und darum doppelt schön; da sind sie alle, manche gleichgültig und leer, dann andere palmenbestanden und bewohnt, sie alle, Paquetá und Villegagnon und Itapacis, wir aber ziehen einer besonderen zu, Brocoió genannt, und hier erwartet einen unerhoffte Erfüllung. Denn jeder von uns hat einmal den Inseltraum geträumt, den Traum, allein in einem schönen Haus auf einer schönen Insel zu leben, abgesondert von den Menschen und doch, wenn es einen sonderbarerweise verlangt, ihnen nah, Herr und König im eigenen Reich, unbeobachtet und frei seinen Wünschen und Gedanken. Ewiger Traum: auch Shakespeare hat ihn geträumt, als er Prosperos Eiland erschuf, und man meint, es gesehen zu haben, wenn man Brocoió betritt. Denn wie dort der gütige Magier dank seines Zauberbuches aus felsiger Wüstenei, so hat sich hier ein einzelner Besitzer aus dieser jahrelang unbehausten Insel ein Paradies gezaubert, ihm allein gehörig – ein wahrhaft bezauberndes Haus, offen nach allen Seiten, wie hier alle die Villen, mit allem Komfort unserer Zeit, mit Büchern und einer Orgel und (freundliche Versuchung) schönen Gastzimmern. Im Garten spielen Hunde und Pfauen, und seltenes Getier leuchtet auf; weite Gärten führen den Weg eine Anhöhe empor, in einer halben Stunde ist das ganze Reich umzirkt: aber welch eine begnadete Einsamkeit hier unter Palmen, die gegen einen ewig blauen Himmel lehnen und niederschatten auf ein ewig blaues Meer. Und Einsamkeit, Trösteinsamkeit nur so lange, als der Sinn sie ertragen will: ein Ruck und das Motorboot springt an und in einer halben Stunde ist man wieder in der Stadt und umdonnert vom Leben. Und schon, wenn der Umriß mit den Palmen, den schön erhobenen, in den Wellen verschwindet, fragt man sich, ob man dies wirklich gesehen oder nur geträumt, denn unwahrscheinlich will es einem dünken, daß unsere Zeit noch heute so reine und vollendete Formen der Schönheit schafft. Wieder hat man (und wie oft nun schon in dieser Stadt!) einen Tropfen getrunken vom goldenen Überfluß der Welt.

Als Wilhelm von Humboldt diese Stadt (zugleich mit Neapel und Salzburg) die schönste der Welt nannte, hat er sie nur zur Hälfte gekannt. Denn für die Generation vor unserem elektrischen Jahrhundert endete die Schönheit einer Großstadt mit dem Tage; in der Nacht sanken sie alle, Paris und London, in einen milchig grünen Sumpf von Dunkel, aus dem die ärmlichen Gaslaternen wie verlorene Irrlichter blinkten, und nur manchmal hauchte der Mond mit bleichem Schein die Dächer an. Aber was ahnten sie, unsere Ahnen, von der Herrlichkeit des Lichtes, in dem heute nächtlich das Gestein transparent erglüht, von dem Linienspiel und den Farben, in denen heute unsere Städte erwachen, wenn ihre Menschen zur Ruhe gehen! Und wenige Städte dieser Erde, selbst kaum New York, sind Rio de Janeiro vergleichbar des Nachts.

Am besten, dies zu erleben, fährt man noch vor der Dämmerung die Seilbahn zum Pão d'Assucar empor, erst den Hügel zur Urca und von dort in steilerem Schwung der Seilbahn bis auf den Gipfel. Schon schwebt, man fühlt es, der Abend leise heran, doch noch ist es nicht dunkel. Langsam, mit einem kaum fühlbaren Übergang, kommt in den Tropen die Nacht heran: das Licht wird allmählich stumpfer, die Farben verlieren an Leuchtkraft, es ist, als ob ein unsichtbarer Mund den Spiegel des Himmels angehaucht hätte, und in dem Maße, als die Farben verblassen, wird der Duft, dieser geheimnisvoll schwüle Tropenduft, heftiger. Nicht daß plötzlich Kühle käme, es duftet nur tiefer, voller gleichsam, dunkler und immer ungewisser wird die Ferne: erloschen schimmern die Häuser, als wäre das Inkarnat und der helle Steinglanz von vampirischen Lippen heimlich aufgesogen.

Und plötzlich blitzt es auf an einem fernen Ende der riesigen Bucht, und mit einem Schlag sind alle Lampen längs des Meeres entzündet. Eine schmale, aber unendliche Lichtschlange ringelt sich die ganzen Windungen entlang und zeichnet glühend die geographische Kontur der Küste meilenweit hin als einen einzigen Feuerstreifen, und am äußersten Ende trägt die Schlange – wie im Märchen die Karfunkelkrone – die geballte Lichtkrone der Innenstadt. Diese geschwungene Lampenkette ist starr, eine Kette aus Funken und Feuer, um die Stadt gelegt, aber siehe – und dies der besondere Zauber – sie wiederholt sich noch einmal in der Spiegelung des Meeres. Dort aber liegt sie nicht starr, sondern zittert und fließt mit dem Auf und Nieder der Wellen: wenig habe ich mit meinen Augen gesehen, das dieser Zweimaligkeit vergleichbar wäre. Und in dem gleichen Maße, als das Licht nun aufbrennt in der Stadt, vertieft sich auf den Bergen und im Wasser das Dunkel. Kein Beschreibungswort kann diese tropische Schwärze schildern, die hier die Nacht erreicht, es ist eine strahlende, eine feuchte, eine ihre Schwärze gleichsam ausatmende, ausquellende Schwärze, weich wie Samt und zugleich tief, und auf dieser Urnacht des Wassers wandern jetzt die Lichter der Ferryboote und blitzen rot und grün die Bojen, und jedes Licht wiederum spiegelt und wiederholt sich und ist doch ein Nichts in dem Ungeheuren der unendlichen Nacht. Immer wieder läßt man den Blick über diesen magischen Spiegel wandern, in dem jetzt zum erstenmal zart und noch ungewiß die Reflexe der erwachenden Sterne widerscheinen, und wie man, überwältigt von diesem zu erregenden Schauspiel, sich jetzt wegwendet vom Meere und den Bergen zu, staunt man nochmals auf. Denn vom Gipfel des Corcovado strahlt das beleuchtete Kreuz, aber den Gipfel selbst, man nimmt ihn nicht wahr in der metallenen Nacht; nur das Kreuz sieht man! Im Leeren, im Himmel scheint es zu schweben, tausend und Tausende Meter weit, ein Sternbild mehr als ein irdisches Werk, und von ferne glüht es den Schiffern entgegen, leuchtender als jedes Leuchtfeuer, das wahre Wahrzeichen der Stadt.

Es ist schwer, hier zu schlafen, wenn man die Fenster diesem einzigartigen Strande zugewandt hat. Immer wieder tritt man hinaus auf den Balkon und zeichnet sich die Linien dieser brennenden Perlenkette ins Gedächtnis ein und atmet die Nacht und atmet das Meer. Unersättlich blickt man hinüber zur Stadt, die von Stunde zu Stunde feuriger zu entbrennen scheint, je mehr die Fernen sich verdunkeln: Schauspiel ohnegleichen, unwiederholbar und unvergeßbar.

Eine Woche ist man in Rio de Janeiro gewesen und weiß, es ist nicht genug. Vieles müßte man noch sehen, oft und oft die Stadt durchwandern, und vor allem, man müßte sie auch in ihrer charakteristischesten (uns kaum erträglichen) Zeit des Sommers gesehen haben, wo die Luft hier Feuer wird, das einem den Atem sperrt, und die Sonne so tollwütig brennt, daß man Eier kochen kann auf dem Straßenasphalt. Man müßte ihren Karneval, den berühmten miterlebt haben, man müßte hier unbeschäftigt und unbekannt flanieren, um alle ihre Farben und Verschiedenheiten auszugenießen. Aber die Zeit ist vorbei, zu rasch vergangen, schon dröhnt der Dampfer sein Zeichen. Noch einmal schiebt sich, nun in umgekehrter Ordnung, die Kulisse auf, erst die Stadt, dann die einzelnen Baien und Buchten, dann noch einmal das ganze ungeheure Rund; noch einmal faltet sich die eigenartige Linie dieses Strandes auseinander, aber schon wird sie unsicher und weich, schon nur ein Schimmer, und bald sind all die verlebten Tage und Blicke nur mehr eine einzige beglückte Erinnerung.

DANK AN BRASILIEN

Dankbar sein ist leicht. Aber Danken ist eine große Kunst und schwer wie jede Kunst zu meistern. Sie fordert eine Unbefangenheit des Herzens, die ich in Eurem illustren Kreise nicht in mir finde, denn ich fühle mich innerlich zu beunruhigt von der Frage, ob mir eine Ehrung, wie sie mir die Academía do Brazil erwiesen hat, wirklich gebührt. Ich gestehe Euch, meinen verehrten Kollegen, diese Unsicherheit ohne Scham ein, denn Ihr kennt sie gewiß selbst aus jenen tragischen Stunden des Zweifels, die wie schwarze Wolken oft tagelang über unserer Arbeit schatten und uns die Herzen lähmen; wir wissen überdies auch alle, wie arg wir unsere Leser meist enttäuschen, wenn wir in persona vor ihnen erscheinen. Sie erwarten von uns eine funkelnde Meisterschaft der Rede, eine flirrende Florettkunst blendender Hiebe und geschickten Ripostierens, sie vermuten bei jedem von uns eine autoritäre Sicherheit der Haltung, ein – wie sie in ihrer Güte meinen – berechtigtes Selbstgefühl. In Wirklichkeit ist der Künstler in dem Maße gehemmter und ungewisser, als er aufrichtig gegen sich selber ist; der Zweifel und die Unzufriedenheit mit der eigenen Leistung sind beinahe sein normaler Seelenzustand. Er fühlt sich befangen, wenn andere von seinen Werken sprechen, weil nur er allein den unsichtbaren Abstand von dem, was er erreichte, zu dem was er eigentlich wollte, kennt, und sobald er sie mit den wirklich großen Werken der Meister vergleicht, ergreift ihn das Gefühl seiner eigenen Unzulänglichkeit oft dermaßen heftig, daß er in einer heiligen Scham vor jedem Blick entfliehen möchte.

Gegen diese ständige und tragische Unsicherheit hält den Künstler nur eines aufrecht: die Bestätigung, die er von außen erfährt und vor allem jene, die von Männern stammt, die er selbst als Meister und Kenner ehrt und verehrt. Es ist ein wunderbares Gefühl für jeden Menschen dieser Erde, sich verstanden zu fühlen und sogar geliebt; jede Frau kennt dies Gefühl in ihrem Wesen, jeder Mann in seiner Leistung, und wie keiner kennt es der schaffende Künstler, denn Schaffen heißt doch im tiefsten: für andere schaffen, etwas aus sich herausstellen, das nun anderen und möglichst allen gehören soll. Es ist ein wunderbarer Augenblick, der uns für allen Zweifel, den wir sonst erleiden, entschädigt, wenn wir sehen, daß etwas, was einst in uns lebte, nun außen ein selbständiges Leben lebt, daß, was früher uns bewegte, nun anderes fremdes Gefühl erregt und wir über unsere eigene enge Existenz hinaus in einem Raume wirken, den wir selbst nicht mehr überschauen. Einen Augenblick lang will ich von mir selbst sprechen und dankbar des wunderbaren Erlebnisses gedenken, das mir hier widerfahren ist. Brasilien war für mich von je eine magische Ferne. Als Kind hatte ich stolz die schönen Briefmarken in mein Album geklebt; ich hatte als Knabe mit heißen Wangen von den Wundern des Amazonenstroms gelesen, ich hatte als Erwachsener immer Begeistertes gehört von der Schönheit dieser Stadt, von der besonderen und unvergleichlichen Kultur und Eigenart dieses Landes. Und in Jahren und Jahren wuchs unbändiger mein Wunsch, die weite Reise zu wagen. Endlich ward er erfüllt. Eine Woche glitt das Schiff über das riesige Meer und eine zweite –, beinahe ein Dritteil des Erdballs hatte ich durchmessen. Endlich war ich da – und nun erlebte ich das Wunder: ein Teil von mir, lebendige, abgesprengte Partikel meines Wesens waren schon *vor* mir hier, ehe ich mit meinem eigenen Körper diese neue Erde betrat. Meine Bücher, da waren sie, in anderer Sprache und anderem Gewand, in den Auslagen der Buchhandlungen und mehr noch, tausendmal mehr: in den Herzen der Menschen. Hier in dieser Stunde durfte ich an der liebevollen Rede Musso Leão's mein eigenes Leben, all die abgelebten Jahre, als eine Einheit erfahren. Ich erlebte mich vervielfacht und gespiegelt, ich genoß in wenigen Tagen soviel Güte und Freundschaft wie sonst in Jahren. Wie sollte ich nicht restlos glücklich sein?

Und doch, es liegt ein leiser Schatten über meinem Glück. Ich fühle mich – warum nicht die Wahrheit sagen vor Freunden? – in Eurem Kreise leise beschämt. Ich fühle eine Schuld wider Euch – es ist nicht die meine, sondern die große Schuld, die wir alle in Europa Euch gegenüber haben. Ihr habt Euch wundervoll die Generosität des Herzens bewahrt. Ihr nehmt auch in der Kunst den Fremden auf wie einen gern gesehenen Gast, ihr drängt ihn nicht beiseite, ihr seid noch nicht von jener widerlichen Xenophobie, jener Fremdenfeindschaft und Fremdenfurcht befleckt, die heute die Länder Europas so moralisch häßlich macht. Und wir? Was wissen wir von Euch? Was haben wir für Euch getan? Schmerzlich es zu sagen, aber ich wüßte in Europa kaum jemanden, der mit gleicher Eindringlichkeit und gleichem Wissen über einen von Euch sprechen *könnte*, wie es Musso Leão für mich getan hat und, wichtiger noch, der es tun *wollte*! Noch immer ist bei uns der alte europäische Hochmut nicht abgetan, der alle außereuropäischen Länder gewissermaßen als geistige Kolonien betrachtet, deren Huldigungen man gelassen hinnimmt, ohne daran zu denken, sie würdig zu erwidern; noch immer kann und will man nicht begreifen, daß die Weltuhr nicht im achtzehnten Jahrhundert stehen geblieben ist und das Schwergewicht längst sich von Europa weg verschoben hat. Ich könnte es begreifen, wenn Euch manchmal eine geheime Bitterkeit ergreift über diese Ungleichheit und Ungerechtigkeit, daß Ihr immer die willig Gebenden gegen die fremden Künstler seid, daß Ihr großmütig die Werke der ganzen Welt in Eure Sprache und in Eure Liebe nehmt, indes Eure Bücher, nicht geringer im Wert als die unsern, uns, die wir Eurer Sprache nicht mächtig sind, nur selten zugänglich werden! Ich könnte es verstehen, wenn Ihr Eure Generosität schlecht entgolten glaubtet, denn ich selbst fühle mich von dieser Disparität so bedrückt, als hätte ich Teil an dieser Schuld, und was in meinen kleinen Kräften liegt, sie wettzumachen, will ich von nun ab erfüllen wie eine Pflicht.

Ich sagte, meine verehrten Freunde, ich könnte es mitfühlen, wenn Ihr manchmal mit Bitternis empfindet, daß Eure Wirkung bei gleicher Leistung so ungerechterweise in engeren Raum verschlossen bleibt als die der andern Sprachen. Aber doch, welch einen Stolz und welch ein Glücksgefühl müßt Ihr manchmal empfinden, gerade brasilianische Schriftsteller und Künstler zu sein! Denn nichts Herrlicheres als in einer Sprache, in einem Lande, in einem Volke zu schaffen, das die Zukunft für sich hat! In jedem Augenblicke um sich zu spüren, wie die Kraft, der Reichtum Eurer Nation sich mehrt; ich hatte hier in Rio manchmal das Gefühl: wäre die Brandung vor den Fenstern nicht so stark und würde es einen Augenblick still, man könnte es geradezu hören, wie die Stadt wächst. Für Euch, mit Euch schafft die Zeit! Für jedes Tausend Leser werdet Ihr eines Tages schon zweitausend haben und wieder eines Tages zehntausend, eine Zukunft ist Euch gegeben wie kaum einer Nation dieser Welt, und Ihr werdet ihre Wegbereiter, ihre geistigen Führer, ihre Erzieher gewesen sein. Wäre Neid nicht ein niedriges Gefühl, dem jeder geistige Mensch sich ehern verschließen soll, wir müßten Euch beneiden um dies herrliche Bewußtsein, vom Schwung und Aufschwung einer ganzen Nation einer wunderbaren Zukunft entgegengetragen zu sein!

Aber noch ein besonderes ist Euch und gerade Euch gegeben in der Kunst: Ihr seid ein neues, ein junges Volk und habt als Instrument eine alte, eine erprobte, in Tradition gehärtete Sprache, und es kann nichts glücklicheres geben als diese Mischung. Ihr müßt die Waffe, mit der Ihr die ganze geistige Welt erobern werdet, nicht erst schmieden, aber Ihr werdet ihr einen neuen Schwung und eine neue Schärfe geben. Eine Sprache ist ein Organismus von äußerster Feinheit, er verändert sich bei jedem Druck der Luft: alles was hier an Weiche, an Süße, an hellerem und schärferem Licht in der Atmosphäre liegt, was an Duft von den weiten Wäldern her schwebt, alles was an Geheimnis und Magie in Euren unentdeckten Zonen waltet, wird schöpferisch eingehen in Euer Gedicht – einen *anderen* Rhythmus werdet Ihr Eurer Prosa geben als die portugiesische Sprache ihn bislang kannte, denn immer weitet sich die Seele eines Volkes, einer Sprache an der Weite ihres Landes. Auch in der Kunst habt Ihr noch unermeßlich viel unbekannten, unverbrauchten Bodens vor Euch – nicht in alten Traditionen werdet Ihr schaffen müssen, belastet von Erinnerungen, sondern eine eigene erschaffen. Wieviel liegt vor Euch! Wie voll ist dieses Land noch von Romantik, wie lebendig und dynamisch erfüllt sich Eure Geschichte, wie schön, wie einzig schön und in unerfaßbarer Vielfalt lebt Eure Landschaft, vergleichbar den herrlichsten auf Erden – ja, Ihr habt noch, um ein kommerzielles Wort zu gebrauchen, Rohstoff in Fülle, in einer Fülle sogar wie kein anderes Land dieser Erde! Welche Lust hier an das Werk zu gehen! Fühlt mit ganzer Seele doch den Reichtum über Euch, Kameraden, und gestaltet aus dieser Fülle für Euch, für Eure Nation und für uns alle!

Diese Fülle, diese Kraft, diese Schönheit Eures Landes, die besondere Güte und Gastlichkeit Eures Volkes, sie dringt auf jeden, der hier rasten darf, unwiderstehlich ein – ich spreche die Wahrheit, wenn ich sage, daß es schwer ist, hier nicht glücklich zu sein. Schönheit erheitert die Sinne, Güte beseligt die Seele, heller scheint dem Gast hier das Leben mit der helleren Sonne, und als ein großes als ein unvergeßliches Geschenk nimmt man die Erinnerung an diese Tage mit.

Vielleicht findet Ihr, daß ich Euch nicht richtig und nicht genug gedankt habe, meine verehrten Kameraden. Aber meine Worte sind nicht mein ganzer Dank. Ich will aufrichtig sein und Euch gestehen – ich *will* gar nicht meine ganze Dankbarkeit bei Euch in Eurem Lande lassen und dann zurückgehen, leeren und vergeßlichen Herzens. Nein, ich will diese Dankbarkeit in mir bewahren, sie hüten und pflegen, und ich weiß, sie wird eine immer wachsende und fruchtbare sein. Und wenn ich mir vom Leben noch etwas Schönes wünschen darf zu dem unerschöpflich Schönen, das ich hier gesehen und empfangen habe, so wäre es: – wiederkehren zu dürfen in dieses wunderbare Land!

Die Stunde zwischen zwei Ozeanen. Der Panamakanal vor seiner Beendigung 1912. Erstmals u. d. T. ›Die Stunde zwischen zwei Ozeanen – der Panama-Kanal‹ in ›Neue Freie Presse‹, Wien, 6. 7. 1911. Aufgenommen in ›Begegnungen mit Menschen, Büchern, Städten‹, Wien – Leipzig – Zürich, Herbert Reichner Verlag 1937; Frankfurt am Main, S. Fischer Verlag 1955.

Der Rhythmus von New York. Erstmals in ›Dresdener Anzeiger‹, 7. 12. 1913. Aufgenommen in ›Begegnungen mit Menschen, Büchern, Städten‹, Wien – Leipzig – Zürich, Herbert Reichner Verlag 1937; Frankfurt am Main, S. Fischer Verlag 1955.

Brügge. 1904. Aufgenommen in ›Zeit und Welt‹, Stockholm, Bermann-Fischer Verlag 1943.

Ypern. Erstmals in ›Berliner Tageblatt‹, 16. 9. 1928. Aufgenommen in ›Begegnungen mit Menschen, Büchern, Städten‹, Wien – Leipzig – Zürich, Herbert Reichner Verlag 1937; Frankfurt am Main, S. Fischer Verlag 1955.

Die Kathedrale von Chartres. 1924. Aufgenommen in ›Zeit und Welt‹, Stockholm, Bermann-Fischer Verlag 1943.

Frühlingsfahrt durch die Provence. Aufgenommen in ›Fahrten. Landschaften und Städte‹, Leipzig – Wien – Zürich, Verlag E. P. Tal 1919.

Frühling in Sevilla. Aufgenommen in ›Fahrten. Landschaften und Städte‹, Leipzig – Wien – Zürich, Verlag E. P. Tal 1919.

Abendaquarelle aus Algier. 1908. Aufgenommen in ›Fahrten. Landschaften und Städte‹, Leipzig – Wien – Zürich, Verlag E. P. Tal 1919. Aufgenommen in ›Zeit und Welt‹, Stockholm, Bermann-Fischer Verlag 1943.

Benares: Die Stadt der tausend Tempel. Erstmals in ›Neue Freie Presse‹, Wien, 23. 3. 1909. Aufgenommen in ›Begegnungen mit Menschen, Büchern, Städten‹, Wien – Leipzig – Zürich, Herbert Reichner Verlag 1937; Frankfurt am Main, S. Fischer Verlag 1955.

Gwalior. Erstmals u. d. T. ›Gwalior, die indische Residenz‹ in ›Berliner Tageblatt‹, 20. 3. 1909. Aufgenommen in ›Fahrten. Landschaften und Städte‹, Leipzig – Wien – Zürich, Verlag E. P. Tal 1919.

Das Wien von gestern. Vortrag. Paris 1940. Aufgenommen in ›Zeit und Welt‹, Stockholm, Bermann-Fischer Verlag 1943.

Salzburg: Die Stadt als Rahmen. Erstmals in ›Das Herz Europas. Österreichisches Vortragsbuch‹, Wien (um 1935). (Eine veränderte und gekürzte Fassung wurde aufgenommen in ›Begegnungen mit

Menschen, Büchern, Städten‹, Wien – Leipzig – Zürich, Herbert Reichner Verlag 1937; Frankfurt am Main, S. Fischer Verlag 1955).

Herbstwinter in Meran. Erstmals in ›Fahrten. Landschaften und Städte‹, Leipzig – Wien – Zürich, Verlag E. P. Tal 1919.

Reise nach Rußland. (Stefan Zweig hatte auf Einladung der russischen Regierung an der Feier des 100. Geburtstages Leo Tolstois teilgenommen.) Erstmals in ›Neue Freie Presse‹, Wien, 23. 10., 26. 10., 28. 10. 1928. Aufgenommen in ›Zeit und Welt‹, Stockholm, Bermann-Fischer Verlag 1943.

Das schönste Grab der Welt. Aus einer Rußlandreise 1928. Aufgenommen in ›Begegnungen mit Menschen, Büchern, Städten‹, Wien – Leipzig – Zürich, Herbert Reichner Verlag 1937; Frankfurt am Main, S. Fischer Verlag 1955.

Oxford. 1907. Aufgenommen in ›Zeit und Welt‹, Stockholm, Bermann-Fischer Verlag 1943.

Die Gärten im Kriege. 1939. Aufgenommen in ›Zeit und Welt‹, Stockholm, Bermann-Fischer Verlag 1943.

Hydepark. Aufgenommen in ›Fahrten. Landschaften und Städte‹, Leipzig – Wien – Zürich, Verlag E. P. Tal 1919.

Kleine Reise nach Brasilien. 1936. Aufgenommen in ›Begegnungen mit Menschen, Büchern, Städten‹, Wien – Leipzig – Zürich, Herbert Reichner Verlag 1937; Frankfurt am Main, S. Fischer Verlag 1955.

Dank an Brasilien. Vortrag. Rio de Janeiro 1936. Aufgenommen in ›Zeit und Welt‹, Stockholm, Bermann-Fischer Verlag 1943.

STEFAN ZWEIG

Fischer Taschenbücher